岩波現代文庫



# ョナリズムと
# ンダー 新版

上野千鶴子

岩波書店

# 目　次

Ⅰ　『ナショナリズムとジェンダー』……1
1　国民国家とジェンダー　2
2　「従軍慰安婦」問題をめぐって　98
3　「記憶」の政治学　150
あとがき　211
Ⅱ　戦争の憶え方／忘れ方……223
1　国を捨てる　224
2　今もつづく「軍隊と性犯罪」　231
3　沖縄女性史の可能性　234
4　戦争の憶え方／忘れ方　238

5　過去の清算――ドイツの場合　242
6　戦後世代の再審に希望　245

Ⅲ　その後の「従軍慰安婦」問題……249

1　記憶の語り直し方　250
2　「民族」か「ジェンダー」か？――強いられた対立　270
3　アジア女性基金の歴史的総括のために　303

参考文献　327
自著解題　347
初出一覧　359
関連年表

# I 『ナショナリズムとジェンダー』

# 1 国民国家とジェンダー

## 1 序――方法の問題

戦時下をめぐってこのところ「歴史の再審 historical revisionism」がかまびすしい。ドイツの歴史家論争に見る歴史修正主義(1)や、日本でも物議をかもしている「自由主義史観」ばかりではない。歴史はつねに現在からの「再審」にさらされてきた。

歴史とは、「現在における過去の絶えざる再構築」である。歴史が過去にあった事実をありのままに語り伝えることだというナイーヴな歴史観は、もはや不可能になった。もし、歴史にただひとつの「真実」しかないとしたら、決定版の「歴史」は――「フランス革命史」であれ、「明治維新史」であれ――一度だけ書かれたら、それ以上書かれる必要がなくなるはずである。だが、現実には、過去は現在の問題関心にしたがって絶えず「再審 revision」にさらされている。だからこそ、フランス革命や明治維新について、たった一度「正史」や「定説」が書かれたら終わり、ということにはならず、時代や見方が変わるにつれ、いくども書き換えられる。わたしは基本的には歴史は書き換えられると思っている。したがって栗原幸夫にならって、わたしもまた「リヴィジオニスト(歴史再審論者)である」と言ってもいい[栗原(幸)1997]。だがここでもつねに問題なのは、「誰にとっての歴史か」という問いである。

「言語論的転回 linguistic turn」(2)以降の社会科学はどれも、「客観的事実」とは何だろうか、という深刻な認識論的疑いから出発している。歴史学も例外ではない。歴史に「事実 fact」も「真実 truth」もない、ただ特定の視角からの問題化による再構成された「現実 reality」だけがある、という見方は、社会科学のなかではひとつの「共有の知」とされてきた。社会学にとってはもはや「常識」となっている社会構築主義(構成主義) social constructionism とも呼ばれるこの見方は、歴史学についてもあてはまる。

したがって、他の社会科学の分野同様、歴史学もまたカテゴリーの政治性をめぐる言説の闘争の場である。わたしの目的はこの言説の権力闘争に参入することであって、ただひとつの「真実」を定位することではない。わたしがここで用いる「政治」は、階級闘争のような大文字の「政治」ではなく、フーコーのいう言説の政治、カテゴリーと記述のなかに潜む小文字の政治を意味する。

そのかぎりで、社会構築主義は、たとえば「ナチ・ガス室はなかった」とする歴史修正主義者 revisionist との「歴史と表象」をめぐる闘いを避けて通ることはできない。むしろ歴史とは、無限に再解釈を許す言説の闘争の場であることが再確認されたといってよい。たとえば、戦時下の歴史記述について、「歴史の偽造を許すな」「歴史の真実を歪めるな」というかけ声がある。(3) この見方は、歴史に「ただひとつの真実」がそこに発見されるべく存在している、という歴史実証主義 historical positivism の立場を暗黙のうちに前提しているかのように聞こえる。だが、「事実」はそのまま誰が見ても変わらない「事実」であろうか？

こう言ったからといって、わたしは「事実とは観念の構築物にすぎない」というカント主義を採用しているわけではない。「事実」を「事実」として定位するもの、ある「事実」に他の「事実」以上の重要性を与えるもの、ある「事実」の背後にあってそれと対抗する「もうひとつの現実」を発掘するものは、それを構成する視点にほかならない、と言いたいだけである。社会的構築物としての「現実」とはたんなる言説以上に物質的なものであり、わたしたちはそのなかで正統性を付与されたものだけを「事実」と呼び慣わしてきた。(4)

女性史にとってこの問いは核心的である。入手可能な歴史的「事実」が圧倒的に不在であるとき、男仕立ての書かれた「正史」の背後に、いかに女にとっての「もうひとつの現実」を再構成するか——七〇年代以降、第二波フェミニズムのもとで成立した新しい女性史の試みは、この課題に答えることであった。とくに女性自身の手になる史料が皆無に近い中世史の分野では、それは切実な問いであった。女性について語る史料はあってもそれは男が著したものだったり、それも歴史の「検閲」を経て残された限られたものにすぎなかった[Perrot et Duby 1990-93；上野 1995a]。生存者のいる近現代史の分野では、「事実」と認められた歴史の背後に隠された「もうひとつの現実」を発掘する作業が、オーラル・ヒストリーの試みによって精力的に行われてきた。

このことを「慰安婦」問題ほど、最近になってドラスティックに示した例はない。たんに「事実」ということなら、「慰安婦」の存在は誰にも知られていた。隠されてさえいなかった。変化したのは「事実」の捉えかたのほうである。だれひとり「犯罪」だと考えていなかった「慰安婦」制度が、当事者がみずからを「被害者」と自己定義することをつうじて、「性犯罪」として再構成されたのだ。もっと正確な言い方をしよう。「加害者」の側が誰ひとり「犯罪」だと考えていなかったひとつの歴史的「事実」が、しかも「被害者」の側の沈黙によって支えられてきた「事実」の「信憑性 plausibility」が、「被害者」がそれとは異貌の「もうひとつの現実」を構成するこ

とではじめて挑戦を受け、くつがえされたのだ。(5)

「慰安婦」問題にかぎらない。このところ戦時下についての克明な実証研究や一次資料にもとづく「事実」の発見が一部の歴史家のたゆまぬ努力によって積み重ねられてきた。それというのも「あの戦争」が歴史の「再審」にかけられているからこそであろう。

戦時期についてまだまだ明らかにされなければならないことは多く、また多くの資料が故意にか偶然にか消失している。わたしはそれらの詳細にわたる研究成果に多くを負っている。だが歴史家ではないわたしの関心は、むしろ歴史解釈の変化が、なぜ、いかに起きたのか、そのことが歴史に対して持つ意味 implication は何か、を分析してみること、言い換えればメタ・ヒストリーを語ることにある。わたしの分析は主として二次資料にもとづいており、そのためにこうむる限界を背負っている。そのために、社会学者は歴史家の上前をはねる「歴史の簒奪者《さんだつしゃ》」という汚名を被ることになるかもしれない。

## 2 戦後史のパラダイム・チェンジ

すでに多くの人々が論じていることだが、戦後史をどう見るかについてはいくつかのパラダイムがある。

その第一は、戦前と戦後との断絶を強調する「断絶」史観とでもいうべきものである。そこにあるのは「戦後改革」の過大評価である。そこでは「封建遺制」「天皇制」などに代表される抑圧的な社会構造が、「戦後民主化」によって払拭され新しい時代が始まった、という主張がなされる。戦後にもなおかつ問題があるとすれば、「戦後民主化」が徹底していないせいで、前時代の「残滓《ざんし》」のせいだとされる。これは戦前の「封建残滓」説ときわめてよく似た議論のしかたである。すべて否定的なものは過去に帰せられるという点では、「抑圧から解放へ」の発展史観だと言い換えてもいい。

この「過去の残滓」、なかなか払拭できない「遺産」は、しばしば「伝統」とか「民族性」とかいう言葉でも呼ばれ、そのことによって非歴史的 ahisitorical なものに作り変えられる。「伝統」が「説明できないもの」を説明するためのマジック・カテゴリー、カテゴリーのブラック・ボックスとして「発明」されるのである[Hobsbaum & Ranger 1983]。

「伝統の発明」について、日本人論のなかにその例を挙げることは、枚挙にいとまがない。このところ、日本人論のメタ・ヒストリーというべき自己言及的な社会科学の業績がいくつも生まれているが[青木 1990：小熊 1995]、なかでも小熊英二の『単一民族神話の起源』[1995]ほど、刺激的な仕事はない。彼は戦前と戦後の「日本人論」を読み直す revision 作業を通じて、戦前には「混合民族論」が、戦後には「単一民族論」が、それぞれ「民族の伝統」の名の下に正当化されていることを「発見」する。誰もが知っている二次文献の読み直しという仕事を通して、彼は「コロンブスの卵」のような発見に至る。(6)

戦前の「混合民族論」は、帝国主義国家日本の、植民地拡張政策の正当化のために動員された。『古事記』『日本書紀』まで持ち出して日本民族がもともと「異族協和」の得意な民族である、という主張が行われた。戦後になるとそれがみごとに逆転して万世一系にわたって「単一民族」が続いていた、と新たな歴史の捏造が行われた。そして戦後「日本人論」は、ほんの半世紀前の過去を忘れたかのように、日本人の超歴史的な「同質性」「集団志向」をまつりあげてしまう結果になった。

第二は、戦前と戦後の連続性を強調する「連続」史観ともいうべきものである。この連続性は明治以降の「近代化プロジェクト」の一貫性によって根拠を与えられる。「連続」説は、大正デモクラシーから戦後改革へ、という発展の連続性を強調する。したがって「戦後民主化」の原理は「連続」説から見れば、外から押しつけられたものとばかりはいえない。

ところで法的・政治的・経済的「合理性」によって特徴づけられる「近代」にとって「躓《つまず》きの石」になるのが、あの「非合理な戦争」である。この連続史観にとっては、戦争は「近代化プロジェクト」を不幸にも中断した「異例」な出来事であり、いささかの「反省」はあるものの、戦後復興以後は、あたかも太古以来、平和愛好国民であったかのごとく、何事もなかったかのように「近代化プロジェクト」は続行していくことになっていた。そして戦後成長の「奇跡」は、その「近代化プロジェクト」の成功の何よりの証明と見なされた。

山之内靖はファシズム期の評価をめぐって「日本の現代史にかんしてこれまで支配的であった見解」を次のように要約している。

ファシズム時代の日本の歴史は近代社会が歩むべき本来の成熟過程から外れた非正常なコースをたどった。大正期(一九一二―二六年)に進展した民主化の傾向はファシズムの時代にいたって頓挫したのであり、それに替わって非合理な超国家主義をイデオロギー的支柱とする強権的体制が国民を逸脱した戦時動員の軌道へと強制的に引き出していった。一九四五年の敗戦とともに始まった戦後改革は日本の歴史を大正デモクラシーの路線へと復帰させることとなった。一九四五年以後今日にいたる日本の歴史はこの戦後改革を起点としている。[山之内 1996a：33][(7)]

「連続」史観にとって、「戦争」はひとつの「リトマス試験紙」になる。あの戦争は日本の「近代化プロジェクト」にとって必然なのか偶然なのか、そしてそれには「かつての狂気」とは違うあり方があり得たのか、という問いである。「偶然」と答えた場合には、「あの戦争」を説明するための特殊な外在的な変数が必要となる。そしてしばしばその答えは「近代化」のレイトカマー late comer に運命づけられた歪められたジグザグコースという、右翼の聞き慣れたクリシェ(常套句)のなかに見いだすことができる。日本の「意図」は悪くない、「方法」が悪かったのだ、そしてそれを強いる国際「環境」が悪かったのだ、というあのクリシェである。他方、その問いに「必然」と答えたなら、「連続」史観の論者は逆に「近代化プロジェクト」の軌跡を歪めた内在的かつ固有の変数を日本社会のなかに求めなければならなくなる。戦後「近代主義者」たち、丸山眞男や川島武宜がそうやって求めたのは日本社会に固有の「前近代的性格」、すなわち「日本的特殊性」という「運命」であった(8)。

丸山眞男は敗戦直後の一九四六年に「超国家主義の論理と心理」[丸山 1946, 1995]を書いた。「近代=西欧」を準拠とする彼の議論のなかでは、ナチズムでさえ「個人主義」と「責任主体」のひとつの体現と見なされ、それと比較して日本の超国家主義は「二流のファシズム」として記述される。この丸山の「無責任天皇制」への自己批判は戦後日本人論の基調をつくった。そして戦後の日本人論は同じ「特殊性」を今度は「平和と繁栄」の説明変数に転用することで、丸山眞男のマゾヒズムに満ちた暗鬱な戦後日本人論の基調を、みごとにオポチュニズムに転換してみせた。

以上の「断絶」史観、「連続」史観はいずれも戦後体制の正当化のために戦時下の状況をなにがしか「逸脱」視、「異常」視している点で共通している。それに対して異議を唱えるのが「ネオ連続説」と呼ぶべき立場である。(9)

(超)国家主義を国民主義の逸脱として理解し戦時期の問題に還元することは、戦後民主主義と「戦時動員体制」との連関を視野の外に置き、戦時期の異常性を強調することで相対的に「戦後」の正統性を語る言説形態に不可欠の構成要因である。近年の戦時動員体制に関する研究はそれまでは断絶において語られてきた戦時期と戦後の連続性という逆説的な側面に焦点を当てることで、この問題に取り組んでいる。［葛西 1996：226；酒井・ド＝バリー・伊豫谷 1996；山之内・コシュマン・成田 1995］

山之内靖に代表される「ネオ連続説」は以下の三つの論点を含んでいる。

第一は「戦時体制」を逸脱ではなく「近代化プロジェクト」の連続上に捉えるという見方である。ここでは「戦時体制」は「近代化プロジェクト」の新たな段階、したがってむしろ「革新」として捉えられる。そして戦後体制との連続性が強調される。

第二はこの「革新」の主要な変数を「国民国家」に求めることである。産業革命と市民社会を中心とした古典的近代は、二次にわたる大戦を経て「国家化」という重要な「革新」を経験する。いまや市場も家族も、国家という主要な行為者《アクター》の介入抜きには成立し得ない。

第三はそのことによって「日本特殊性」論を超えた世界史的な比較が可能になることである。ファシズム国家だけではない。「戦時動員体制」は両次の大戦を通じて、連合軍の諸国でも遂行された。むしろ戦争はこの「体制」の「革新」にとって駆動力となるべき暴力的な契機であったと言ってよい(10)。

「国民国家」というのは、比較的新しい概念である。八〇年代になってから、ポストコロニアル研究の分野で、ベネディクト・アンダーソン[Anderson 1985]やホミ・バーバ[Bhabha 1993]などによって提唱されるとともに、その幻想性が明らかにされ、日本では西川長夫らによって精力的に用いられてきた。「近代化」のアクターとして「市場」や「市民社会」だけではなく、「国民国家」が欠かせない役割を演じており、「国民国家」は「国家統合のためのさまざまな装置」だけでなく「国民統合のための強力なイデオロギー」を供給している[西川(長)1995:6]。アンダーソンの用語を借りれば、「国民国家」は均質的な「国民」の創出を通じて「幻想の共同性」をつくりだし、その「集団アイデンティティ」が「文化」や「民族」概念の核になった。その未完の「国民化」のプロジェクトから、わたしたちは今日もなお自由ではない。

八〇年代になってから、にわかに「国民国家」が分析概念として脚光を浴びた背景には、八〇年代の歴史の激動を通じて初めて「国家」が「宿命」としてのあり方から「脱自然化」された、というわたしたち自身の歴史被規定性を忘れることはできない。「国民国家」の相対化は、目の前で巨大な国家が崩壊することを通じて、近代が「市民社会」という自律的な領域を成立させたという通念に反して、国家の肥大した役割と「市民社会」の自律性を疑わせるという逆説的な働きのなかから生まれた。近代の成立の初めから国家は主要なアクターだったのであり、社会領域の「国家化」を推し進めてきた。それが壊れた後に、わたしたちは逆に国家がどれほど自明視されてきたか、に気づく。「国家」が「宿命」として受けとめられていたときに、その当事者がそれを超える視点を持たなかったと「歴史の限界」を指摘する仕方は、つねに「後知恵」というほかない[Scott 1988：上野 1995b]。

「国民国家」を鍵概念として論じる際には、「経済的資本主義・政治的民主主義・市民的個人主義」がつねに三点セットで語られてきた「近代化プロジェクト」を、そのヨーロッパ中心主義(もっと正確にいえば「西欧すなわち西ヨーロッパ中心主義」)から引き離し、比較史を可能にするというメリットがある。すでに経済体制論の分野でも、「工業化」概念を変数として資本主義と社会主義を工業化の異なるヴァージョンと見る「収斂理論」があるが、「国民国家」を分析概念として用いれば、自由主義国家も社会主義国家も「国民国家」の変種となる。さらに権威主義的国家も軍事独裁国家も「国民国家」の範疇のなかで比較可能になる。「近代化」三点セットを実現した西側の一部の国家だけが「近代国家」の名にふさわしいというわけではなく、また社会主義国家が「ポスト国家」であるという神話も、軍事独裁や権威主義的国家が「前近代的」であるという見方も同時に否定される。

西川の発言を引用しよう。

国民国家とよばれるものはすべて共通の性格と構造をもっており、個々の国民国家はそれぞれが一つのヴァリエーションにすぎない……。わたしは国民国家はのり越えられるべき歴史的産物であって、いま国民国家を論じることはそれをのり越えるべき方法の模索につながるものと考えている。[西川(長)1995:4]

ここではわたしは、西川らが主唱する「国民国家」(11)の概念を採用するだけでなく、それに「ジェンダー」の変数をつけ加えたいと思う。したがって、本書『ナショナリズムとジェンダー』は、国民国家をジェンダー化する engendering the nation-state 試みである。

「ジェンダー」もまた、歴史の変動期のなかで「宿命」としてのあり方から「脱自然化」されてきた。「ジェンダー」の発見は「家族」という「もうひとつの社会」を発見することを通じて、公的世界からの「聖なる保護区」としての「私領域」の神話を壊し、家族が国家や市場から少しも自律的でないことを明らかにした。これもまた逆説的なことに、予定調和的だった「家族」が機能麻痺し解体する過程を通じて、かつてそれが果たしていた「見えない役割」が目に見えるものになっていったというべきであろう。さらに国家や社会という「公領域」のジェンダー化は、「公領域」がどのようにして「影 shadow」の領域を伴いながら「公共性」を僭称することができているかという「秘密」をもまた明らかにした。「公領域」が「公領域」であるためにこそ、「私領域」はそれから隔離され「自然化」されなければならなかったのである。ジェンダー研究が明らかにしたのは、一見してジェンダー化されているように見える「私領域」だけでなく、「公領域」もまた「ジェンダー中立性」というレトリックで巧妙にジェンダー化されていることであった[上野 1990]。

ここで「公領域」と呼んでいる対象には実は異なったふたつの領域――市場と国家

とが含まれている。もし公領域が市場的な領域をさすとすれば、それはマルクスがほかならぬ資本の「私的活動」と呼んだ領域のことである。他方、もしこれが「国家」という領域をさすとすれば、「国家」はかならずしも「市民的公共性」を代弁するとはかぎらない。むしろ、市民社会とは、市民の自由な活動に対する国家からの干渉をできるだけ排除することを前提にしている。べつな言い方をすれば、国家と社会とはほんらい異なった領域であるのに、私領域と区別される意味での公領域の概念には、ふたつの領域の意図的な混同がある、と言っていい。実のところ、国民経済が成立するためには市場と国家のあいだにはわかちがたい相互依存関係がある。

わたしの以前からの読者のために補足しておけば、わたしはかつて『家父長制と資本制』［上野 1990］のなかで近代社会の公私の分離を「市場」と「家族」のあいだの分離と同義に捉え、「市場」と「家族」のあいだの二元的弁証法を分析すればこと足りる、と考えていた。マルクス主義フェミニズムの立場からは、市場は家族という「外部」の存在抜きに成り立たないことが論証されるが、市場の「外部」には、もうひとつ、国家という非市場的な領域がある。わたしの市場VS家族の二元論に対して、「上野の分析には「国家」の概念が欠けている」ともっとも核心を衝く批判を与えたのは足立真理子である。わたしは「近代」を「市場中心主義」的に捉えるマルクス理論を、その利点と欠点とともに、継承していたといえよう。だが、マルクス理論には国家が概念装置として備わっていると、わたしの分析の中では国家が過小評価されていたと、今になって振り返ることもできる。(12)

「国民国家」に即して言えば、「近代化プロジェクト」は別名「国民化」のプロジェクトと呼ぶこともできる。ところで地政学的・人口学的に定義された「国民」は、当然排除をともなう定義を必要とする。考えてみれば「国民化」のプロジェクトはその当初から、「境界の定義」と「再定義」の連続であった。たとえば、たまたま「人権」と訳されているフランス革命の「人権宣言 les droits de l'homme et du citoyen」は、文字どおり「男 homme」および「市民 citoyen」の「権利」のことにほかならなかった。この「男」と「市民」から、女性と労働者は排除されていた。その「権利」を享受するには、「文明化 civiliser」された「公民」であることが必要とされたのである(13)[西川(長)1992]。

「人権」はしたがってどこまでが「人間」の範囲か、という「境界の定義」をつねに伴う。そして「人権」としばしばセットで語られる「民主主義」とは、「人権」を賦与された「公民」のあいだの「民主主義」にほかならない。「近代」の成り立ちが「奴隷制」や「人種主義」や「性差別」と結びついていることを知っても驚くにあたらない。これらの「社会的不公正」は少しも「古代」や「封建遺制」のような残存物ではないばかりか、「近代」のノイズでさえなく、まさしく近代国民国家と国民経済が成り立つにあたって不可欠であった「近代奴隷制」「近代人種主義」「近代性差別」というべきものである。そして「境界の再定義」をめぐって、つねに「二流市民」たちのあいだでは誰から先に「文明化」されるべきかをめぐっての争いがあった。(14)

## 3　女性史のパラダイム・チェンジ

国民国家の相対化にともなって国家の「国民化プロジェクト」もまた可視的な研究対象となってきた。国家が「宿命」ではないとわかって初めて、「国民」のつくられ方が問題化されるようになったのである。「国民化」のメディアとして「国語」「国史」「国文学」「公教育」「国民軍隊」などの制度が次々に問題化されるに至った。天皇行幸や国家儀礼、博覧会のようなイベントがどのように「想像された共同性」(アンダーソン)をつくりだすために動員されたかという分析[中村 1994 : 吉見(俊)1996]や、「国民化」の身体技法を軍隊の規律に見る若手の歴史家、フジタニのような仕事も生まれた[フジタニ 1994]。

ふりかえってみれば「国民化プロジェクト」は最初からうまく行ったわけではない。

それには根強い抵抗があったことは、明治五年の学制のあとも長期にわたる就学率上昇のための努力が行われたことや、明治六年の徴兵令にともなって各地で起きた血税一揆によっても知ることができる。[15]

しかし「国民化」のアジェンダ(目標設定)のなかでも「女性が国民化の対象になるという問題意識そのものが希薄」であったと奥武則は指摘する[奥 1995]。国民国家のジェンダー化という課題は、このところ女性学の研究者によってようやく挑戦を受けているが、たとえば「婦人参政権」を「国民化」のプロジェクトとの関係で読み解くという舘かおるの仕事がその代表であろう。舘は、一九二五年普通選挙法が施行されたとき、有権者としての「日本臣民男子」のなかに「在内地の朝鮮人・台湾人の男性」も含まれたことを指摘して、「日本の普選の場合、ジェンダー規範は、階級、エスニシティ規範以上に強く作用した」と結論する[16][舘 1994：126-7]。すなわち(男子)普通選挙法とは、男性の間に階級や民族を超えた平等な共同性をうち立てる代わりに(ために)、女性に参政権を否認した法であったとも言える。

「女性の国民化」を近代から連続した未完のプロジェクトと解すれば、「戦争」が「国民化プロジェクト」の過程の「逸話 anecdote」などではなく、むしろそれを促進した「革新」であり、一種の「極限型」であったことを認めないわけにいかなくなる。

近代総力戦は、国民国家最大の事業であり、地政学的・人口学的・象徴的闘争の場である。その時国家は全域化をめざすことによって「社会」の「国家化」と「家庭」の「国家化」との双力を要求するに至る[若桑 1995]。その意図をあからさまに言説化した点で、「国家社会主義」や「超国家主義」という呼び名はまことに適切な命名と言えよう。戦争は透明な共同性を達成し、その「全体性」や「国民統合」がもたらす興奮を、その後も長く人々はノスタルジックに回想することになる。

戦時下の「女性の国民化」については八〇年代以降、重要な業績が次々に登場してきた。「国民国家」と「ジェンダー」の変数がその時期になってようやく「発見」されたからでもあるが、同時に、「近代化プロジェクト」がその限界をあらわにしたからこそ、初めてこのふたつの変数が可視化されたともいえる。それには、八〇年代の女性史におけるフェミニズムのインパクト、すなわち女性を歴史にとって受動的な存在から歴史をつくりだす主体的な行為者へと転換する歴史観のパラダイム・チェンジが先行していた。それは日本の女性史のなかで、「被害者史観」から「加害者史観」への転換――女性の戦争加担、戦争責任の追求という方向をとった。女性が歴史の主体 agency であることを認めれば、同時に歴史に対する責任を免れることもできないからである。(17)

この八〇年代以降の新しい女性史の動向を、わたしは「反省的女性史 reflexive women's history」と名づけたい。それは同時に回顧的 retrospective でも、自省的 self-reflexive でもある。女性の歴史的な主体性の発見が、同時に仮借ない戦争責任の追及に向かったのは皮肉だが、それは同時にフェミニズムと女性史の成熟――「被害者史観」からの脱却――をも意味していた。だが、後に検討するように、「反省的女性史」が、何を「反省」の対象にするかで問題の捉えかたは大きく違ってくることになる。

## 4　女性の国民化と総動員体制

「女性の国民化」の媒体には、四つのレベルを分けて考えることができる。第一は国家、すなわち政治、政策、統制、公的プロパガンダなどの類である。第二は思想・言説、すなわち指導層の言説、メディア、イメージの類である。第三は運動・実践、すなわち大衆動員のレベルである。第四は生活・風俗のレベルである。このそれぞれについてこれまで女性研究者の仕事が積み上げられてきた。

ここでは戦時下における国家による大衆動員と女性政策、公的プロパガンダの動向を一方の軸に、もう一方にそれに対する女性の側の反応を、とりわけフェミニスト・

リーダー層の動向を軸に、論じていきたい。

日本政府は戦争初期から総力戦に「銃後」の女性の協力が不可欠であることをじゅうぶんに自覚し、女性の組織化を推進してきた。満州事変(一九三一年)の翌年にはさっそく大日本国防婦人会が結成されている。一九三七年、盧溝橋事件をきっかけに日中戦争が全面化すると同時に「国民精神総動員実施要綱」を決定。同年一〇月に国民精神総動員中央連盟が発足したときには、女性団体から吉岡弥生、市川房枝らの指導者層が委員に就任している。一九三九年に第二次世界大戦が勃発した翌年に大政翼賛会が発足、中央協力会議(その名も国民家族会議)が付置される。太平洋戦争開始直後の一九四二年には、愛国婦人会と大日本国防婦人会、大日本聯合婦人会とが合流して大日本婦人会が結成される。

大日本婦人会は「二〇歳以上の未婚女性を除くすべての日本婦人」を会員とする国策団体であった。この時点で愛国婦人会は四〇〇万人、国防婦人会は九〇〇万人の会員数を擁していた。この大日本婦人会が軍部のイニシアティブで作られたことは明らかである。しばしば指摘されるように総裁は山内侯爵夫人禎子という女性だが、理事長は元内務官僚の男性であった。

さらに戦局が緊迫するにつれ、一九四四年に女子挺身勤労令、四五年に国民勤労動員令など女性を含む全国民の総動員体制がつくりだされた。沖縄戦の敗戦を経て「本土決戦」を予期した戦争末期の四五年六月二三日には義勇兵役法が公布、(18)「一五―六〇歳の男子、一七―四〇歳の女子」のすべてを国民義勇戦闘隊として編成、大日本婦人会はこのなかに「発展的に解消」されるに至った。

戦時下の女性動員の視覚的プロパガンダを分析した若桑みどりは纐纈厚《こうけつ》の発言を引いて「総力戦体制は男女の役割分担を崩さなかった」[纐纈 1981：若桑 1995：83]と結論している。

これは「国民化」と「ジェンダー」の「境界の定義」をめぐる問い、すなわち「国民」が男性性をもとに定義されているとき、「総動員体制」と「性別領域指定」のディレンマをどう解決するか、をめぐっての二通りの解の可能性を暗示する。結論を先取りすれば「統合型 integration」と「分離型 segregation」と言っていいかもしれない。いずれも女性の戦争参加の下位類型には違いなく、「統合型」は「男なみの参加」、「分離型」は「女らしい参加」と言い換えることもできる。誤解のないように言っておけば、どちらも「二流市民」として、という限定の枠内にあることはいうまでもない。

日本とドイツはこの「分離型」の典型といってよい。(19) 戦争の初期にドイツも日本も女性の政治活動を禁止する。ドイツではナチが政権に就いた翌年に女性の政治活動参加を禁止する法律が成立し、日本では満州事変の年、一九三一年にいったんは婦人公民権法案が衆議院で可決、それが貴族院で否決されるという事態を迎えている。日中戦争直後の一九三七年には大日本聯合婦人会の女子青年団は「女子義勇隊」の結成運動を開始し、女性のあいだから従軍志願者が続出したと報じられているが、当局はこれを許可しないと発表している[若桑 1995]。

兵員不足が問題となる戦争末期に至っても、日本は女子徴兵をまったく考えていなかった。もっとも戦争末期の四五年には女子航空整備員を採用、さらに陸軍は女子衛生兵を募集している。だが両方とも戦闘員としてではなく後方支援などの補助業務のためのものであった。「国民義勇兵」をどう解釈するかは微妙なところだが、当時すでに戦場となった沖縄では地元民間人による「鉄血義勇隊」や「女子挺身隊」の経験があり「国民総兵力化」の予備的な経験が積まれていた。沖縄に上陸した米軍は、捕虜のなかに戦闘に耐えない年齢の高齢者や少年が含まれているのを見て驚いたという。しかしこの極限状況においてさえ、「ひめゆり部隊」のような女子挺身隊は救護などの後方支援部隊と位置づけられ、戦闘員とは考えられていなかった。女性を含む「国民総兵力」化をめざした「国民義勇兵」は戦闘員と民間人との区別が分かちがたくなる本土決戦に備えての、いわば最後の自衛兵力であり、これを「女子徴兵」の一種と位置づけるのは無理があるだろう。[20]

「国民国家」が軍事力と生産力の増強を国家目標とし、「国民」を「人口」すなわち兵力と労働力とに還元したとき、「兵役」は「国民化」の鍵となった。その時、「国民」は「国家のために死ぬ名誉を持つ者」と「国家のために死ぬ名誉を持たない者」とに分断され、前者だけが「国民」の資格を得たのである。戦争は、ジェンダーの境界を平時にまして明瞭に可視化する。したがって「統合型」の平等を求める女性は、戦場のこのジェンダー境界を戦闘参加によって乗りこえようとする。事実、女性兵士を積極的に採用したアメリカや女子徴兵を実施したイギリスは、この「統合型」の戦略を国家の側が積極的に採用し、女性もまたこれに応じた。女性兵士が兵員不足を補う「最後の手段」であるという見解は、アメリカのケースで否定される。アメリカは、日本やドイツのような深刻な兵員不足に悩んでいなかったからである。もし女子徴兵の理由が兵員不足でないなら、べつな原因を求める必要がある。アメリカは湾岸戦争に女性兵士を送り込んだが、それに先立つ長い経験がある。「統合型」と「分離型」との戦略の違いは、今日でもフェミニズムの内部の「平等派」と「差異派」の対立としてなじみぶかいものだが、わたしたちはこの路線の違いと「国民文化」のコンテクストとの対応が予想以上に根深い事実につきあたる。残念ながら、今日のフェミニズムは「国籍」と「文化」のうちに拘束されている。

「国民総動員」にあたって最後まで日本が「ジェンダー分離」体制を崩さなかったこと、かつ女性のなかから「統合型」の要求が生まれなかったことはまことに驚くべきことに思える。戦時下の体験について「女性も戦争に貢献できる」という高揚を述べたものが数多いなかで、わたしの知るかぎり、森崎和江だけが「その戦争の屈辱感。銃を独占し、戦争を持つ男たち」と短い表現ながら、「戦争で死ねない」女の屈辱について証言している[森崎 1965, 1992：44]。

ここで森崎の名誉のためにつけ加えておけば、彼女は決して軍国少女ではなかった。それどころか、植民地で過ごした少女時代に、植民地支配の不公正を鋭敏に受けとめる感受性を持っていた。戦争がジェンダーに与える「究極の定義」、誰もが知っていながらそのあまりにもあからさまで圧倒的な事実の前に、かえって見ないふりをするこのジェンダー「非対称」を森崎が記述することができたのは、少なくとも彼女がそれからの距離をもっていたことを示す。

「軍神」になれるかなれないかは、戦争がジェンダーに与えた屈強のかつ非対称的な定義であった。そのかわり「分離型」のジェンダー戦略が女に与えた「指定席」は

「靖国の母」になる、というものである。若桑みどりはその著書『戦争がつくる女性像』[若桑 1995]の冒頭に、幼い男の赤子を抱いて靖国に参詣する若い母、「軍神」となった夫に対面する年若い未亡人の厳粛な姿を描いた図版を載せている。一冊のなかでこのページだけがカラー図版であり、若桑がこの図像に託した象徴性の高さへの評価がよくわかる。この女性は、夫を失ったにもかかわらず、幼い息子まで「国家」に捧げる決意を見せている。「戦争で死ねない屈辱」を帯びた女性は、今度は「軍神の母」になることで、初めて「軍神」の英雄性に拮抗することができる。そこには、子どもは「国家のもの」であり、それをたまたまお預かりしているにすぎない、という家父長制の「腹は借り物」とする思想が遺憾なく発揮されていることを若桑は指摘する。それを「神から預かった御子を神に返す」聖母、ピエタの像と対比して若桑はこう結論する。

　戦時中、日本の女性に与えられたイメージが戦争そのものを表現する戦意高揚絵画ではなく、男子を抱く母性の像、すなわち「聖母子」の系譜に入るものであった。[若桑 1995：254]

彼女はこう指摘することでそこに何があったかだけでなく、そこに何がなかったか、という不在のイメージにまで言及する。

国家およびその意を受けた指導者、オピニオン・リーダー、プロパガンディストは、女性たちを戦争に動員するためのイメージ戦略として、決して戦争の現場、戦況、勝利、または凱旋、征服、占領などの「画面」を女性に与えようとしなかった。大文字の戦争画は、男性向けのものであり、激戦場面は男の子の雑誌に頻繁に登場する「男性の」領域であった。［若桑 1995：244］

実をいえば、女性にも靖国神社にまつられる道があった。それは従軍看護婦として殉職する道である。(21)しかし若桑は、亀山美知子の仕事に言及して、「従軍看護婦」に要求される勇気や沈着冷静さのような「男らしい」美徳(「生き血を見ても平気の平左でいる」)は、本来の女性性に反するとされたことを指摘している。看護婦は戦場において「戦闘力の回復に奉仕する者」として「女性の天性に最適」と考えられたが［亀山 1984a］、もうひとつ「戦闘力の回復に奉仕」したはずの「慰安婦」の貢献のほうは無視された。それと同時に、「従軍看護婦」は「性的二重基準(母性と娼婦性の分離)」のもとで「従軍慰安婦」とカテゴリー上、厳密に区別される必要があった。「従軍看護婦」がその「職場」で多くのセクシュアル・ハラスメントにさらされたであろう可能性を樋口恵子は指摘しているが、「看護婦」のカテゴリー上の聖性が、現場におけるセクハラの問題化さえ阻んできたといえよう。そしてそのことは「慰安婦」差別のちょうど裏返しにあたる。事実、戦場では多くの「慰安婦」が看護要員として駆り出されたが、従軍看護婦の側から「醜業婦に看護をさせるな」という非難の声があがったという。

## 5 フェミニストの反応

では以上のような「国策」に対して、女性はどのように反応したのだろうか。これについては指導層の思想・言説、さらに女性大衆の翼賛参加についてこのところ急速に研究が蓄積されてきた。

戦前の女性知識人の戦争責任については、「被害者史観」から「加害者史観」への女性史のパラダイム・チェンジを受けて、テキストの読み直しが起きている。それは戦前のフェミニズムの担い手であった女性思想家たちの「過去」をひとりの例外もなく洗い出すほどの徹底性をもって行われている。

その中でしばしば取り上げられるのが市川房枝、平塚らいてう、高群逸枝《たかむれいつえ》の三人である。わたしがこの三人を取り上げるのは、彼女たちが戦前のフェミニズムを語るのに欠かせない著名な人物であるからだけではない。市川が婦人参政権論者、平塚が母性主義者として、それぞれ「統合型」と「分離型」のフェミニスト戦略を典型的に代表しているからである（ただし市川の「統合」は参政権の平等にとどまり、戦争参加の「男なみ」化までは想定していない）。高群は平塚の後継者にして母性主義者、かつもっともファナティックに「聖戦」を支持した超国家主義者として忘れることができない。ここでもわたしは彼女たちがどのような言説を生産したかではなく、彼女たちの言説や行動が、女性史家によってどのように「解釈」されてきたか、そしてその解釈パラダイムにどのような変化が起きたか、というメタ・ヒストリーのほうに焦点を当てることにしたい。

市川房枝（一八九三―一九八一）は日中戦争勃発後の一九三七年、婦選獲得同盟その他の八団体を擁する日本婦人団体連盟を結成し、「国家総動員」体制に対して「銃後の護りを固からしめん」と協力体制を作る。同年には国民精神総動員中央連盟の委員に就任する。三九年には国民精神総動員委員会幹事、四〇年には国民精神総動員中央本部参与、四二年には大日本婦人会の審議員、同年に大日本言論報国会の理事になる。こうした「翼賛協力」によって、戦後市川は占領軍によって公職追放を受けた。市川の「戦争協力」は見やすく、かつ市川自身および研究者によっても彼女のキャリアにおける「汚点」と認められてきた。市川房枝記念館には戦時下の資料が公開されており、少なくともその「汚点」を隠そうとする姿勢がない点でも「清廉」な運動家であるという評価を受けてきた。それはあの統制下では婦選運動を守るために仕方のない選択だった、という解釈である。

他方、平塚らいてう(一八八六—一九七一)が婦選運動のような「参加の思想」に消極的で、ごく初期から「分離型」の母性主義の戦略をとったことはよく知られている。平塚は戦時中、市川房枝ほど積極的な公的活動をしなかったため、彼女の「戦争責任」はごく最近まで不問にされてきたが、このところ戦時下のテキストの読み直しを通じて、母性主義と裏表の平塚の「優生思想」が槍玉に挙げられている。平塚が思いのほか熱狂的な天皇賛美の文章を書いていることも明らかにされ、思想家としての彼女の見直しとともに平塚に領導された日本フェミニズムの特異性を再検討する動きが起きている[古久保 1991 : 鈴木 1989b : 三宅 1994 : 大森 1997]。

ところで第一波フェミニズムの代表的な思想家、「統合型」と「分離型」のそれぞれ代表のように目されるこの二人のリーダーの「戦争協力」について、反省的女性史家のひとり、鈴木裕子は次のような問いを立てている。

かつては素晴らしいと思われてきた人が、戦争中に何故そういう誤ちに陥ってしまったのだろうか。……(彼女たちが)翼賛に搦《から》めとられて行ってしまったのは何なのか？ [鈴木 1989b : 45-46]

「らいてうさんや市川さんたちがおかした誤ち」という表現の背後には、第一に、彼女たちの戦争協力が、状況に余儀なくされた強制だったのではなく、自由意思による選択であったという見方が前提されている。第二に「誤ち」であれば、「避けえた」誤ちなのか、そうでないのか、という問いが立てられる。もし「避けえた」誤ちであれば、彼女たちの「誤ち」に学ぶことで再び同じわだちを踏まないようにしよう、という問題意識である。もうひとつ、第三に「誤ち」のなかには「あの悪い戦争」という審判が前提されているが、これについては後で論じることにしよう。

この「誤ち」をできるだけ論理内在的に一貫して説明しようとする立場に立つことで、これらの女性史家たちは、それと明示的に示さないままに「連続」史観の立場に立っているといえる。

市川の軌跡は鈴木裕子によって「女権＝参加＝婦人解放」とまとめられている［鈴木 1989b］。その限りで市川の軌跡は、「抜群の運動家としてのセンス」を持った婦選活動家の一貫した人生として捉えられる。市川は、それがどんなものであれ、「女性の公的活動への参加」を一貫して支持した。彼女のおかした「誤ち」は、その「公的活動」の内容を問わなかった(「悪い戦争」！)ことだということになる。しかも「婦人運動指導者としての強烈な使命感」とそれとうらはらなエリート意識が、彼女から

「時局から隠棲する」ことを許さなかった。

平塚のテキストの読み直しもまた、彼女の思想の「一貫性」を論証する方向に働いている。戦時下の優生学的な発言は、それ以前の「母性保護論争」における彼女の立場と結びつけられて、平塚の「母性主義」の必然の帰結であった、と結論づけられる。「母性」を通じての「国家への貢献」は、当然「優良な子孫」と「不良な種」との間の淘汰を含み、国家による母性保障を要求する立場は容易に国家による母性管理を容認する結果になる。事実平塚は、一九三八年の母子保護法や一九四〇年の国民優生法、四二年の妊産婦手帳の交付のような国家による母性保護・母性管理を、積年の主張がようやく認められたと歓迎した。その背後にあるのも平塚の当初からの強烈な「エリート意識」(産む資格のある女とない女の分断)だと鈴木は指摘する。(22)

平塚が天皇制賛美に向かった原因は、鈴木や米田佐代子のような女性史家によって彼女の「反近代主義」に求められている。その背景にあるのは、それに先立つ母性保護論争を「前史」として、そのなかの与謝野晶子(一八七八―一九四二)と平塚の対立を「個人主義」対「母性主義」さらには「近代主義」対「反近代主義」の対立と読み解く構図である。平塚が『青鞜』を創刊する以前から、臨西禅の導師に悟達《ごたつ》を請け合われた禅者であったことや、自然や玄米食を信奉し、霊的価値に重きをおく特異な人物

であることはよく知られている。(23)

米田は鈴木の「告発史観」に反発を示しながら、他方で平塚の「連続」性に強い支持を与え、「らいてうが「変節」して国家にすりよったのではなく、天皇制国家がらいてうを〝からめとった〟」とまで言う。そして「らいてうの戦時下の発言は、彼女の一時的な動揺ではなく本質的なものであったのか」という問いを設定し、みずから「誤解をおそれずに言えばそのとおり」という答えを与えている。

らいてうはその一貫した「反近代性」や「非合理主義」によって、現存する一切の支配秩序(近代国家がつくり出した近代的合理的秩序)に反逆した。しかしそのような批判精神は、いわばたたかう相手としての国家権力そのものが、自ら「反近代的」で「非合理主義」的な立場――つまり「皇国史観」にもとづく支配イデオロギーに立ったとき、文字どおり〝からめとられる〟可能性をはらんでいったのである。[米田 1996：50]

鈴木も「天照大神生き通しの天皇」とか「惟神《かむなが》の大道」といった平塚の発言にあからさまな困惑を示し、平塚には「論理を超越したところに一つの世界」があるようだから「そもそも論理的に納得しようとするのが無理なのかもしれません」[鈴木 1989b：43]と匙を投げる。

ところでこの解釈にはいくつかの問題点が含まれている。第一に、平塚はほんとうに「反近代主義者」か、という問いである。母性主義は「近代個人主義」を否定する点でしばしば「反近代主義」と短絡的に等置される傾向があるが、近年の母性主義をめぐるフェミニズム研究が明らかにしたのは、「母性」もまた「近代」の発明品であり、母性主義とは近代の産物としてのフェミニズムがとりうるヴァージョンの一種である、という見解である。

この立場は、「母性保護論争」における平塚の論点を詳細に検討することで再確認することができる。(24) 与謝野晶子の「女子の徹底した独立」の主張に対して、らいてうは「母性保護の主張は依頼主義にあらず」と論陣を張るが、そのとき平塚にとって「母性保護」の「依頼」の対象は、夫ではなく国家という公共領域であった。女性は母性を通じて国家という公共領域に貢献するからこそ、国家から公民として母性保障を受ける権利がある。このような考え方は、国家という公共領域の成立以前には考えられないものである。平塚がエレン・ケイに共感したのも、母性保障とそれにつながる福祉国家の役割、したがって「公領域」の肥大に期待をかけたからにほかならず、そのような国家の「公共性」がまだじゅうぶんに確立していないその当時に、いわば時代にさきがけた議論を展開したことになる。むしろ存在もしていない公共領域に期待を託す平塚の現実離れした理想主義を、与謝野の生活者としての現実主義が批判したと理解してもよい。そして戦時下に平塚が見たものは、いわば期待していたこの「公領域」の肥大だった。

与謝野は、平塚のこの国家に対する過大評価を見抜いていた。

平塚さんは「国家」と云ふものに多大の期待をかけておられるようですが……平塚さんの云はれる「国家」は現状のままの国家では無くて、勿論理想的に改造された国家の意味でせう。[与謝野「粘土自像」1918：香内 1984：102]

ちなみに「母性保護論争」の主要な参加者、山田わかや平塚自身の積極的な紹介のおかげで、北欧の女性思想家、エレン・ケイは、日本では西欧における評価以上に高い知名度を得ている。だからといって、日本の第一波フェミニズムが西欧からの「輸入思想」だという解釈は当たらない。翻訳という文化の紹介事業にはかならずスクリーニング(選別)の過程が含まれる。(25) 日本のフェミニズムはその成立の初期から北欧系の「母性主義」に親和性を持ち、アングロ＝サクソン的な個人主義的平等主義を退けてきた。たとえば平塚はエレン・ケイを『青鞜』に訳出しているが、これは平塚がケイに影響を受けたというより、ケイのなかに平塚が共感する思想を見いだしたというほうが当たっている。当時シャーロット・パーキンス＝ギルマンのようなアングロ＝

サクソン系の個人主義的な思想も知られていたが、積極的に導入・紹介されるに至らなかった。

三宅義子[1994]は「母性保護論争」を国際フェミニズムの文脈に位置づけるという興味深い仕事のなかで、与謝野VS平塚の論争をエレン・ケイとパーキンス＝ギルマンの思想的背景の違いにさかのぼって論じる。それに先立つアングロ＝サクソン系のフェミニズム——経済的自立と政治的平等をめざす個人主義フェミニズム、メアリ・ウルストンクラフトやオリーブ・シュライナー——はすでに日本に知られていた。もともとケイ流の母性主義フェミニズムは、第一波フェミニズムの潮流のなかで、個人主義フェミニズムに対する批判として第二段階に登場したものである。「西欧フェミニズム」そのものが一枚岩ではない。資本主義のレイトカマーとしての日本のフェミニズムは、与謝野の言うように「寒国の春には「桃李《とうり》一時に咲く」といふことがある」という状況を呈していたが、そこではたしかに「西欧フェミニズム」のなかから選択的受容が行われた。(26) 与謝野VS平塚論争は、日本に舞台を移した西欧フェミニズムのたんなる「代理戦争」ではなかった。

第二に、「母性保護論争」のなかで個人主義フェミニズムを代弁したかに見える与謝野は、ほんとうに「近代個人主義者」なのだろうか、という問いが成り立つ。しば

しば引用される「母性保護論争」のなかでの発言、

私は子供を「物」だとも「道具」だとも思っていない。一個の自存独立する人格者だと考えています。子供は子供自身のものです。平塚さんのように「社会のもの、国家のもの」とは決して考えません。［与謝野「平塚、山川、山田三女史に答ふ」1918：香内 1984：188］(27)

これは、彼女の「個人主義」の例証として挙げられるが、この与謝野の立場が、果たして「国家」以前のものなのか、「国家」以後のものなのかは、検討に値する。たとえば有名な与謝野の日露戦争時の反戦詩、「君、死にたまふことなかれ」も、国家主義に先立つ前近代的な家族主義の価値のあらわれと読み解くこともできる。平塚に対して「国家主義者か、軍国主義者のような高飛車な口気を洩らす」と感想を述べる与謝野の直観は、ある意味で正しい。逆に与謝野が「国家主義」に対して距離をとることができたのは、「国家」以前の共同体的な倫理を彼女が身体化していたからではないか、とも考えられよう。(28)

一九一八年の母性保護論争当時、婦人参政権運動はまだ成立していなかった。母性主義者、平塚が当初、婦人参政権の要求に冷淡であったことはよく知られている。一九二〇年には平塚は市川らと合流して新婦人協会を結成、女性の政治的な権利の要求にのりだし、一九二四年には、市川房枝、久布白落実《くぶしろおちみ》らによって婦人参政権獲得成同盟がスタートする。母性論争の過程で、与謝野晶子は社会主義者の堺枯川こと利彦から、「中心となって婦人参政権運動をおこすよう」に、そしてその「主唱者には私(＝与謝野)がもっとも適当」であるとの慫慂《しょうよう》を受けるが、自分の生活に余裕がないことと機が熟していないことを理由に、固辞している[与謝野「堺枯川様」1919, 香内 1984：223-9]。文中からは与謝野が婦人参政権を支持していたことは明らかであり、彼女を市川とともに「統合型」の系譜に位置づけることは妥当であろう。

第三の問題点は、鈴木と米田はともに平塚の「一貫性」を強調するためにかえって戦時体制の「非合理性」、したがって戦時という非常時における「近代化プロジェクト」の断絶を前提してしまうことである。そこではフェミニスト思想家の戦争協力の「必然性」の論証のために、戦争の「近代化プロジェクト」からの「逸脱」がかえって前提されてしまう。「あの戦争」が日本近代史のなかの「不合理」な「狂気」であった、という昔ながらのパラダイムにもう一度戻ってしまう結果になる。その意味で、戦前のフェミニストの「連続」性を強調する彼女たちの見方は、旧「連続」史観のパラダイムの内にあり、ネオ連続説とは結びつかない。

## 6　女性版「近代の超克」派

もうひとり重要な人物として高群逸枝(一八九四―一九六四)をあげておこう。彼女はそのファナティックな戦争賛美や天皇制イデオロギーの支持のために、いわばもっともわかりやすい「反近代主義者」として扱われている。しかも平塚の思想的嫡子を自称し、近代個人主義を超えた「母性我」を強調することで、女性の側から超国家主義を積極的に推進した責任者と見なされている。いわば女性版「近代の超克」派の思想的リーダーと目される人物であり、その点でほとんどの評伝で弁護の余地なく批判されている[鹿野・堀場 1977;加納 1987, 1995b;西川(祐)1982a;山下(悦)1988]。

時代の閉息感から〈日本精神〉への回帰、やがて翼賛体制への積極的な加担は、一五年戦争下、日本知識人の多くが辿った道であるが、……それはおそらく高群が、〈女の解放〉を〈近代の超克〉に重ね合わせ、精魂傾けて追求した結果であろうと思うとき、無惨の思いはどうしようもない。[加納 1987, 1995b:180-1]

しかし彼女の「反近代主義」についても、検討の余地がある。高群は「日月の上に」によって詩人としてデビューしたときから、都市と資本主義の悪に対抗する、自然と田園の擁護者として登場した。ところで近代の言説史が明らかにするのは、「田園の思想」こそは、ありもしない過去をノスタルジーの対象として創出することで生まれた「近代」への反動思想であり、そのかぎりでほかならぬ近代の副産物である、という見方である。したがって高群の「反近代主義」――反産業主義と反都市主義――もまた、母性主義と同じく、近代フェミニズムの第二段階に登場した思想であった。

この「近代」への反動思想は、「西欧」が「近代」を代弁するオリエンタリズムの構図のなかでは、日本ナショナリズムにきわめてよく適合する性格をもっていた。そして高群自身が天皇制の言説をたくみに利用して自分の立場を正当化しようとした試みは、大著『母系制の研究』[1938, 1966]に実を結ぶ。

一九三一年、高群は東京都下、杉並の「森の家」に「門外不出・面会謝絶」の札を掲げて、「一日十時間の勉強」を自分に課したといわれる一〇年以上におよぶ伝説的な学究生活に入る。この期間の高群の生活を支える目的で「高群逸枝後援会」が組織されるが、その名簿には市川房枝、平塚らいてうなど、当時かならずしも志を共にしていたとはいいがたい人々が名を連ねている。フェミニスト指導者層の高群への「後援」の動機を、彼女たちが戦争協力のための理論的正当化を切実に求めていたためと指摘するのは、西川祐子である。高群は彼女たちにとって、それを供給することのできる理論家と見なされていた。

高群は古代の親族関係を「招婿婚」にもとづく「母系制」とし、戦前の家父長的な歴史観に挑戦したが、同時に天皇制古代ではもともと女性の地位が高かったとして女性史を皇国史観と結びつけ、また「婚姻和協」の論理によって「大東亜共栄圏」の思想を正当化した[河野他 1979；西川(祐)1997；栗原(弘)1997；上野 1996]。だからこそ、戦時下に『母系制の研究』を刊行することもできたし、会員数二千万を擁する大日本婦人会の機関誌であった『日本婦人』に連載を続けることも可能だったのである。

一九六六年から七〇年にかけて刊行された『高群逸枝全集』(理論社刊)からは彼女の戦時下の戦争賛美の発言は注意深く削除されている。それから判断すれば、少なくとも編者である夫、橋本憲三は、高群の過去を「汚点」と考えていたことが明らかである。(29) その全集未収録の作品のなかから、『日本婦人』一九四四年一一月号に掲載された「たをやめ」の一部を引用しよう。

わが「たをやめ」は家族心を生命としてをり、世界の家族化を願望してやまない。しかるにそれを阻害するものに対してわが聖戦はおこされるのであるから、戦争は積極的に女性のものといつてよい。わが子、わが夫、わが兄、わが弟を励まし、打ち勝たせずにはやまぬ女性の意思がここにある。

今次の大戦に私どもは「女なれども」ではなく「女なればこそ」立ち上がつているのである。[河野他 1979：262]

高群の研究者は数多いが、高群女性史を彼女が利用したとされる一次史料にさかのぼって検討した研究者は少ない。『新撰姓氏録』などの原典にあたって一万枚を超える系譜誌をカード化したと伝えられる高群の仕事を検証するのは、それ自体、膨大な労力を要する。栗原弘はみずからも一〇年余りをかけ、高群が対象にした平安中期の家族五〇〇例をもとに、高群が「史料の改竄、意図的な創作」を行ったと主張した[栗原(弘)1994]。栗原の「高群女性史虚構説」は、高群研究者のあいだに大きな波紋を呼んだが、彼は高群を一面的に断罪するのでなく、高群女性史の隠れた志に情理を尽くした理解を示す。彼によれば「高群の究極の目的」は、「書かれた歴史のなかで、女性の解放を果た」し、「日本女性の有史以来の鬱屈を晴らすこと」[栗原(弘)1997：244]であったと指摘する。(30) 高群においては、彼女の女性史そのものが女性解放のための「遂行的言語行為 illocutionary speech act」(オースティン)であったとすれば、彼女は戦時下もその著作によって——その方向は問わず——女性たちを励まし続けたのである。

## 7 女性社会主義者か社会主義女性解放論者か
### ――山川菊栄の場合

もうひとり、「母性保護論争」の立役者のひとりだった社会主義者、山川菊栄(一八九〇―一九八〇)について触れておこう。戦前の女性社会主義者をフェミニストに加えるかどうかは、それ自体議論の対象となる。「フェミニズム」という用語は『青鞜』の担い手たちに自覚的に使われていたが、社会主義者の側からは、彼女たちの運動は「ブルジョア・フェミニズム」と斬って捨てられていた。「階級視点」に立つ者の目からは、当時世界を席巻した第一波フェミニズムはブルジョア自由主義の変種にすぎず、社会主義陣営の女性たちはそれに同一化したふしがない。当事者たちの自己定義を離れれば、それもまた世界史的には社会主義女性解放論というフェミニズムのひとつの潮流を形づくっていたと言えるが、個々の女性活動家が、社会主義フェミニストなのかそれとも女性社会主義者なのかは、検討に値する。

もちろん何をフェミニズムと呼ぶかは、視点の取り方によってさまざまである。ここで暫定的に定義を与えると、ある運動が「フェミニズム」であるためには、第一に女性の自律的運動 autonomous women's movement であること、第二に女性の性役割（ジェンダー）に対する問題化があること problematization of gender、その両方が必要である。このうち第一の条件は必須の条件だが、だからといって、女性によって担われるすべての運動がフェミニズムとは限らない。[31] このふたつの条件から判断すると、第一に、社会主義の運動はまず男性優位の運動であり、したがって女性の自律的運動という条件を欠いている。第二に、社会主義陣営は女性の要求の独自性を認めず、むしろ女性が独自の動きを作ることを「分派主義」と呼んで嫌った。社会主義者にとっては女性解放は労働者階級の解放に従属するものであり、社会主義革命と同時に自動的に達成されるはずのものであった。したがって女性は労働者解放のための階級闘争に合流すべきであって、女性独自の闘いは意味がないばかりでなく、労働者の団結を阻害する、と見なされた。しかも解放されるべき女性は労働者階級に属する女性たちであって、「自己の内に潜める天才の発揮」（平塚らいてう）を求めるフェミニズムなど、ブルジョアの手すさびと言うべきであった。

「母性保護論争」では山川は与謝野VS平塚の対立に割って入り、「与謝野氏を日本のメアリー・ウォルストンクラフト、……平塚氏を日本のエレン・ケイ」［山川「母性保護と経済的独立」1918, 香内 1984：137］に対比して論点を整理し、弱冠二八歳で理論家としての声価をうちたてた。社会主義者、山川の目からみれば、「与謝野氏の社会批評はブルジョアジーに出発し、ブルジョアジーに終わっている」[山川 1918, 香内 1984：136]ものだし、他方、「エレン・ケイは畢竟陳套《ちんとう》なる社会政策論者に過ぎない」として「性的区別の誇張に立脚する……反動思想」[山川 1918, 香内 1984：118]と断ずる。女性には「労働権」も「生活権」もともにあり、支払い労働ばかりでなく「不払い労働」の価値も評価されなければならないとしたこのブリリアントな理論家は、与謝野と平塚の論点を次のように批判する。

在来の社会は婦人に対して労働の権利を拒むと共に、その生活の権利をも否定していた。そこで前者を強調すべく現れたのが機会均等の叫びを以て終始して居る旧来の女権運動で、これが修正案として後者を提唱すべく起こったものが母権運動である。労働の権利を専ら要求して生活権の要求を忘却したのが前者の欠陥であり、母たる婦人のみの生活権の要求に甘んじて、万人のために平等の生活権を提唱することに思ひ及ばないのが後者の至らない点である。[山川 1918, 香内 1984：146]

その山川自身の解決策は、「現在の経済関係といふ禍の大本に斧鉞《ふえつ》を下す」という「ヨリ高き、ヨリ徹底せる結論」[山川 1918, 香内 1984：146]であった。時勢がら、あいまいな書き方しか許されなかったが、「現在の経済関係の変革」が社会主義革命を意味することは、文脈から言って誰の目にも明らかであった。[32] 山川においても、女性の解放は労働者の解放に従属し、かつそれとともに自動的におとずれると信じられていた。

とはいえ、社会主義者のあいだで山川は、「女性独自の要求」にもっとも自覚的なひとりであった。一九二五年、無産政党の結成にあたって、彼女は、党の綱領に男女平等の要求をつけ加えるよう、本部に要求している。その内容は以下の五項目にわたるものであった。

一　戸主制度の廃止、一切の男女不平等法律の廃止
二　教育と職業の機会均等
三　公娼制度の廃止
四　最低賃金の性・民族を問わず、一律の保証
五　同一労働に対する男女同一賃金
六　母性保護[33]

戦後の山川の回顧によれば、共産党幹部が協議の結果、このなかで公娼制度廃止の件だけは賛否半ばして未決定、「他はすべて反マルクス主義だから否決した」という返事がきた、という[山川 1979：66]。山川の認識によれば「これらの項目は、婦人解

放の基本的な要求であり、第二、第三インターもＩＬＯも異議なくみとめている世界共通の、平凡な、常識的なものなので、これに反対するのは保守反動以外にないはずです」[山川 1979：66]。

だが、当時の日本共産党の男性支配体質はこのようなものであり、それに加わる同志としての女性党員も男性支配に疑いを持たなかった。山川の要求に対して「婦人部員からも、同じ返事がきました」[山川 1979：66]。これらの女性党員を、社会主義婦人解放論者と呼ぶべきか、それともたんに女性共産主義者と呼ぶべきだろうか。(34) 少なくとも彼女たちは、共産党の男性支配をくつがえそうとしなかったことは確かであり、それどころか、非合法下の活動のなかで「ハウスキーパー(35)」という女性役割を搾取される結果となった。

同年に男子普通選挙法が施行されたが、奇妙なことに山川の掲げた五項目の要求には婦人参政権が明示的に含まれていない。山川は婦人参政権に対してシニカルな感想を持っていた。

> 男子の普通選挙を認めることには……「国体を危うくする」と恐れたほどに警戒的であ(った)……保守勢力も、婦人参政権の問題は、子供がひとのおもちゃをほしがる程度に考えて、男子のときほど恐れもしませんでした。……外国の洗礼

によって、婦人参政権はだいたい男子の選挙権拡張のばあいと同様、そう珍しい、急激な変化をきたすものでなく、むしろ保守勢力に有利なことも多いと見たせいでしょう、「国体」の変革を予期して反対するほど、神経質な政治家はありませんでした。

　私たちにとって「なんのために、どういう社会をつくるために」と参政権の目的を定めずに、ただ参政権をほしがる結果は、それが婦人の解放どころか、軍閥、官僚の独裁の武器にされる恐れはじゅうぶんありました。当時すでに処女会、愛国婦人会その他いろいろの御用婦人団体は多く、労働者・農民の側の婦人もその方に動員され、その影響下にあったのですから。……昔は西洋でも婦人運動家は、婦人に参政権を与えれば戦争は防げるといったものですが、それだけでは戦争を防げないことは、歴史的事実が痛いほどハッキリ語っています。[山川 1979 : 73]

この文章が戦後に書かれたものであることを割り引いても、山川の観測は炯眼《けいがん》というべきであろう[36]。

　戦時下で社会主義は非合法化され、沈黙を強いられた。山川の夫、均も投獄され、菊栄は獄にいる夫を支えながら生計を立てるために、疎開先でうずらの飼育を試みたり、さまざまな苦労を味わうが、ベス・カッツォフの最近の研究[Katzoff 1997]によれば、山川は戦時下で沈黙を守るどころか「精力的な書き手 prolific writer」であったという。たとえば柳田国男の依頼で書いた『武家の女性』[1943]など、彼女が原稿料収入を得られるよう周囲の配慮があり、収入の多くを原稿に頼ることになった。(37)

山川の発言は戦局が切迫するにしたがって、しだいに「機会主義的 opportunistic」[Katzoff 1997]な傾向を強めていった。山川は終始一貫して女性の労働参加を支持し、職場における女性保護に心を砕いてきたが、その労働の内容が侵略戦争遂行のためのものであるかどうかは、少なくとも書かれたもののなかでは、問わなくなっていった。山川は戦後の一時期、社会党が政権党となった時に、片山哲内閣のもとで、請われて労働省婦人青少年局の初代局長の任についている。職場の女性保護に腐心した彼女の志は、生涯を貫いていた。

## 8　庶民女性の「加害責任」

反省的女性史のもうひとつの成果は、エリート指導層だけでなく、庶民女性の「戦争責任」を追及したことである。加納実紀代の〈銃後〉史のような庶民女性史の掘り起こしによって、女性大衆がかならずしも「あの戦争」を否定的にだけ捉えているわけではないことが明らかにされた。戦争が可能にした女性の「公的領域」への参加は、女性になにがしかの興奮と新しいアイデンティティをもたらし、それは高揚した気分として記憶されている。

女性史家のなかで、戦争の女性解放的な側面をいちはやく指摘したのは村上信彦[1978]だが、加納も「〈銃後の女〉はひとつの〈女性解放〉であった」と指摘する[加納 1987, 1995b : 84]。加納は市川房枝の『自伝』から国防婦人会の発足式に集う女たちの「恥ずかしそうだがうれしそうでもある」様子に「かつて自分の時間というものを持ったことのない農村の大衆婦人が、半日家から解放されて講演をきくことだけでも、これは婦人解放である」[市川 1974 : 加納 1987, 1995b : 84]という文章を引く。加納によれば、「国防婦人会幹部として寝食を忘れて働いた日々を、〈わが生涯最良の日々〉として胸にあたためている女たちは多い」[加納 1987, 1995b : 96]。

そのほかにも生活史、自分史の記録や掘り起こしなど、地方女性史の努力も忘れることはできない。とはいえ、回想された過去(the past as reconstructed in the present)として再構成された記憶のなかでは、女性がみずからを「加害者」として認識している例はきわめて少ない。満州からの引揚者の体験記もみずからの受難を中心としており、自分たちが軍事力で守られた侵略者であったという認識はほとんどなく、中国女性の強姦や「従軍慰安婦」の受難に対しても「おあいこ」「あんな時だから仕方がなかった」と見なされる傾向がある。

田端かや[1995]は植民者であった日本女性の韓国経験を聞き書きするという貴重な作業のなかで、回想された過去のなかの韓国経験は特権層としてのノスタルジーに満ちたものであり、その「特権」がどのような「不公正」によってもたらされたものかという問いについて彼女たちがすこぶる無関心であることを発見している。

女性が歴史の客体ではなく主体であるというフェミニズムのパラダイム転換は、女性が戦争のたんなる被害者ではなく能動的な加害者であったとの認識をもたらした。ところで「加害」とはどのような視点からもたらされる判断だろうか。わたしたちはここでもう一度、何を根拠に何に対して「反省」することが可能なのか、という問いの前に立つことになる。

これまで見てきたように、近代総力戦が「女性の国民化」を図ったことに対して、フェミニズムの思想家たちはなんらかの意味で歓迎を示した。山高しげり、吉岡弥生、奥むめおなど他の女性運動家についても同じようなことが言える。

ここで忘れてはならないのは、「女性の国民化」プロジェクトは、当時の女性運動家たちにとって少しも「逆コース」でも「反動」でもなく、「革新」と受けとめられていたことである。女性の公的活動を要請しかつ可能にするこの「新体制」を彼女たちは興奮と使命感を以て受けとめた。

一九三七年日中戦争開始の後に『文藝春秋』誌上で行われた「戦時下の婦人問題を語る座談会」[38]に出席した平塚明子(らいてう)は次のように語っている。

とにかく大衆の婦人を動員して、家庭外の、社会的な、国家的な仕事に働かせる、そしてさういふ事で家をあけることをご主人たちも認めるやうになつたといふことは一般的に見て婦人の生活の上の相当大きい変化ぢやないかと思ひます。……事変中に一般の家庭婦人にさういふ習慣のつくことは、そして団体の仕事を協力してやる経験をもつことは、いろいろの意味でいいものを後に残すのではないかと思ひます。たとへば家庭と社会、国家との緊密な関係が分つたりして、新しい目で自分の家庭を見直すやうになり、今迄の家庭利己主義から脱け出るやうになるでせう。[丸岡 1976：647]

平塚はここで「国家」と「社会」をほぼ同義に使用している。

山川菊栄も、同じ座談会のなかで司会の記者が「事変の与へた思想的な動きの一番顕著なものは……女性、男性の対立がなくなつて、国民の一人としての女性といふ立場から物が考へられ始めて居るのではないか」という問いかけに「婦人運動のなかには両方の立場がある」と答えたうえで、こう指摘する。

一般の人達は今まで無意識だつた人達が、新しく今度の事変などで動員されたやうな人達は……唯々国家の一員として動員されて、それに連れて女として特殊の職能を見出されて居るといふことについて新しい訓練を受けたりして居る。[丸岡 1976 : 653]

座談会のなかで司会の「記者」は事変後の「国家の強制」が「今までの婦人解放の運動と一致するのではないかと思ふ」と示唆する。それに対して婦人運動家たちはむしろ、政府の女性政策の「革新」が不徹底でなまぬるいといらだちを隠さない。平塚は「国民精神総動員中央連盟の中にもつと婦人を参加させ、婦人団体を総動員させよ」と主張する[丸岡 1976 : 648]。

市川房枝は「婦人の時局協力」を促進するために愛国婦人会と国防婦人会の対立を乗りこえた「婦人組織一元化論」を唱え、一九四〇年、率先して婦選獲得同盟を解散する(39)。そして同年発足した大政翼賛会に「婦人部」がないことを指摘してこう批判する。

私共には、翼賛会が婦人を無視している事乃至は後廻しとしている事は、従来の婦人に対する考へと同様に、婦人を低く評価している結果だと思はれるのである。……従つて私共は、翼賛会が一日も早く……婦人部を設置せんことを要求せんとするものである。……若し翼賛会当局が尚婦人を顧みず、これを旧体制のまま放置するといふのであれば、新体制は絶対に確立されず、高度国防国家はその礎より潰れるであらう事を警告して置き度い。［市川「大政翼賛運動と婦人」『婦人展望』1940, 鈴木 1986：124-5］

女子の徴用に関しても市川は政府以上に積極的である。一九四三年一〇月、時の東条首相が議会で「女子の徴用は日本の家族制度を破壊するから目下の所は行はない」と発言したのを批判してこう言う。

女子の勤労が生産力増強の為めに国家として不可欠だといふのなら、何も遠慮をする必要はないと思ひます。……婦人の勤労については、政府自身もつとはつきりした婦人の勤労観をもつてほしい……。現在のこの段階に及んでも尚、政府初め社会の各層の殆どすべての男子の人達の婦人に対する考へ方が、封建時代の思想から一歩も出ていない事を遺憾にも歯がゆくも思はれてなりません。［市川「身辺雑記」『婦人問題研究所々報』6, 1943. 10. 30：鈴木 1986：132-3］

婦選運動で市川の同志であった山高しげりはさらに強硬である。一九四三年七月の大政翼賛会第四回中央協力会議の席上、「躊躇なさるところなく未婚女子の徴用を御断行願ひたい」と提言する。その上で「母性保護施設は国家が各工場に強制」するというふうに「国家が強力に出てくださる」ことを「切望」している[山高『第四回中央協力会議会議録』1943：鈴木 1986：154–7]。

市川房枝は「女子徴用は家族制度と矛盾するものにあらず」と主張する。むしろ労働と母性の両立、そして職場における母性保護政策の確立をめざすことは、長い間の婦人運動の目標であった(40)。

総動員体制は少なくとも婦人運動家の目からは、従来のもろもろの婦人問題、女性の労働参加と母性保護、女性の公的活動と法的・政治的地位の向上などの懸案事項をいっきょに解決する「革新」と見えた。彼女たちは当局の不徹底と弱腰を叱咤し、「当局の婦人施策の不足と不備を補う」ことをもって「使命」とした[鈴木 1986：157]。「思想の保守性と行動の革新性——ファシズムとは、そういうものではないか」と加納[1987, 1995b]は書く。だが、もうひとつ留保を加えれば、ファシズムの思想は決して「保守的」なものではなかった。「国体」というイデオロギーさえ、いまだ実現されざる未完の「国家プロジェクト」の別名として、「国民」の前に現れたのではなかったか。その「国体」を「伝統」の名で粉飾するレトリックに欺かれて、後世の歴史家はそれを「保守思想」と呼ぶのだ。

## 9 「国民国家」のジェンダー戦略とそのディレンマ

総力戦という「公領域」のかつてない肥大の時期にあたって、国民国家のジェンダー編成を再編するオプションには二とおりのものがある。ひとつは「性別役割分担」を維持したまま私領域の国家化をめざすこと、もうひとつは「性別役割分担」そのものを解体することである。前者を「ジェンダー分離型」(略して「分離型」)、後者を「統合型」と名付けておいた。このジェンダー戦略のオプションは女性解放の二つの路線としても「平等か差異か？」の対立として、久しく争われてきた。

日本、ドイツ、イタリアの枢軸同盟諸国、ファシスト国家は「分離型」の戦略をとったことで共通している。ナチは「ドイツは男らしい男と女らしい女を好む」と公言し、女性の公的活動を制限した。奇しくもこの三つの国では、フェミニズムもまた母性主義の色彩が強く、「差異ある平等 different but equal」のレトリックが女性解放思想のなかで支配的であった。もちろん近代女性解放思想のなかにはどこでも「分離型」から「統合型」にいたるスペクトラムの幅があるが、フェミニズム内部の路線のヴァリエーションのなかから、いわば権力の言説に適合するように解放のレトリックを調整していくプロセスが見られる。

姫岡とし子はその著『近代ドイツの母性主義フェミニズム』[1993]のなかで、ワイマール期には優勢であった「統合型」の戦略が、その反動からナチズム下で「分離型」すなわち母性主義に道をゆずっていく過程を描く。それはフェミニズムの一種の「生存戦略」でもあるし、運動論的に言えば文化的なカテゴリーに訴える「説得の技術」でもあった。わたしがフェミニズムは「文化被拘束的 culture bound」だと言うのは、フェミニズムもまたその言語資源を文化カテゴリーに深く負っているからである。

分離型のジェンダー戦略のもとで国家が「銃後」の女性に期待したのは、「出産兵士」としての役割と「経済戦の戦士」としての役割である。専門的に言えば再生産者(生殖)および生産者(労働)の役割、言い換えれば多産の奨励と勤労動員である。それに消費者としての役割、すなわち「生活改善」(という名の節約と供出)をつけ加えてもよい。加納の表現を借りれば「男は国外の〈前線〉に、女は国内の〈銃後〉に――。侵略戦争のための総力戦のなかで、これまで〈家〉の内と外に分けられていた性別役割分業は、その規模を、一挙に国家大にまで拡大したのだ」[加納 1987, 1995b : 67]。

戦時下の人口政策についてはすでにいくつかの研究がある[永原 1985 : 近藤 1995]。日支事変後の一九三八年に母子保護法が施行、同時に人口政策と国民の体位向上を図る厚生省が設置される。一九四〇年には国民優生法成立、それにともなって優生結婚相談所が各地に設置される。同年一一月には、厚生省の優良多子家庭（一〇子以上）の第一回表彰が開始される。一九四一年、日米開戦に先だって人口政策確立要綱が閣議決定。一九四〇年当時には七三〇〇万人であった人口を「今後二〇年間のあいだに約二七〇〇万人増やして、一九六〇年に一億人にすることが定められた」(41)［近藤 1995：492］。その人口増加策のために、出生増加、結婚奨励、健全なる家族制度の維持、母性育成、避妊・堕胎の禁止、花柳病(42)の絶滅等がうたわれている。

政府の人口政策確立要綱を市川房枝は歓迎してこう書いている。

婦人はこの国策に於て初めて、日本民族の母としての地位を確認され、その自覚、協力が国家から要望されるにいたりました。……かくて産み、育てる事は、母親一人の、乃至はその家庭の私事ではなく、国家民族の公事として取上げられる事となりました事は、産むものの立場として肩身広く、嬉しい限りであります。

［市川『戦時婦人読本』1943：鈴木 1986：128］

また人口政策がつねに国民の量だけでなく質の管理をも伴っていること、人口増加策の背後には優生政策が結びついていることも指摘されてきた。そして日本のフェミニズム思想家のなかに、誰が母になる資格があり、誰がそうでないかをめぐる選別の原理、すなわち優生思想があることもまた指摘されている[古久保 1991：鈴木 1989b]。古久保さくらは「らいてうの優生学への接近」を、次のような平塚の発言から指摘する。

新しき母の仕事はただ子供を産みかつ育てることのみではなく、よき子供を産み、かつよく育てることでなければならぬ。すなわち種族の保存継続以上に種族の進化向上を図ることが、生命という最も神聖なる火災を無始から無終へと運ぶ婦人の人類に対する偉大な使命であらねばならぬ。[平塚「社会改造に対する婦人の使命」1920：『平塚らいてう著作集』3所収：165：古久保 1991：78]

平塚は「避妊の可否を論ず」で、さらに一歩踏み込んだ発言をしている。

優生学的立場から、法律によってある種の個人に対し結婚を禁止したり、断種法の施行を命じたりすることは我が国でも今すぐにでも望ましいことです。[平塚「避妊の可否を論ず」1917：『平塚らいてう著作集』2所収：165：古久保 1991：78]

文脈から見て、平塚がナチの断種法を知っていたことは疑いない。彼女はながらく「花柳病男子結婚制限法」の請願を行ってきており、結婚しようとする男女に性病検査をすすめている。梅毒の夫から妻が感染したり、先天性梅毒の子どもが生まれることを彼女は憂慮していた。性病の男性(買娼の証拠とみなされた)は父になる資格がないと、彼女は考えた。平塚は、国家による生殖管理を歓迎した。

山高しげりや奥むめおのような婦人運動家は、主婦としての「生活改善」運動にも積極的に取り組んでいる。冠婚葬祭の簡略化、無駄の排除と節約、生活の合理化などのスローガンは、長らく彼女たちが取り組んできたものであり、その考えはそのまま戦後の主婦連や消費者運動にひきつがれる。奥むめおは戦後、主婦連の会長に就任するが、その点においても彼女の戦中・戦後に断絶はない。成田龍一[1995]は奥むめおの評伝を分析し、彼女が婦人運動の大衆動員家としての使命と能力とを戦中・戦後一貫して発揮し、少しも「転向」の必要を認めていないことを明らかにしている。

女性の再生産者および消費者としての役割は、日常語で言う「妻」「母」役割の枠のうちに収まる。若桑の言う「家庭の国家化」[若桑 1995]とは、この「妻」「母」役割の国家管理と言い換えてもいい。

ところで、「家族政策」という婉曲語法で呼ばれている人口政策には盲点がある。人口増加策には婚姻率上昇、婚姻内出生率上昇のほかに婚姻外出生率上昇、別な言葉で言えば「婚外子」の増加というオプションもあるからである。ここには「家族」という私領域を、国家が最終的に解体するか否かのぎりぎりの選択がかかっている。

第二次世界大戦の最末期に、ナチは婚姻年齢の男女比のアンバランスから「アーリア人種」の女性の結婚難が起きていることを憂慮して、人口増加のために「未婚の母のすすめ」を説くに至った。それはSS(親衛隊)のようなナチのエリートと未婚女性の「不倫のすすめ」を含むものであり、この案は保守系の女性団体の「結婚と家族を守れ」の大合唱のもとに総スカンをくらって撤退を余儀なくされた[米本 1989 : Koonz 1987 = 1990]。ナチは「劣等人種」を絶滅するために「死の工場」をつくったが、彼らの優生思想は論理的にはその背後に、出産のQC(品質管理 Quality Control)をともなう「再生産工場」の可能性を想定させる。(43)

「銃後の守り」のなかには、あまりおおっぴらには語られないが、もうひとつ「妻」の貞操管理がある。国防婦人会の任務のなかには、出生兵士の留守宅の援助や傷病兵・戦死者の遺族を「母や姉妹同様の心を以て」世話するとある。そのなかに「世界に比いなき日本婦徳」を守り「忌まわしい素行問題」がないように「保護善導」する役割が含まれていたことを、加納は指摘することを忘れない。

一九三八年、神戸国防婦人会では軍の要請により、軍人遺家族、とくに出征兵士の妻の「保護善導」に関して各分会に指令を発した。皇軍兵士の妻が、いやしくも品行上の疑いを受けることがないように有効適切な措置を、しかも秘密裡に実施せよ、というものである。その結果、兵庫県下では、「勇士妻の会」、「銃後母の会」といった会を開催して、出征兵士の若い妻たちを「保護善導」したり、あるいは、出征兵士の妻一人一人に対して、担当役員を決めて緊密な関係を結ばせ、貞操上の過ちがないように監視させたという。真のねらいは、妻たちにはいっさい秘密にされたので「何等の反発を誘発することなく、懸念せられていた忌まわしい素行問題を、未然に防止し得た功績は、はかり知るべからざるものがある」と、『大日本国防婦人会神戸地方本部史』は、誇らかに記している。[加納 1987, 1995b : 73]

日本女性の「妻」「母」としての聖性はこうして、あの手この手で維持されなければならなかった。人口政策を「家族制度の保護」と呼ぶのはもはや婉曲語法を超えている。家族こそは皇軍兵士の男性性を定義する砦《とりで》だったからである。その影には「性の二重基準」の暗黒面、「母性」に対して「娼婦性」を担わせられた「従軍慰安婦」の女性たちがいた。

## 10　ジェンダー戦略のパラドックス

ところで総動員体制のもとでは、ジェンダー分離戦略はきしみを見せるに至る。「経済戦の戦士」の役割が、家庭内の消費活動に限定されているあいだはよいが、男性の人手不足にともなって生産領域にまで女子労働が要請されてくると、「母性」とのあいだに葛藤が生じる。総動員体制下の女性政策はこの苦渋をあからさまに示している。たとえば人口政策確立要綱は早婚・早産を奨励するために「女子の被雇用者としての就業に尽きては二〇歳を超ゆる者の就業を可成抑制する方針を採ると共に婚姻を阻害するが如き雇用及就業条件を緩和又は改善せしむる如く措置すること」と条件をつけている。また女子徴用についてもためらいを見せ、山高のような婦人リーダーから「躊躇せず断行せよ」と叱咤を受けていることはすでに指摘したとおりである。山高の場合も、人口政策との抵触を避けるために「未婚女子に限る」と徴用の対象に限定をつけている。

戦時下の女子労働についての社会史的な研究は、労働力の逼迫にもかかわらず、戦争は労働市場における性別隔離を解体するに至らなかったことを告げている。女子労働力は一九三〇年から四五年までの一五年間に約五倍に増えているが、既婚女子労働力の増加はそれほどでなく、ジェンダー分離は維持された。女子の職域も限定されていた。総動員体制のもとでも、ジェンダー分離戦略の内にある。女子徴用を促進する「公的領域への女性の参加」も、ジェンダー分離戦略の内にある。彼女たちは生産労働がいかに母性と抵触せずにすむかの論理に腐心しているからである。そして何よりジェンダー分離戦略が決して踏み切ろうとしないのは、女子徴兵である。女性の戦闘参加は「国民」を定義する決定的な性別境界を解体し、そのことによって兵士の男性としての自己定義を掘り崩す。

わたしはイギリス、アメリカの連合諸国が女子徴兵をともなう「統合型」のジェンダー戦略を持っていたと指摘した。だが、「分離型」と「統合型」の差異をあまりに強調するのは誤解を招くだろう。「分離型」も「統合型」も「程度の差」にすぎず、同じ国民国家のジェンダー編成のもとにある。イギリスでもアメリカでも女性兵士は少数の例外的な存在であり、かつ後方支援などの任務に限定されていた。[44]

生産労働に女性の参加を促すキャンペーンも、いかに労働参加が女性性を損なわないか、というメッセージに終始した。何より、前世紀までの帝国主義的侵略のさなかには、これらの諸国でも「母性」がキーワードとなったことは、イギリスの女性史家、アンナ・ダヴィンの古典的な著作、「帝国主義と母性」[Davin 1978]に説得的に描かれている。[45]

連合国のなかでもフランスはあからさまな出生奨励策で知られている。ファシズム国家の人口政策は、敗戦後タブー視されるに至ったが、戦勝国フランスでは、戦時下の人口政策が戦後も継続されている。それどころか、対独戦における敗北は人口戦の敗北の結果であったとして、終戦直後から出生促進策がとられ今日に至っている。その背後には先進工業諸国における人口転換、すなわち出生率低下が各国に先駆けてフランスでいちはやく進行したことが挙げられる。ナチ支配下のドイツもすでに出生率低下期に入っており、ナチの人口政策はそのかけ声にもかかわらず、大きな実効を上げるに至らなかった。

その意味では国民国家のジェンダー境界を最終的に解体する女子徴兵型の「統合型」戦略は、どの国民国家にとっても採用されたことがなく、また女性解放思想の側でも主張されるに至らなかった。国民国家を前提とする「一国男女平等」(46)の究極のゴールは軍隊における男女平等だが、七〇年代のアメリカでERA(男女平等憲法修正条項 Equal Right Amendment)が実現しかけたとき、反対派が巻き返しのために悪質なキャンペーンを張ったが、それは「男女平等になったら女性も兵役を担わなければならなくなる」というものであった。当時、ベトナムの前線に派兵されている若い兵士に「あなたの隣に女性兵士が同僚として立っていたらどんな気分がするか」と尋ねる番組があったが、そのインタビューに答えて、彼は困惑をあらわにしている。

ぼくらは故郷の妻や恋人を守るために闘うのだと教えられているのに、守っている当の妻や恋人が前線に現れたら何のために闘っているのかわからなくなる。

[上野 1991]

そして「国民」と「男性性」との、ひそかな、しかし決定的な同盟を衝くことで、この反ERAキャンペーンはたしかに効を奏したのである。

ベトナム戦争後の七三年、アメリカは国民の兵役義務を免除して志願兵制度に変える。それとともに女性兵士が増加し、彼女たちの戦闘参加が課題になる。一九九一年、ついに湾岸戦争に際して、サダム・フセインの「狂気」を阻止する「良い戦争」をアメリカの市民のマジョリティは熱狂的に支持し、アメリカ最大の女性団体、NOW(全米女性機構National Organization of Women)は女性兵士の戦闘参加の解禁を「平等」の名において求めた。だが、わたしたちはそこに「女性解放」を見るのだろうか、それとも女性の最終的な「国民化」を見るのだろうか。

## 11　女性にとっての「転向」問題

反省的女性史はフェミニストの歴史的な主体性agencyを強調することで、積極的であれ消極的にであれ、彼女たちの「戦争協力」が「自由意思」によるものであることを強調する。そのことを通じて、わたしたちに生じるのは「いったい彼女たちに「転向」はあったのだろうか?」という問いである。

ここでいう「転向」は二重の意味を含んでいる。第一は、第一波フェミニズムから戦争協力へという「転向」である。第二は、戦争協力から戦後平和と民主主義への「転向」である。

反省的女性史家は、第一の「転向」を否定する。ここでは戦争協力は「強制」ではなかったことになる。

第二の「転向」についてはどうだろうか。市川、平塚、高群はいずれも戦後の「変わり身の早さ」を指摘されている。彼女たちにとっては、戦時中の発言はあたかもなかったかのごとく、そこには「反省」や「断絶」は感じられない。

市川は敗戦後いちはやく婦選運動を再開し、占領がもたらした婦人参政権を歓迎している。市川は戦後の一時期、占領軍によって公職追放を受けるが、カムバック後は参議院選挙に立ち当選を果たした。(47) 市川の戦時下の翼賛協力は誰の目にも明らかであり、市川の経歴の中の「汚点」と見なされているが、それも「婦選運動を守るための余儀ない選択」として正当化されてきた。市川は一九八一年に八七歳で人生を閉じるまで、五期二五年間にわたって女性議員として戦後の女性解放運動のシンボル的存在の役割を果たしてきた。(48) 市川に対する本格的な批判は彼女の死後、はじめて可能になったといえる。

鈴木裕子は、市川の戦後の次のような「回想」を引いている。

私はあの時代のああいう状況の下において国民の一人である以上、当然とは言わないまでも恥とは思わないといううんですが、間違っているでしょうかね。［市川 1979：鈴木 1989b：103］

鈴木はこの引用中「国民の一人である以上」の部分に傍点を付し、それが「彼女の天皇制ナショナリズムの問題を考える時のキーポイントになる」と指摘している［鈴木 1989b：65］。そこから生じる結論は、市川に戦後「転向」はなかった、したがって「反省」もない、というもうひとつの「断罪」である。

平塚も戦後、平和運動に積極的に参加する。戦後、核実験が再開されたときには、ノーベル物理学賞受賞者の湯川秀樹、下中彌三郎らとともに、「世界平和アピール七人委員会」のメンバーとなり、アメリカ大統領宛に抗議文を送っている。また「世界連邦建設同盟」の理事に就任し、戦後平和運動のリーダーの役割を果たした。平塚にとっては、人類のエゴイズムの克服と結びつく「平和主義」の理想は、当初から一貫したものである。戦後それまでの確信を深めこそすれ「転向」の必要は自覚されているとは言えない。(49)

「超国家主義者」、高群の場合は、彼女の「変節」を弁護するのはいささかむずかしそうである。敗戦の詔勅を聞いた翌日の日記に、高群は次のように書いた。

ふかき痛苦を犇々と胸に感じて泣き哭くのみ。伏してただ泣き哭くのみ。夜はねむりてさめて泣き哭くのみ。朝も泣くのみ。暫くも涙やまず、深く苦しき涙なり。色なき涙也。これは何を意味する苦痛か。われらいまだ文を知らず。而して苦しむ。四六時苦しむ。［鹿野・堀場 1977］

その後、高群はごつごう主義 opportunism としか言いようのない「変わり身」を見せる。戦時下から『日本婦人』に連載中だった「大日本女性史」(50)を、その皇国史観的な部分を改訂して、井上女性史と同時期の一九四八年に刊行する。そのなかで彼女は占領を「解放」と捉え、進駐軍を歓迎した。

高群を「国家おかかえ〝巫女〟」と評する加納実紀代は、「大祭司・天皇」の「人間宣言」にともなって「神の子」逸枝から「人の子」逸枝へと「再生」した、と言う。

高群の〝人の子〟としての再生劇はフェア・プレイとはいいがたい。天皇の〝人間宣言〟と同様に――。［加納 1979a：175］

これを高群の「転向」と呼ぶべきだろうか？ 西川祐子によれば、高群には少なくとも「女性大衆とともにある」という姿勢は一貫していた。その意味では、高群は日本の「女性大衆」と同じ程度には「日和見的 opportunist」だったと言えるし、同時に「女性大衆」と同じ程度には「転向」した、と言っていいかもしれない。が、もし、高群の女性史が、栗原弘[1997]の指摘するように「書かれた歴史のなかで、女性の解放を果たすこと」であったとすれば、女性史家としての高群の姿勢は一貫しており、その意味で彼女に「転向」はなかったことになる。(51)

ところで「転向」を問題にする視点は、「連続」史観のもとでは奇妙なねじれをみせる。もし、戦前、戦後に「近代化プロジェクト」の「一貫性」があったとすれば、なぜ「転向」の必要があったのだろうか。「連続」史観の立場に立てば、「転向」はなかった、とするのが正しい。そしてそのとおり、反省的女性史がテキストの読み直しのなかからすくい出したのは、皮肉なことに戦前のフェミニズム思想家の「一貫性」と「主体性」であった。

だとすれば「間違った」のはいったい誰だろうか？　それでもなお彼女たちの戦争協力を「誤ち」と断罪するには、二つの条件が必要となる。第一は、「あの戦争」が「誤ち」であるという判断、第二はしたがってその「誤ち」を見抜けなかった「無知」と歴史的「限界」の指摘である。その種の「誤ち」を指摘する視点は、つねに事後的かつ超越的なものにならざるをえない。たとえば鈴木は、市川が「国民化」の罠を見抜けなかった限界、平塚が「天皇制」を理想化した「無知」を批判する。その背後にあるのは、「国民化」や「天皇制」が悪であるという絶対的な視点、言い換えれば戦後的な視点である。

「〈一五年戦争＝侵略戦争＝悪〉という自明の前提から出発した戦後派」［加納 1987, 1995b : 166］のなかに鈴木は含まれるが、その「自明性」もまた歴史によって形成されたものである。(52)「国家」の限界と「天皇制」の悪は、歴史によって事後的にのみ宣告されたもので、そのただなかに生きている個人がその「歴史的限界」を乗りこえられなかった、とするのは歴史家としては不当な「断罪」ではないだろうか。鈴木の女性史が数々のすぐれた問題提起に満ちており、女性史に対して重要な貢献をしたことを認めつつも、しばしば「告発」史観と呼ばれるのは、このいわば歴史の真空地帯に足場を置くような超越的な判断基準のせいにほかならない。

## 12　「国家」を超える思想

安川寿之輔は「わだつみ世代」をめぐるエッセイのなかで「なにを手がかりに人は時代を超えるか」という問いを立て、「時代や運命や状況に流されずに、時代を超えて生きるには、自らこだわり依拠する原理・原則をもつことが求められよう」と答える［安川 1996 : 104］。

鈴木は同時代を生きながら戦争協力という「誤ち」を冒さなかった個人を例に挙げ

ることで、避けえたかもしれない「誤ち」の「任意性」を強調する。たとえばそこにはコミュニスト、アナーキスト、キリスト教徒、平和主義者のような女性が含まれる。それではいったいどのような根拠にもとづいて、彼女たちは「国家」を超えることができたのだろうか。

コミュニストの女性はコミンテルンの国際主義に依拠して国民国家を超えたのだが、その理想主義は、現実の社会主義国家によって裏切られた。スターリン治下のソ連の国家エゴイズムは、国益のために国際主義を早々と投げ捨て、ナチス・ドイツと不可侵条約を結ぶことも辞さなかった。それだけではない。コミュニストの女性たちは「階級闘争」という最優先課題のために、女性としての自己の抑圧を問題化することを妨げられた。彼女たちは「国家」を超えたかもしれないが、「ジェンダー」を超えなかった。しかもそれは「男仕立て」の社会主義インターナショナリズムに忠実であったおかげなのである。

宗教はどうであろうか。日本では仏教団体だけでなく、キリスト教を含む宗教団体が翼賛体制に組み込まれたことは周知の事実である。

クラウディア・クーンズ[Koonz 1987]はナチ体制下のキリスト教女性団体の抵抗を例に挙げている。興味深いことに内面倫理を強調するプロテスタントがナチズムに容易に巻き込まれ、カトリックの女性たちのほうがナチに強い抵抗力を示したと指摘されている。ところで「国家社会主義」体制を超える視点をカトリックの女性たちが持てたのはどうしてだろうか。それは「国家内国家」ともいうべきもうひとつの権威の源泉、ローマ法王庁が具体的な存在として実在していたからにほかならない。それ自体きわめて女性差別的な「もうひとつの権威」に従順であったことが、結果として「悪」を宣告されたナチズムに対する抵抗力になりえた歴史の皮肉を、わたしたちはほめたたえるべきだろうか。

鈴木は「売国奴と呼ばれてもいい」と反戦の意思を貫いた長谷川テルの例を紹介している。彼女はエスペランチストとして絶対反戦の立場に立った。そして中国にわたり祖国を敵にまわして対日反戦放送を担当する。それとして感動的な生涯を認めた上で、なおかつわたしはふたつの問いを抑えることができない。第一は、彼女は「よい戦争」「悪い戦争」の区別を抜きにすべての戦争に反対しうるか、という問いである。それはただちに帝国主義的侵略戦争は悪だが、民族解放(とその支援)のための闘争は善であるという問い、戦後の反核運動を分裂させた「よい核」「悪い核」の対立と結びつく。第二は、彼女が対日放送に従事したのが、中国ではなく他の国だったら、という問いである。同じような日本向けのモスクワ放送に従事した岡田嘉子の場合はどうだろうか。岡田の「協力」は「強制」によると見なされているが、すでに「悪」と断じられているスターリン体制に協力した岡田は「利用された」と言われ、他方で中国民衆の抗日戦争という「正義の戦争」に協力した長谷川は英雄視される。

金子文子や伊藤野枝のような権力に虐殺されたアナーキストの女性はどうだろう。日中戦争が始まる前に亡くなった彼女たちの「その後」を予見することはむずかしい。フェミニストたちの過去を洗い出す作業が徹底すれば、ほとんどすべての女性指導者は栄光の座から落ち、最後に残るのは、幸運にも戦争前に亡くなることで「無垢」を保った女性たちだけということになりかねない。

総動員体制の「国民化」プロジェクトは女性だけでなく、少数民族や被抑圧民をも巻き込んで進行した。日本では部落解放同盟の前身であった全国水平社とその指導者、松本治一郎がこの「国民化」プロジェクトを積極的に支持し、侵略戦争に加担していった過程を金静美《キムチョンミ》は徹底的に暴いている[金(静)1994]。冨山一郎は沖縄をめぐって同じ問いを立て、「国民化」への期待のために沖縄戦を闘った人々をとらえた罠に分け入っている[冨山 1990]。戦勝国アメリカでも、黒人兵士やアジア系兵士が「軍隊内平等」を歓迎して積極的に前線に立ったことが知られている。「国民化」プロジェクトがアンダーソンの言うように「想像の共同体」をつくりだし、それがまさに歴史化されようとしているさなかに、それを批判する超越的・歴史外在的な視点を持つことは誰にとっても困難な課題であった。

## 13 反省的女性史への問い

総力戦は「女性の国民化」を要請し、促進する。すでに見たように多くの婦人運動家はそれを歓迎し、あまつさえ積極的に推進しさえした。ところで近代総力戦の研究は、連合国、同盟国を問わず「女性の国民化」が同様に進んだことを証明している。戦勝国アメリカやイギリスにも女性リーダーたち——若桑は的確に「戦争のチアリーダーたち」と呼んでいる——はいたはずだが、「自由と民主主義」を守る反ファシズムの闘いだったから、その「正しい目的」のために「女性の国民化」は免罪されるのだろうか。

女性の加害責任を問う反省的女性史は、いったい何を「反省」の対象としているのだろう？——その範囲を問うことで、反省的女性史が「一国史観 national history」の限界を超えることができるかどうかが問われることになる。

この問いは、三つの派生的な問いをともなっている。

第一は、反省的女性史は「あの侵略戦争」への女性の加担という「戦争責任」を問うが、この「反省」の対象は「戦争」一般へと及ぶだろうか、という問いである。戦争は国民国家最大の事業だが、そして近代戦は全国民・全階層を総動員する総力戦の様相を呈するが、同じ「戦争協力」をしても、ファシスト国家に属する女性は「反省」の必要があり、連合国民の女性は「反省」の必要がないのだろうか。だとすれば、戦争には「よい戦争」と「悪い戦争」の区別があることになるが、日本の女性の「責任」は、それが「悪い戦争」だと見抜けなかったことにあるのだろうか。そして「よい戦争」と「悪い戦争」の区別は——もし事後的にでなければ——いったいどうやってできるのだろう？

第二に、反省的女性史は「女性の国民化」それ自体は支持するが、国民国家の行う事業としての戦争を否定するのだろうか。この考えは日本国憲法九条の「国際間の紛争解決の手段としての交戦権はこれを放棄する」という、これも「一国平和主義」によくなじむ。と同時に「一国平和主義」にともなうあらゆる限界を付随する結果になる。だが、近代国民国家が市民の武装解除と国家による暴力の独占をもとに成立したことを、どう評価することになるだろうか。近代においては、国民国家だけが、暴力の行使を合法化された唯一の法的主体である。それとともに「公民権」の根拠に「兵役」があることを、どのように考えるのだろう。反対に、もし、「女性の国民化」そのものが、どのような場合でも批判の対象になるとすれば、どのような根拠で女性は「国家」を超えることができ、かつ超えなければならないのか、という問いが生じる。日本の「反省的女性史」の「加害者史観」はその問いまでを射程に含んでいるだろうか。

第三は「女性の国民化」には「統合型」と「分離型」のあいだの変種があるが――そして歴史の偶然か必然か、統合型は連合国型、分離型は枢軸同盟国型という対応があるが――分離型はより女性抑圧的で、統合型はより解放的だと言えるだろうか。そして分離型のジェンダー境界を受け入れた上で「二流国民」としての体制協力を唯々諾々と受け入れたファシスト国家の女性は、家父長制国家に従順な「遅れた」存在だった、と批判することは可能だろうか。(53) だが、統合型の「ジェンダー平等」の戦略は、「女性の国民化」の帰結として「女性兵士」をもたらす。しかも統合型のジェンダー平等が達成されてさえ、それは決して女性にとって「解放的」であるとは言えない。というのは、男性を範型として作られた「人間」モデルのもとでは、女性の再生産機能は「逸脱」(ハンディ)にしかならないからである。分離型は女性を女性領域に閉じこめるが、統合型は女性にみずからの女性性を自己否定させる。しかも統合型に徹してさえ、女性は「二流の戦闘力」として扱われる。湾岸戦争の米軍女性兵士は「兵士の妊娠・出産」や「産休をとる兵士」という「悪夢」を目の前に実現してみせた。そのうえ、捕虜になった女性兵士を待ち受けているのもまた、性的凌辱という「牝の屈辱」なのである。

統合型と分離型の違いは近代が女性に割り当てた領域指定のディレンマを反映しており、どちらも「女性の国民化」のヴァージョン(変種)であるということができる。戦時統制経済をある意味で平時も維持したと考えられる社会主義圏では、女性の労働について統合型を実現し、むしろ連合諸国の資本主義経済は平時には分離型に復帰した。社会主義圏の女性の地位を見ても統合型が分離型より「解放的」であるという保証はない。むしろ社会主義圏の手厚い母性保護政策は、女性にとって母性という付加的な重荷を、国家が負担することで軽減する目的で行われており、かえって伝統的な家族観や性役割意識は温存された。育児の社会化は、もともと女子労働力を確保するための労働政策であり、決して男女平等政策やましてや子どもの育つ権利を保証する児童福祉政策としては成立してこなかったことに留意すべきであろう[上野・田中・前1994]。

ところで「女性の国民化」という問題構制 problematik はそれ自体のなかに解への可能性をはらんでいる。ちょうど「天皇制」という用語がそれを定立すること自体によって打倒の対象として相対化されたように、「女性の国民化」は、「国民」と「女性」とのあいだの背理を一挙に照らし出す。第一に「国民」はその当初から女性を排除することによって「男性性」の用語で定義されていた。第二に、「女性」はジェンダーのカテゴリーによって初めてひとつの「共同性」として後から発見されたものである。言い換えれば、「国民」と「女性」とはそのカテゴリーの脱構築によって「脱自然化」されたのである。そして「国民」をジェンダー化することによって得られた「女性の国民化」というパラダイムが可視化してみせたのは、第一に「女性」が「国民」ではなかった、というあまりにもあからさまな事実、そして第二に「女性の国民化」のために「国家」が直面したディレンマ(ジェンダーの境界を維持するか超越するか?)の極限であった。

ポストコロニアルな分析は、ひとつのカテゴリーが「想像の共同性」をつくりだすことによって今度は抑圧に転じるさまを執拗に暴き出す。その意味では「女性」というカテゴリーも例外ではない。カテゴリーが「あれでなければこれ」という排他性を持っているところではこの抑圧は必ず生じる。そして「国民」とはそのような「排他的」なカテゴリーのひとつの典型にほかならない。その排他性をもっとも可視的にするのが戦争である。「国民」はかならずただひとつの「国家」に排他的に帰属することを求められる。二重国籍者や、敵でも味方でもないどちらつかずの存在は認められない。

これに対してポストコロニアリズムが与えた答えは、カテゴリーの否定ではなく、「もっとカテゴリーを」というカテゴリーの複合化であった。個人の複雑さに見合ったカテゴリーの複合性だけが、単一のカテゴリーの「共同性」へと個人が回収されるのをくい止めることができる。「国民」が抑圧的なのはそれが上位カテゴリーを認めない排他的帰属を求めるからである。だからといってそれを超えるためにもうひとつの「超越的カテゴリー」をもって来るのでは、「国家」から逃れても他の「共同性」にふたたび回収されることになる。八〇年代の「世界史の激動」が教えた教訓は「国家」が超越性を失ったこと、そのようなもののために「死ななければならない」ほどの「超越性」は「国家」にはない、という相対化であった。

## 14　「女性の国民化」をどう超えるか

以上のように考えることで、「女性の国民化」をめぐるさまざまなヴァージョンを全体的な構図のもとに位置づけてみることが可能になる。

「女性の国民化」には、性別隔離の戦略(分離型)と性別不問の戦略(統合型)とのふたつがあること。このふたつの道は、「差異か平等か」のディレンマとして、フェミニズムにはその成立の初めからなじみ深いものである。性別隔離を受け入れれば「女らしさ」の規範を受け入れなければならないが、その反面、ゲットーの中の自律性領域を獲得することも可能になる。性別不問の戦略は一見平等の達成のように見えるが、そのなかで生産や戦闘をになった女性たちは「公的領域」が男性性を基準に定義されているかぎり、「二流の労働力」「二流の戦士」であることに甘んじなければならない。さもなければみずからの「女性性」を否定して「男なみ」をめざすか、せいぜいよくて「女性役割」を保持したまま補助労働力と化す「二重負担」の道を選ぶかの選択が待っているにすぎない。いずれも近代フェミニズムにとっては、あまりに見慣れた光景である。

このディレンマは今日も未解決の問題として続いている。基地買春やPKF買春、戦時強姦があいかわらず問題になる一方で、湾岸戦争をめぐる「女性兵士」の戦闘参加問題がフェミニストのあいだで論議を呼んだ。

「フェミニズムは国家を超えられるか?」という問いを立てたとき、わたしは「フェミニズムはなぜ国家を超えなければならないのか?」というまことに素朴でかつ根元的な問いに直面した。わたしはフェミニズムは国家を超えなければならないし、超えることができる、と思っているが、その理由はいまや明らかである。フェミニストの「国民国家」分析は、近代・家父長制・国民国家の枠のなかでの「男女平等」が原理的に不可能だということを証明したからである。フェミニズムと「近代」をめぐる錯綜した問いのなかで、「平等か差異か？」の対立は近代が女性に押しつけた「疑似問題」である、と江原由美子は喝破した[江原 1988]。

ポスト構造主義のジェンダー史家、ジョーン・スコットは、『示したのは逆説のみ』[Scott 1996]のなかで、フランスのフェミニズム史をさかのぼりながら「近代」が生んだ「個人」がジェンダーを持っていたことを問いつめる。「個人」が「男性」を範型に作られているところでは、女性は「平等か差異か？」のディレンマに否応なしに立たされる。だが、この二者択一はどちらをとっても女性にとっては罠である。フェミニズムとは、ただその「パラドックス」を身をもって示すためにそこにある、近代の「鬼子」にほかならない。スコットの意図はこの近代が女性に強いた「疑似問題」を脱構築することにこそある。

「近代化プロジェクト」は「女性問題 woman question」を生みだした当の原因にほかならず、フェミニズムはその歴史分析のなかで、近代の枠のなかではこの「女性問題」の解決が不可能であることを証明してきた。その意味でフェミニズムは近代の産物でありながら、近代を超える射程を持っている。「女性の国民化」をめぐるフェミニスト分析が示すのは、「私領域」のジェンダー分析から始まったフェミニズム研究がついに「公領域」のジェンダー分析にまで及んだという事実である。そしてこのことによって国家と公領域はその見かけ上の「ジェンダー中立性」を剝奪されることになった。

「女性の国民化」を探求してきた後に、わたしたちはこう言うことができる。国民国家にはジェンダーがある。「女性の国民化」は近代国民国家が女性に押しつけた背理を体現し、総動員体制はその背理を極限的にグロテスクなかたちで示すことで、逆に近代国民国家の枠のなかでは女性の解放が不可能であることを証明した。そしてそのことによって女性に「国家」を超える根拠をさししめす。

だが、逆のこともまた言えないだろうか。「女性」こそは近代＝市民社会＝国民国家がつくりだした当の「創作」である、と。「女性の国民化」――国民国家に「女性」として「参加」することは、それが分離型であれ統合型であれ、「女性≠市民」という背理を背負ったまま、国民国家と命運をともにすることにほかならない。そしてその事情は「男性＝市民」にとってはもっと逃れがたい罠であろう。

「女性」の解体を。そしてそれは「男性」の解体と同じことでもある。フェミニズムが近代の産物なら、近代とともにフェミニズムの命運も終わるはずだが、フェミニズムは近代を喰い破って生まれた「近代の鬼子」であった。フェミニズムによる「ジェンダー」という変数の発見は、ただそれを解体するためにだけ、ある。

(1) 一九八〇年代、ドイツの歴史家、ノルテの提起を受けて、ナチの犯罪がスターリン治下のソ連やポル・ポト支配下のインドシナと比肩しうる全体主義一般の悪なのか、それともドイツ固有の類例のない犯罪なのかをめぐって、ハバーマス、コッカなどの知識人を巻き込んで闘わされた論争。論争の記録を収めた『過ぎ去ろうとしない過去』[Habermas, Nolte et al. 1987＝1995]がある。三島憲一による解説が参考になる。

(2) ソシュール以降の言語学＝記号論の展開の中から、構造主義を経てポスト構造主義と呼ばれる思潮の中で広く共有されるに至った認識論的立場。事物や意味が所与として存在してそれに言語記号が付与されるのではなく、記号が先行して意味内容を構築するとする認識論的パラダイムの転換をもたらした。主体もまた言語実践の効果にほかならないとする徹底した自己言及性で、ポストモダニズムの核心のひとつとなった。

(3) いずれも鈴木[1996a：1996b]の「前書き」にある表現である。

(4) たとえば家庭内暴力や子どもの性的虐待のような外聞をはばかる問題の場合、当事者が告発しても「それは事実ではない」と否認されたり、果ては妄想の産物や嘘と思われて「治療」の対象になるということはしばしば起きた。「事実」は、それを見ようとしない人にとっては、「事実」ですらない。

(5)「慰安婦」問題については第2章で詳しく論じたい。

(6) ポストコロニアルな分析から言えば、小熊の議論も不徹底なものである。彼は「民族」と「国家」の概念を所与のものとすることで、「多民族国家」を「解」とする現状追随主義に陥っている。冨山[1997]参照。

(7) 山之内は「通説を代表するもの」として三谷太一郎『新版大正デモクラシー論』[1995]と松尾尊兊『大正デモクラシー』[1974]の仕事を挙げている。

(8) たとえばこの領域での典型的な議論をわたしたちは家族史に見いだすことができる。「断絶」史観は、戦後民主改革を過大評価することでかえって戦前の「家」制度という「封建遺制」の亡霊をつくりだすことに貢献した。そのことで戦前の「家」の持っていた「近代的性格」、そして戦後の「家族」の持っている抑圧的性格は、多くの実証研究にもかかわらず、公式パラダイムからは無視される結果になった。他方で、「連続」史観は戦前・戦後の家族の構造上・心性上の共通点を強調したが、これにはふたつのヴァージョンがある。ひとつは近代と前近代の断絶を強調する見方、もうひとつは近代と前近代との連続性をさらに強調する見方である。前者の見方は「家」の近代家族的性格を強調する上野[1994a]だが、これは後に「近代家族論争」[田端・上野・服藤 1997]を生んだ。後者の見方からは、「家」の「近代的性格」(「近代化プロジェクト」に適合的な性格)は、前近代にさかのぼって「内在的」「内発的」に検証され、そのことによって日本の文化アイデンティティの一貫性とその優位が主張されるに至る[平山 1995：山崎(正)1990]。後者の「超連続」史観ともいうべきものは、新たな文化ナショナリズムに道を拓き、「日本特殊性」論に貢献する傾向がある。

(9)「ネオ連続説」は成田龍一の命名による[山之内／成田・大内 1996b：10]。

(10) 山之内の論点にはもうひとつ、戦時下の革新、すなわち「総動員体制」をもって、近代国民国家が「システム社会」という新しい段階に入ったとする「システム論」が含まれている。が、わたしは山之内説のこの部分は採用しない。その理由は第一に「システム」はシステム理論の用語としてはどのような組織系にも適用可能なジェネリックな概念であり、ある社会体制を「システム社会」と呼ぶのは無定義概念に近い、ということと、第二に、「システム社会」の含意には「中心を欠いた相互依存系」としての「主体なき無責任体制」――戦後日本人論のクリシェである――という含みがあり、それ自体は新しい用語を用意しなければならないような固有の概念とはいいがたいこと、第三に、もし「システム社会」の含意に官僚主導型の「中心なき無責任体制」があるとしたら、それはシステムに擬人的なエイジェンシーを与えることで現状維持的な政治的保守主義とつながるからである。山之内の「システム社会」論は、理論的にもっと精緻化される必要があり、その含意がはっきりするまでは、わたしはこの部分については合意を留保したい。ここではわたしは国民国家を鍵概念として、「国家化」という用語で足りる、と考える。この点ではわたしは西川長夫[1995]に多くを負っている。

(11)「ジェンダー」概念については上野[1995b]参照。このところ「フェミニズム」や「女性学」より「ジェンダー研究」の方が中立的で客観的な立場だとする(したがって「男女共同参画社会」のかけ声にフィットする!)誤解があるが、そしてその誤解にもとづく「ジェンダー」概念への反発や批判も見られるが、どちらも誤りというほかない。「ジェンダー」概念がどんな政治性・戦闘性を持っているかは前掲論文で詳論した。むしろ後に明らかになるように、「ジェンダー」概念は「ジェンダー中立性」の神話を壊す働きを持っている。

(12) 国家の過小評価の背後にある隠れた動機は、国家の役割の肥大化へのアレルギーであった、と反省的に振り返ることができる。『家父長制と資本制』[1990]のもとになった海鳴社版の『資本主義と家事労働』[上野 1985]が刊行されたとき、竹中恵美子やいく人かの評者から、「不払い労働」について、わたしが「福祉国家」型解決を過小評価している、と批判を受けた。それはまったく妥当な批判だったが、その当時からすでに、わたしが「福祉国家」をも「管理国家」のヴァージョンと見なし、その役割に懐疑的であったことを示している。最近の報道によれば(『朝日新聞』一九九七・八・二六)スウェーデン政府は、一九三五―七六年にかけて「劣った人」「多産の独身女性」「異常者」「ジプシー」など六万人の人々に、断種法にもとづいて強制不妊手術を行っていたことが判明。理由は「国民がより健康になれば、社会保障の必要な人々がそれだけ少なくなる」という「経済上の理由」だというが、「福祉国家」が「生殖管理国家」であることが、これ以上なくはっきり示された、といえよう。なおこの断種法は七六年に廃止されたというが、七〇年代からのスウェーデンの手厚い母性保護政策および家族政策は、人口転換(再生産率が人口置換水準以下になる)後の出生率低下が直接のひきがねであり、これも人口政策の一環と考えることができる。出生率低下に対しては手厚い出産奨励策をとる国家が、過剰人口に対しては出産抑制策をとることは容易に想像できる。スウェーデン型福祉国家を理想視する人々にとってこの報道は「ショック」と受けとめられたが、福祉国家を「管理国家」のヴァージョンと見なすわたしの立場からは、これは驚くべきことでもなんでもない。

(13)「市民 citoyen, citizen」はラテン語のキヴィタス civitas から来ており、「人権」とは「市民的諸権利 civil rights」のことを意味する。そして「市民化＝文明化 civiliser」された人々がつくるのが「文明 civilisation」である。フランス革命の「人権」思想は、誰でも「市民化＝教化 civilisée」されさえすれば「市民」になれるという普遍主義を伴っていたが、それは同時に排除と序列化の帝国主義の論理でもあった。西川長夫[1992]参照。

(14) その典型的な例を、わたしたちは南北戦争後のアメリカにおける婦人参政権運動のなかに見ることができる。彼女たちは奴隷解放後の自由民化した黒人男性と白人女性の、どちらが先に参政権を獲得すべきかをめぐって論争したのである。

(15) 公教育が「義務」化された後も、多くの親はせっかくの労働力が奪われると、子どもの就学には消極的だった。また働き手である壮丁を奪われる徴兵令には、大きな抵抗が生じた。軍隊に行くと生き血をとられると流言が飛び、兵役は「血税(血で払う税金)」と呼ばれて各地で反対運動が起きた。学校と軍隊は国民教育の二大機関と言われるが、それが制度として定着するのは、すんなり行ったわけではない。

(16) 「法解釈として「日本臣民男子」の中に、当時植民地であった朝鮮、台湾の男性も「日本国籍を有する」が故に含まれる……。なお、選挙人は内地に居住することを原則としたため外地の日本人、朝鮮人、台湾人の選挙権はまったく認められなかった」[舘1994:126]。

(17) 女性史のパラダイム・チェンジについては上野[1995a]参照。

(18) 義勇兵役法公布の一九四五年六月二三日は「奇しくも沖縄の守備軍が全滅した日であった」[加藤(陽)1996:257]。

(19) ドイツについてはクーンズ[Koonz 1987]、姫岡[1993]を参照。本論文のもとになった口頭の報告が行われた同じシンポジウムで、ウーテ・フレーフェルトはドイツにおける「統合型」の動員体制を示唆したが、この点については議論の余地がある[Frevert 1996]。

(20) 加藤陽子は「国民義勇戦闘隊の編成される前に日本は敗れたので、本法が実質的に機能したかどうかは疑問である」[1996:258]と指摘する。

(21) 従軍看護婦の貢献は、戦後長いあいだ忘れられていた。六〇年代になってから日本看護協会の要求によって、政府は従軍看護婦とその遺族に、軍人恩給に準じた補償金を支払うことに合意。殉職者も靖国神社に合祀されるようになった。このエピソードは、戦争がいかに「男たちの闘い」として観念され、その遂行の現場にいる女たちまでもが「見えない存在」となっているかを示す。

(22) 鈴木は彼女たちの「翼賛協力」をしばしば婦人運動家の個人的資質、すなわち「エリート意識」「強烈な使命感」に求めている。そして「指導する者」「指導される者」のあいだの分断がなくなりすべての人々が「自律的な個人」になればこのような「誤ち」は回避されるかのような理想主義を洩らす。だがその原因は彼女たちの「人格」に還元されるべきではなく社会的な「位置 positioning」に求めるべきであろう。

(23) 平塚は日本女子大在学中から参禅し、一九〇六年日暮里両忘庵の釈宗活老師から「慧薫」の安名を許される。さらに一九〇九年、西宮市海清寺にて中原全忠老師から「全明」の安名を受けた。他に上野[1997b]参照。

(24) 一九一八年に与謝野晶子、平塚らいてう、山田わか、山川菊栄などの間で闘わされた論争。香内信子編『資料／母性保護論争』[1984]がある。

(25) 翻訳が文化の選択的受容のプロセスであることは、張競《チャンキャン》の『近代中国と「恋愛」の発見』[1995]にみごとに例証されている。張は「恋愛」という観念を中国近代が日本経由で「輸入」したとき、何を取り入れ、何を取り入れなかったか、それは中国側のどのような事情によるか、を比較文学の観点から論じている。

(26) 三宅の論文も、八〇年代の新しい女性史の流れに乗って、日本フェミニズムの戦争責任を問う、という意図で書かれている。彼女は「母性保護論争」を総括して、平塚→高群とつながる日本のフェミニズムの母性主義的な傾向が戦争参加を促したと、言い換えれば日本のフェミニズムにおける「個人主義」の不徹底が原因だと論じるのだが、フェミニズムにおける「個人主義」の問題は、べつに論じなければならない。というのはフェミニズムイコール近代個人主義の女性版と見なす考え方そのものが、ブルジョア的な近代自由主義フェミニズム観の反映だからであり、そして近代的な「個人主義」そのものの限界もまた明らかにされてきているからである。

(27) なお同じ論争の中で平塚は、与謝野が「母性保護の思想に反対するのは「子供を自己の私有物視し、母の仕事を私的事業とのみ考える旧式な思想に囚われているからだ」」というが、母性が「私的事業」だというのは決して「旧式な思想」ではなく、近代による「私領域」の誕生以降のことである。与謝野は母性を「私的事業」とさえ、考えていなかった。

(28) その点で平塚が新都、東京の官僚の娘であり、他方、与謝野が堺の商家の生まれであったという出自の違いは無視することができない。

(29) なお高群逸枝全集からの戦時下のテクストの削除を補うものとして河野信子[1979]、秋山清[1973]等の仕事がある。

(30) 比較家族史学会では一九九四—九五年の二年度にわたって「女性史・女性学の現状と課題」をテーマに設定し、二年次の九五年には「「国家」と「母性」を超えて——高群女性史をどう引き継ぐか」というシンポジウムを行った。発言者は石牟礼道子、栗原弘、西川祐子の三人、司会は上野千鶴子である。その報告および討論の内容は田端・上野・服藤編『ジェンダーと女性』[1997]に収録されている。

(31) この判断基準は、一九五〇年代の女性運動――「母親大会」のような反戦平和運動や「主婦連」のような運動――を、フェミニズムのなかでどう評価するかという問いとも関わってくる。

(32) 与謝野の唱える「経済的独立」は、当時の社会にあっては与謝野自身のような特権的な働き方が可能な女性にしか果たすことができず、他方平塚の唱える「母性保護」が、当時の国家に社会政策として望むべくもなかった点で、両者の議論とも「非現実的」と批判される。が、他方「労働権か、生活権か?」という強いられた二者択一を、「労働権も生活権も」と止揚したはずの山川の主張は、「現在の経済関係の変事」こと社会主義革命という、当時もっともありえそうもなかった方策によってのみ可能だったのだから、山川の議論もその点でははなはだ「非現実的」であった。

(33) 山川の回想録[山川 1979:66]から簡略化して引用。

(34) 山川はこれらの婦人活動家たちに対しても「婦人たちは例のごとく日本女性の美徳を発揮して、男たちのいうなりに方向を変えていました」[山川 1979:81]と手厳しい。

(35) 「ハウスキーパー」は非合法下の共産党の活動家が女性協力者と夫婦の偽装をし、そのなかで女性から家事サービスや場合によっては性的サービスまで受けたことをいう。「党のため」と正当化されたが、戦後、問題にされた[山下(智)1985]。

(36) 戦後婦人参政権を獲得した後の女性有権者の投票行動の研究によれば、結論から言って、婦人参政権は日本の政治を変えなかった。それどころか長きにわたる保守党一党支配を支える働きをしてきた。女性票が家族票から独立して、個人票としての働きを示したのは、一九八九年以降のことである。

(37) 山川にかぎらない。「孤高の学究生活」に蟄居したはずの高群も、その期間にエッセイやその他の原稿をたくさん書いている。疎開先のにわか農業ではやっていくことができず、女性知識人にとっては結局文筆業以外の生計の道を立てることはむずかしかったと思われる。周囲もそれに配慮して執筆の機会を提供し、結果として戦時下に彼女たちは思いがけず多くの言論を残す結果になった。柳田は日本民俗学の叢書を編んでおり、時局に無関係な原稿の執筆の機会を山川に提供したものと思われる。山川は水戸藩の旧士族の娘であり、戦後も『覚書　幕末の水戸藩』(一九七五年第三回大仏次郎賞受賞)を書いている。

(38) 出席者(五十音順)は岡田禎子、片山哲、帯刀貞代、辰野隆、谷川徹三、平塚明子、山川菊栄の七名である。

(39) 市川の婦選獲得同盟の解散が、「婦選運動を守るための余儀ない選択」であったという解釈は、この「自主解散」によって否定される。

(40) 女子徴用の現場における労働条件や母性保護の現実は、平時にましてお粗末なものであった。実際には一九四四年の女子挺身勤労会においても、「一二歳から四〇歳まで」の女子の動員を要請しながら、「家庭の根軸たる者を除く」と条件をつけている。政府が労働と母性の両立を考えていなかったのは明らかである。

(41) 皮肉なことに戦時下に立てられたこの目標値は、敗戦後、政府が人口抑制策に転ずるなかで実際に達成された。注意する必要があるのは、この当時も人口政策の対象は「内地人口」に限られていたことである。

(42) 性病のこと。花柳界で広まったために花柳病と呼ばれた。

(43) 事実、彼らは占領地で、頭蓋測定法などによる「アーリア人種」の子どもを見つけると、拉致して養育した[米本 1989]。

(44) 米軍女性兵士の戦闘参加が問題にのぼったのは、一九八九年のアメリカのパナマ侵攻以降のことである。

(45) ダヴィンの先駆的な業績は、帝国主義的侵略と母性との関係が、(1)枢軸国にかぎらず同盟国でも共通に見られること、(2)総力戦という非常時にかぎらず近代帝国主義国家の成立にともなっていることを教えてくれる。

(46) スウェーデンでは「国家フェミニズム state feminism」という用語が政策決定者によって公然と使われており、日本のフェミニストのなかにはスウェーデン型をモデルにする人々もいる。だが障害者の優生手術に見られるように、「福祉国家」スウェーデンもまた、その「資格のある」市民の間だけでの分配平等をめざしている。限定された集団内での「ジェンダー平等」なら、その気になれば達成可能であろう。

(47) 市川は公職追放解除後、一九五三年に参議院選東京地方区に立候補して当選。その後七一年に落選するまで三期一八年を勤めた。七四年には再び参議院選全国区に立候補、第一位で当選を果たした後、八一年八七歳で死を迎えるまで二期七年を在職した。

(48) 関係者によれば、市川房枝記念会にはまだ未整理・未公開の資料が相当程度保管されており、これらの資料がすべて公開されれば、市川房枝研究に大きな影響を与えるものと思われる。

(49) 大森かほるは最近の研究『平塚らいてうの光と蔭』[1997]のなかで、こう書いている。「らいてうの心奥には、戦時体制下の苦い経験があったからこそ、戦後はひたすら平和を希求し、運動のシンボルとして虚弱な体をおして多くの活動にかかわり続けたのであろう」[大森 1997：222]。平塚の戦後「転向」を示唆するこの表現は、しかし、大森の推測を出ない。またこの捉え方のなかでも、戦前／戦後の「断絶」は所与の前提とされている。

(50) 井上清『日本女性史』の刊行は一九四八年。高群の『大日本女性史』とともに、井上女性史、高群女性史と並び称される戦後女性史の古典となった。歴史観は異なるものの、両者とも敗戦と占領を「女性解放」と捉える点では共通していた。井上はその後、五三年版、六二年版の改訂版のなかで、「逆コース」にふれて占領政策を「解放」と見誤ったことを自己批判している。上野[1995a]参照。

(51) 前述したように、高群の『全集』から戦時下の発言を削除したのは、夫、橋本憲三である。少なくとも橋本にとっては、高群の戦時下の活動は彼女の経歴の「汚点」と見なされていたことがわかるが、戦後書かれた自伝的な回想録、『火の国の女の日記』などにも、自己批判を思わせる文章はない。

(52) しかもその歴史観の「自明性」さえ、今日に至るまで国民の多くに共有されているとは言いがたい。

(53) 水田珠枝は近著「日本におけるフェミニズム思想の受容」[水田 1997]のなかで、母性主義は日本のような「後進国」のフェミニズム受容の特徴であり、ドイツとともに女性の戦争協力を促した、という議論を展開している。題名に明らかなように、「近代日本におけるフェミニズム」が「欧米フェミニズムの受容」にすぎなかったかどうかは大いに疑問があるだけでなく、日本を「後進国」と位置づけることにも問題がある。三宅[1994]の論文とも共通しているが、日本のフェミニズムを「個人主義の弱さ」と特徴づけるのは、第一に「欧米」を範型とする従来の近代化論の弊をまぬがれないし、第二にそのことによって「欧米」を一枚岩のモデルとして構築する結果になる。第三に、個人主義を理想化することで、「個人主義」が近代のなかで果たした役割に対して批判が及ばない。個人主義が「機会均等」の論理のもとで、資本制および国民国家への女性の「男性なみ参加」を要求するとしたら、女性兵士もまた支持されなければならないが、水田や三宅はこの問いにどう答えるのだろうか?

## 2 「従軍慰安婦」問題をめぐって

### 1 「三重の犯罪」

九〇年代の今日、国民国家とジェンダーをめぐる問いについて、「従軍慰安婦」(1)問題以上に根底的な問いをつきつけているものはない。同じ問題はまた「公共の記憶 public memory」の構成をめぐる歴史の方法論についても根源的な問いを迫る。「従軍慰安婦」が日本国内で決定的に問題化したのは一九九一年一二月、金学順《キムハクスン》(2)を初めとする元「慰安婦」の韓国女性三人が、日本政府に対して謝罪と個人補償を求める訴訟を東京地裁に提訴したときのことである。「従軍慰安婦」は戦後おりにふれ取り上げられてきてはいても「かわいそう」「哀れ」という見方を超えるものではなく、かつ戦争につきものの「残虐」や「ゆきすぎ」さらに「男の獣欲」の犠牲として「自然化 naturalize」されてきた[千田 1973:金(一)1976:吉田 1977]。この三人の被害者女性の勇気ある告発は「従軍慰安婦」をめぐるパラダイムをいっきょに変える力を持っていた。旧植民地国民の戦後補償については、軍人恩給や遺族年金、戦時郵便貯金などの補償をめぐって敗戦直後から一貫して問題になってきたが、「従軍慰安婦」については、一度も補償の対象となったことはなく、被害の「問題化」に半世紀を要したという歴史的事実は衝撃的であった。

「従軍慰安婦」という歴史的「事実」は知られていた。しかも多くの兵士たちがその経験を少しの恥の意識もなく、記録に書き残していた。だが、ほんの最近になるまで、それを「犯罪」として問題化する人々はいなかった。事実はそこにあった、が、目に見えなかったのである。つまり、歴史にとって「存在しなかった」のも同然である。国会図書館に収蔵された元兵士たちの自費出版を含む公式・非公式の「戦記」「回想録」は、約三万点にのぼると言うが、今ようやくその読み直しが行われているところである。

「従軍慰安婦」が「犯罪」化されたということは、過去の問い直しにとどまらない。戦後半世紀経って何を今さら、という声に対しては、この問題は過去の問題ではなく、現在の問題なのだと、わたしたちが現在進行形で加担している犯罪なのだと答えたい。「従軍慰安婦」をめぐる「二重の犯罪」とは、第一に戦時強姦という犯罪と、第二に戦後半世紀にわたるその罪の忘却、という犯罪である。第二の犯罪については、被害者に被害の認知を拒むことによって、日常的・継続的に半世紀にわたって続けられてきた「現在の犯罪」だということができる。それにつけ加えるなら、現在保守派の人々によって、被害女性の告発が否認されていることを、「第三の犯罪」と呼んでもよい。過去に被害を受けたにとどまらず、その被害に対して長い沈黙を強いられ、ようやく沈黙を破ったときにカネほしさの嘘つき呼ばわりされる——これが二重、三重の犯罪でなくて何であろう。

「従軍慰安婦」問題が日本軍の犯した性犯罪であるというパラダイム転換の背後には、八〇年代以降の韓国内における女性運動の影響を忘れることはできない。金学順らの提訴に先立って、一九九〇年五月、韓国盧泰愚《ノテウ》大統領の訪日に際して韓国の女性団体が戦後初めて「挺身隊」(3)問題の解決を求める声明を出した。六月、日本政府は国会答弁のなかで「慰安婦は民間業者のやったこと」と日本政府の関与を否定する発言をし、それに対して韓国の三七女性団体が抗議の公開書簡を送った。この女性団体を中心に同年一一月に韓国挺身隊問題対策協議会(挺対協)が結成される。翌年八月、金が名のりでたのは、この挺対協の呼びかけに答えてのことであった。「恥ずべきは元「慰安婦」ではない」というパラダイム転換は、挺対協代表の尹貞玉《ユンジョンオク》らのそれに先立つ一〇年以上にわたる元「慰安婦」の女性の聞き書きなどの努力によって、すでに準備されていたのである[尹 1992：金・梁 1995]。

元「慰安婦」の「証言」が衝撃的だったのは、第一にそのように無惨な歴史的「事実」があったことだけではなく、第二にその被害者が戦後五〇年にわたって沈黙を強いられてきたという事実であった。ほんの少し前まで多くの元「慰安婦」の女性たちは、自分の経験を「わが身の恥」と捉え、記憶の淵に沈めてきた。彼女たちは過去に蓋をし、もっとも身近な家族にさえ、それを明かさずにきた。多くの女性は郷里に帰ることもできなかった。その過去を、彼女たちは「被害」として公然と再定義したのである。そこには歴史認識の巨大な変化、パラダイム転換があった。

その転換をもたらしたのは、八〇年代の韓国の民主化運動と女性運動だった。さらに言えば、韓国の女性運動の背後には全世界のフェミニズム運動の高まりがあった。一九九一年に金学順が「被害者」として最初に名のりでたとき、わたしたちは深い衝撃を受けたが、その背後に金学順の告白を準備するふたつのできごとがあった。第一は八〇年代の軍事独裁政権下の性拷問事件の告発である。権仁淑《コンインスク》という学生運動の活動家が、監獄のなかで性拷問を受けたとして、初めて自分を被害者だと公然と名のりでた。それによって「強姦」をめぐるパラダイム転換――被害者の「恥」から加害者の「罪」へ――が用意された。権仁淑の告発は、周囲の女性たちの力づけがあってはじめて可能になったものである。第二は、元「慰安婦」が名のりでるにあたって尹貞玉を代表とする韓国挺対協の人々の調査と呼びかけがそれに先だって存在した。パラダイムの転換が先にあったからこそ、それに応じる証人がわたしたちの目の前に現われた。「慰安婦」の「証言」は支援グループの女性たちの存在なしにはありえなかった。

アジア女性資料センター編の『「慰安婦」問題Q&A』によれば、「慰安婦」について「戦後初めて日本社会に問題提起したのは、一九七〇年代、キーセン観光を批判した韓国女性たちでした」と指摘する。(4)

「日本男性は、戦争中、同胞の女性たちを女子挺身隊員として軍の力で駆りだし、それを反省もせず、今度は金の力でキーセンの女性をもてあそんでいる」と抗議したのです。(5)[アジア女性資料センター 1997 : 24]

なるほど日本軍「慰安婦」との直接の連想のもとで、キーセン観光が日本人による「性的侵略」と捉えられたことはよく理解できる。韓国にかぎらない。日本男性のアジアへのセックス・ツアーを「従軍慰安婦」とのアナロジーで議論する例は、フィリピン女性の場合にも見られる[Go 1993]。(6)

だが、日本人のセックス・ツアー批判が、売春婦差別批判や韓国内における売春容認の風潮に対する批判と連動したわけではなかった。「性的侵略」批判は、民族主義の枠の中で捉えることができる。犯されたのは「民族の誇り」であり、それに対する怒りは、キーセンの女性たちの人権尊重とは必ずしもつながらなかった。

キーセン観光批判を、「慰安婦」問題の「前史」に位置づけるのは妥当だが、それは「慰安婦」問題そのものが当初から民族差別と性差別の両者の要素を含んでいたからである。だが、キーセン観光批判が性差別への告発と結びつくには、八〇年代の「性犯罪」被害者をめぐるパラダイム転換を媒介にしなければならなかった。

## 2　「民族の恥」——家父長制パラダイム

「従軍慰安婦」を語るパラダイムは、ここしばらくのあいだに急速に変化してきた。最初に登場したのは、「民族の恥」という家父長制パラダイムである。家父長制パラダイムは女性の主体性を否定し、女性の性的人権の侵害を、家父長制下の男性同士の財産権の争いに還元する。そしてこれこそが被害者に「沈黙」を強いてきた「二重の犯罪」の原因にほかならない。

被害女性の告発に対して、当初、「民族の恥を表に出すな」というまことに家父長的な抑圧の声が、韓国内でも日本でも起きた[山下(英)1996：江原1992]。第一には、性的凌辱を受けたことは女の恥という儒教的な道徳観からである。第二は、自民族の女の貞操を守りきれなかった韓国男性の「ふがいなさ」を衆目にさらした、という点である。第三は、そのような「男に恥をかかせる」女の告発を抑えきれなかった、という「面目の失墜」に対してである。ここでは、女の「貞操」は、男の財産の一種であり、その財産権の侵害に対して日韓両国の家父長制の利害が語られ、女性の人格や尊厳は少しも顧みられなかった。運動が起こった後も、「民族的自尊心が傷つくという理由で日本に対する賠償要求に反対する意見が広い共感を得た」[山下(英)1996：43]という。

「韓国人はもっと矜持の強い国民であったはずではないか。……自分たちにとっても本当は恥ずかしいはずの過去を洗いざらいにあばきたて、世界にむかって宣伝し、何億円かの金でそれを補償せよと迫るとは……恥の上塗りというものではないか」[江原1992：39][7]。江原由美子は、芳賀徹の以上のような発言を紹介しながら、日本の男性と韓国の男性とのあいだに「暴力によって犯された女がその身を恥じるのは当然とする感性、自分の女を寝取られた男が自分を恥ずかしく思うのは当然とする感性」の共有がある、と指摘する。

自分の民族の女は自分のものであり、その女が他の民族に凌辱されることは「男の名誉」を汚すことだという前提が、もし日本と韓国の男性たちにあるとするなら、そのことは従軍慰安婦問題の被害者たちに口を閉じさせるに十分の圧力になったであろう。[江原 1992：40]

「私は、性暴力の被害者にその身を恥じさせ告発を抑制させることは、それ自体許しがたい性暴力であると考える」[江原 1992：40]と江原は論じる。江原が指摘するのも、家父長制の二重の性暴力である。

強姦がふたつの家父長制のあいだの闘争のシンボルとして利用される、という歴史にわたしたちは事欠かない。一九世紀のインドではそのようにイギリス人植民者による現地女性の強姦が民族主義的な憤激と動員のシンボルとして利用された。

一九世紀の終わりにはレイプと人種差別主義が結びつけられ、ナショナリストたちがイギリスの法律に反対するための武器として利用された。「われわれ」の女性たちをイギリスの兵隊から守ろうという声が……さかんにあがった。ナショナリストたちはレイプを、女性に対する暴力的行為というよりは、国家的名誉に対する侵害とみていた。[Basu 1993＝1995：75]

そこでは女性のセクシュアリティは男性のもっとも基本的な権利と財産であり、それを侵害することは当の女性に対する凌辱だけでなく、それ以上に、その女性が所属

する男性集団に対する最大の侮辱となる、という家父長制の論理がある。(8)

「従軍慰安婦」制度の直接のきっかけとなった一九三七年の南京大虐殺、強姦のあまりの多さのために別名「南京大強姦」とも言われたというこの事件に先だって、中国では日本軍兵士による強姦が頻発していた。日本軍兵士による中国女性の強姦は「予想以上に強い反日感情」を中国男性のあいだに引き起こしたと言われるが[金・梁 1995:92]、彼らはそれを当然にも自分の男性性に対する最大の侮辱と、その意図のとおりに受け取ったのであろう。「慰安所」を設けてのちも、兵士による占領地の強姦はあとを断たなかったが、それは女性が「戦利品」であった家父長制の論理のあらわれであった。

性的被害の自己認知、それはとりもなおさず、セクシュアリティの自己決定者としての女性自身のアイデンティティの確立を意味する。それは自分のセクシュアリティ——ここでは端的に身体——についての決定権が、自分自身に属し、父や夫などの家父長権に属さない、という主体意識をともなっている。「慰安婦」訴訟に対して、日本政府は戦後補償は一九六五年の日韓条約で決着済み、と一貫して言い続けてきたが、このなかにある家父長制の論理を鋭く衝いたのは、「個人補償」の請求権の論理であった。「慰安婦」訴訟を支えてきた支援グループの山崎ひろみはこう言う。

もしいま、女性が強姦され、その犯人から、夫や父親との合意が成立したからもう解決済みだといわれて納得できますか？　ノーです。[山崎（ひ）1995]

ここでの「夫や父親」を「国家」に置きかえてみればわかりやすい。韓国政府は個人請求権を認めないと日本政府の見解を支持することで、個人を国家の帰属物に還元した。個人請求権の論理は、国家は個人（の利害）を代表しないという点において、国民国家を超える性質を持つ。したがって被害女性とその支援グループの闘うべき相手は、同時に日韓両国の家父長制でもあった。

## 3　朝鮮婦人の「純潔」

七〇年代の初めに、男性ルポライターによる「従軍慰安婦」レポートがたてつづけに刊行された。千田夏光の『従軍慰安婦』（正・続）[1973]と、金一勉《キムイルベン》の『天皇の軍隊と朝鮮人慰安婦』[1976]が書かれている。千田は「従軍慰安婦」を「あわれな存在」と同情に満ちた描き方をしているが、それ以前から兵士の回想録には「かわいそうなことをしました。生きていればどうしていることでしょう」という態度は見られた。千田には「慰安婦」制度を「犯罪」として構成する視線はなかった。それより何より、謝罪し償うべき「被害者」はどこにもいなかった。

刊行から一四年経って、千田は『論座』の求めに応じて「「従軍慰安婦」の真実」[千田 1997]を寄せる。

私が『従軍慰安婦』(正・続)と題した本を双葉社から出したのは一九七三年である。正続合わせて五十余万部が売れたが、書評らしい書評は「赤旗」の読書欄くらいにしか載らなかった。社会的にも話題になることはなかった。調べてもらったら、購読したのはあの戦争中に中国大陸や東南アジア戦線へ送られ、現地で彼女らを買った元兵隊が主で、読み終えると深い溜め息とともに書架の奥へしまい、ほかに語ることもなく過ぎたようだ。……残念なことに近現代史研究者の関心をひくこともなかった。

ついで八四年、「講談社文庫」でも復刻されたが、事情は似ていた。……社会的に問題とならなかった点では韓国も似ていた。七三年に双葉社版が出ると、すぐ韓国内で翻訳本が出され、「日本人にしてはよく調べて書いている」との新聞の書評が載ったと教えられたが、それ以上のことはなかった。[千田 1997：52-54]

「日本と韓国でこの事情が一変したのは九一年一二月」、韓国人元「慰安婦」が提訴してからだと千田は書く。千田の「歴史的限界」を責めることは誰にもできない。日

本でも韓国でも多くの人々は、「慰安婦」の存在を知っていながら、被害者の沈黙のうえにあぐらをかいていたのだから。(9)

千田はさらに「不思議なことに……女性からの反応は皆無に近かった」[千田 1997：53]と書く。「唯一の例外」は日本キリスト教婦人矯風会の高橋喜久江だったという。(10)

千田は言及していないが、もうひとつの「例外」がある。丸山友岐子である。丸山の文章は、千田と金との「慰安婦」ルポの読後感として、それに対する「いやーな感じ」の原因を追究したものである[丸山(友)1977, 1995]。

丸山は韓国人ライター、金一勉の『天皇の軍隊と朝鮮人慰安婦』を「怒りと怨念の結晶ともいうべき労作」と評価しながら、その「怒り」のなかにある「男の論理」を見逃さない。金が「朝鮮婦人の〝純潔性〟〝貞潔性〟を強調」すればするほど、「おかしな気がする」と指摘してこう論じる。

女にきびしく純潔を要求する社会は、女にとって決して幸福でもなく、その社会の要求(男の要求)に女が従順だったからといって、その民族の女が人間として特別すぐれた資質を持っていたということにはならない。[丸山(友)1977, 1995：194]

そして「好き好んで海外売春に行った日本の女たちと、天皇の軍隊に暴力でかり出された朝鮮の女たち」を対比する金に反論して、日本の「〝からゆきさんの伝統〟」に言及する。

少なくとも、暴力で拉致され、戦場に連れ出されて強制的に売春婦にさせられた女たちが、九死に一生を得て故国に帰っても、故郷の土も踏めない朝鮮社会より、ふるさとの島へ帰って、生きているあいだに自分の墓を建て、「おなごの仕事たい」と売春で稼いできたことを語れる社会の方が、まだしもしあわせであることはまちがいない。[丸山(友)1977, 1995：194]

いささか誤解を招く言い方で丸山がここで言おうとしているのは、女性の性の抑圧という点で、韓国内の家父長制もまた同罪であるということであった。

九〇年代の今日から丸山の「限界」を指摘する事は容易だろう。第一に丸山は、「従軍慰安婦」を「売春」として捉えている。「『従軍慰安婦』とはいったい何だったか――日本の軍隊がアジアの各地に帯同していった売春宿で働いた女たちのことである」[丸山(友)1977, 1995：187]。第二に、もともと「朝鮮人慰安婦」を「からゆきさん」と対比したのは金一勉自身だが、この比較は的を射ていない。その不当な比較に反発するあまりの丸山の民族主義的な偏向を指摘することもできるだろう。どちらも儒教的な男社会で、まだしも日本の方が売春婦に寛容であった、と。第三に、丸山は「日本人慰安婦」に同情を示しながら、彼女たちもたどったであろう同様な運命を想像していない。「朝鮮人慰安婦」のその後と比較するなら、「からゆきさん」ではなく「日本人慰安婦」のその後とくらべるべきだろう。「日本人慰安婦」は故郷に受けいれられたのだろうか？　故郷で、自分たちの「過去」を語っただろうか？　あるいは「挺身報国」を誇って語り草にしただろうか？　今日に至るまでの「日本人慰安婦」の沈黙は、重い。

だが、家父長制社会で強制の有無を問わず「売春婦」であった女性が受けるスティグマを問題にした点で、丸山の視点は、元「慰安婦」の沈黙に届いている。「売春」が女の問題でなく、「買春」という「男の問題」であるというフェミニズムによるパラダイム転換が起きたのはようやく八〇年代のことである。むしろ丸山は自分の感覚と言語でぎりぎりのところまでパラダイム転換に肉薄していた。

## 4　「戦時強姦」パラダイム

家父長制パラダイムの変種が、「戦時強姦」パラダイムである。「強姦」はもちろん非戦闘員に対する加害行為だから、国際法上も違法であるだけでなく、軍規にも反している。その戦時下強姦があとを断たないのは、戦争という「非常時」につきもののの「ゆきすぎ」として、民間人の虐殺とともにしばしば免罪されてきた。「戦争に強姦はつきもの」という見方や、戦時強姦はどこの国もやっている、という見方がさらに加害を免責する。この「強姦」はつい最近まで、女性から長く隔離された男社会に生きる兵士たちの「獣欲」説で説明されてきた。しかし平時の「強姦」神話がしだいに解かれ、加害者の男性は「性欲」から「強姦」するわけではないことが明らかにされて以来[11]、「戦時強姦」についても男性学の立場から新たな理解が成立するようになった。彦坂諦は「男はそれを我慢できない」という「男性神話」を批判して、強姦が男性の権力支配の誇示のために行われること、とりわけ戦時強姦はその複数性(輪姦)に特徴があり、弱者への攻撃を通じて連帯を確立する「儀式」であると論じる[彦坂 1991]。事実、戦時強姦はしばしば「観客」のいるところで行われることがわかっている。

　しかしそれだけではじゅうぶんではない。兵士の攻撃がとりわけ女性の性に向けられるのは、それが「敵」の男性に対するもっとも象徴的な侮辱であり、自己の力の誇示であることを知っているからである。それだからこそ「強姦」は相手国民の男性に激しい憤激を引き起こす効果がある。

　歴史家のひろたまさき[1995 : 1996]は「慰安婦」を戦時強姦パラダイムの延長上で捉えようとする。ひろたは「戦時強姦」パラダイムのもとに、「言葉の通じない、つまりはじめからコミュニケーションの成立しない異文化的存在であること」を特徴のひとつに挙げているが、これは韓国人「慰安婦」にはあてはまらない。彼女たちは皇民化政策のもとに日本名を源氏名に与えられ、浴衣がけで「日本婦人」を装わせられた。韓国人「慰安婦」は「日本語が話せるから」と兵士に歓迎されたし、兵士のなかには「慰安婦」との「交情」をなつかしげに語る人もあれば、日本人兵士と「心中」した「慰安婦」もいる。もちろんなかには無理心中も含まれる。

歴史的な事実から見ても、「従軍慰安婦」を「戦時強姦」パラダイムで読み解くのは無理がある。「慰安婦」制度は、偶発的・非組織的な戦時強姦を超えているからである。もちろんなかには戦時強姦から組織的で継続的な監視下の輪姦に至った被害者もたくさんいる。フィリピンやインドネシアなど南方の占領地では、その種の被害者が多い。

「戦時強姦」と組織的な「慰安婦」制度とをどこで区別するかは現実にはむずかしい。しかし「従軍慰安婦」を戦時強姦に還元するだけでは解けない問題が、「慰安婦」という制度そのもののなかに潜んでいる。

## 5　「売春」パラダイム

「慰安婦」を正当化するためにしばしば動員されるのが「売春」パラダイムである。

これは日本では保守系の女性評論家、上坂冬子や、最近では「新しい歴史教科書をつくる会」の藤岡信勝や漫画家、小林よしのりらが主張している。これは「業者の関与」や「金銭の授受」を理由に、本人の「自由意思」を前提する見方である。元「慰安婦」のなかには、たしかに「いい稼ぎ口がある」という甘言にのせられて行った人もあれば、本人ではなく家族が代償を受けとった例もあるだろう。引き揚げに際してそれまで貯めた軍票を肌身離さず持ち帰ったという話もある。このうち、リクルートにおける自由意思の有無の問題と、金銭の授受の問題とは区別して考えなければならない。韓国の証言者一九人のうち、「就業詐欺」は一二件[韓国挺対協 1993]。「働き口がある」「賄い婦の仕事がある」という業者のことばにのせられたもので、強制売春とは想像もしていない。金銭の授受は強制のもとでも起こりうる。強姦したあとに無理にカネを握らせれば、それで強姦の罪が消えるわけではない。同じく一九人の『証言』によれば金銭を得たのはうち三人[韓国挺対協 1993]。それも日本軍が発行する軍票で支払われ、敗戦後紙クズ同様となった。

彦坂諦は戦争末期のフィリピン、ルソン島の韓国人「慰安婦」について、証言にもとづいてこう書いている。

彼女らがだいじそうに持っていたおカネは、強制された苛酷な労働によって、自分の意志とはかかわりなく結果的に稼ぎためられたものであった。にもかかわらず、それは、同時に、すでにその時点においてすらまったく無価値な紙片と化してしまっていたものであった。[彦坂 1991：70]

もし「慰安婦」が一種の強制徴用であり、かつ性労働であったとすれば、その「挺身報国」に対して、戦後無効になった軍票の補償を請求すればすむことだが、こと「慰安婦」に関しては「強制労働」一般の補償問題と同様にはいかなかった。というのも、「売春」は「醜業」「賤業」と見なされており、そこに本人の「自由意思」がともなえば、「転落」したのは本人であるという「醜業婦」差別がまかりとおったからである。

この点では被害女性のひとり、文玉珠《ムンオクシュ》の起こした「軍事郵便貯金」訴訟は興味深い。一見したところ性労働への対価の支払いを求めるかのように見えるこの訴訟で、文の要求は、自分をズタズタにして手に入れたカネを、加害者である日本政府のもとには置いておきたくない、という言い分だった(12)。だが、他の郵貯訴訟と同様の論理のもと、「日韓経済協力・請求権協定で解決済み」とする日本政府の見解に退けられ、訴訟半ばにして九六年一〇月に亡くなった。

この問題についてはいくつかの留保がいる。まず「慰安婦」が強制徴用だったかどうかについてだが、日本政府が行った強制徴用には性労働が公然とは含まれてはいなかった。第二に、強制徴用が「代価のある労働」かどうかも疑わしい。性労働であれ、それ以外の労働であれ、強制徴用はほとんどの場合、名目的な賃金のもと、奴隷状態で働かされるのが普通だったからである。

もうひとつ、「売春」パラダイムにつきものの基本的な誤解を指摘しておかなければならない。強制にしろ任意にしろ、「売春」は女性と男性とのあいだの「性と金銭の交換」ではない。性産業としての「売買春」は、売り手(業者や経営者、しばしば男性)と買い手(の男性)とのあいだの交換行為であり、そこでは女性は交換の主体＝当事者 agent ではなく、たんなる客体＝商品にすぎない。商品には客を選ぶ権利はない。民間の「慰安所」で稼いだのは、個々の「慰安婦」ではなく、一部の経営者であった。軍票がまだ有効であった時代に財を蓄えて引き揚げた業者のなかには「成功者」もいたことだろう。が、彼らもまた「慰安婦」の女性を搾取したことに内心忸怩たる思いを抱いていることだろう。

「売春」パラダイムは、パラダイムそれ自体のなかに女性の「主体性」を含意することで、男性を免責する見方である。「売春する」女性はそのことでスティグマ化される。「醜業」に従事する女性は、存在自体が汚れているとされるのである。[13]「売春」

パラダイムは、本人の「意思」を問題にする点で一見女性の自己決定権を認めているかのように見えるが、その実、「売春婦」とそれ以外の女性とのあいだに分断を持ち込む「性の二重基準」を支える点で、家父長制コードのヴァージョンだと言える。この「売春」パラダイムの差別性は、多くの元日本人「慰安婦」から声を奪ってきた。(14)

「売春」パラダイムの欺瞞性はいくつかの点で明らかにされている。第一は、「慰安所」制度には明らかな軍の関与があったことである。慰安所には軍直営の慰安所、軍専用の慰安所、軍利用の慰安所の三種類があり、いずれも軍の管理下に置かれていた。第二は、「売春」の見かけに反して、その実態は監禁下の「強制労働」だった、という点である。(15)兵士たちは一回の利用につき軍票を支払うことになっていた。がここでも誤解を避けるために言っておけばその軍票の受けとり手は業者であり、兵士と「慰安婦」のあいだに直接の「交換」関係はない。第三に、「慰安婦」の「調達」にあたっては「自由意思」どころか、暴力による強制や拉致、就業詐欺や人身売買もどきの有形・無形の圧力がともなったことである。

既存の遊郭を「軍専用」「軍利用」の「慰安所」に転換するというやり方や、一回の利用につき料金を設定するというやり口、かつ「慰安所」「慰安婦」という婉曲語法は監禁と強制の実態を隠蔽し、あたかもそれが「業」として営まれたかのような見かけを与えるために軍によって採用されたものである。(16) 日本国内で例外的に韓国人「慰安婦」のいた沖縄では、古くからの格式ある遊郭として知られる「辻」が軍から「専用」慰安所となる要請を受けた時、これを誇り高く断った、という経緯がある。在来の遊里と「慰安所」とはカテゴリー上連続して捉えられていた。(17)

ただし沖縄の韓国人「慰安婦」については、本土人兵士による沖縄差別の問題を考えなければならない。「慰安所」設置にあたって「風紀が乱れる」と反対を申し入れた地元の婦人団体に対して、軍が説得したロジックは「良家の子女の貞操を守る」というものであり、これに対して地元の女性たちも「納得」して「慰安所」を受け入れたという[川田 1987]。沖縄女性の「貞操」は、ここでは皇軍兵士による凌辱の可能性から、韓国人女性の犠牲において、「守られた」のである。沖縄女性にとって皇軍兵士が潜在的な加害者であったということは、沖縄が「準占領地」扱いされていた可能性を示唆する。

軍隊「慰安所」に軍が組織的に関与していることは、軍にとっても「外聞の悪い」ことであった。軍隊「慰安婦」制度は「必要悪」とは認められたものの、「皇軍の恥部」としても認識されていた。「慰安婦」の輸送は軍用船で行われ、前線での移動にも軍があたっている。軍用船には民間人を乗せてはいけないとされていたから、彼女たちは「積荷(軍用物品)」として扱われ、その結果名簿さえ残っていない。もちろん、そこまで人格が剝奪されたとも言えるが、同時に「性的慰安」のための「物品」の輸送を軍がおおっぴらにしたくなかった配慮のあとはうかがえる。

敗戦後、「慰安婦」関係の資料は他の多くの軍事資料とともに廃棄されるが、そこには「慰安婦」問題が特別な「戦争犯罪」として裁かれるかもしれないという危惧は見られない。事実、捕虜の虐待や民間人の虐殺を問題にしたようには、東京裁判で占領軍は「慰安婦」問題を裁かなかった。ひとつの理由は東京裁判の時点で韓国は主権を回復しておらず告発側に立っていなかったことである。この時点では植民地韓国の問題は一種の「内政問題」と見なされた(18)。

東京裁判は連合国による敗戦日本の戦犯裁判であった。日本の侵略を受けた多くのアジアの被害国、中国、韓国、台湾、インドネシア、フィリピン等は、告発の当事者とならなかった。韓国もまた戦後賠償をめぐる二国間協定のなかで、「慰安婦」被害を持ち出すことがなかった。小林らに「そんなに大事な問題なら、韓国政府が今までなぜ黙っていたんだ」と揚げ足取りをされてもしかたのない事態が、長きにわたって続いていた。千田夏光が証言するように、パラダイム転換は「一九九一年一二月」被害者によるカムアウトが起きるまで、待たなければならなかった。

## 6 「性奴隷制」——性暴力パラダイム

「売春」パラダイムにある「任意性」をはっきり否定したのが、「軍隊性奴隷制 military sexual slavery」パラダイムである。このパラダイムは一九九三年六月の国連ウィーン世界人権会議から定着した。国連は人権委員会に「女性に対する暴力」特別報告者設置を決定、スリランカのラディカ・クマラスワミを選ぶ。彼女は、被害者への聞き取りを含めた調査を精力的に行い、九六年四月、クマラスワミ報告書を提出。人権委員会は満場一致で採択した。クマラスワミ報告書は「従軍慰安婦」を「性奴隷制」の一種と位置づけた上で、日本政府に対して謝罪と補償の勧告を提起した経緯は周知のとおりである。だが、今日に至るまで、日本政府の公式見解は第一に「慰安婦」は「性奴隷制」に当たらない、第二に国連人権委員会は過去にさかのぼって責任を追及するものではない、というものである。

当時、共産圏崩壊後の旧ユーゴスラヴィアの一部、ボスニアでは、「レイプ・キャンプ」が全世界に衝撃を与えていた。それがたんに偶発的で統制のきかない戦時下強姦ではなく、軍による組織的な性犯罪であること、さらに強姦によって妊娠した女性を中絶が不可能な時期まで拘束しておくことを通じて「民族浄化」を謀るという驚くべき「人種絶滅」的な戦略においても、衝撃的なものであった。「性奴隷」パラダイムは、現代の問題との類推から「慰安婦」に適用されたものであり、その逆ではない。(19) その背後には「武力紛争下における女性への暴力」を問題化する、人権の政治とフェミニズムの主張とがある。

「慰安婦」問題が、すでに高齢に達した女性たちの過去の傷あとにとどまらず、女性運動の国際連帯のもとで大きな共感を得たのは、この問題が今日における女性に対する性暴力と深く結びついているという認識からである。ボスニアにおける「レイプ・キャンプ」のようなあからさまな戦争犯罪に限らない。国連が問題にする「武力紛争下の女性への暴力」だけでなく、日常的に起きる強姦や性犯罪、そして家庭内暴力や幼児の性的虐待など、女性の性的自己決定権への侵害とみなされる多くの被害と連動していると理解し、多くの女性は「これは自分の肉体に加えられた暴力だ」と痛みを共有したのである。売春もまた、同じ性支配のもとで、女性に対する構造的な暴力のあらわれと理解された。九五年の北京女性会議では、「慰安婦」問題はNGOフォーラムの主要な焦点のひとつになったが、そこには、キャンパス・セクハラ、家庭内暴力、基地売春に反対するアクティビストたちが集まった。

性暴力パラダイムのキーワードは「女性の人権」と「性的自己決定権」である。だがこのパラダイムもまた問題点をはらんでいる。

第一に、「人権」概念は超歴史的な普遍概念ではない。「人権」の内容は歴史的に変化してきているだけでなく、社会的には性、階級、民族などの変数によって限定されてきた。「人権」概念もまた近代という時代の限界を背負っている。「女性の人権」という概念はフェミニズムの成果のひとつであり、かつ性暴力パラダイムへの転換を可能にした概念だが、同時に「人権」や「自己決定権」の概念もまた、今日新たな検討にさらされている[Scott 1996 : 立岩 1997]。

第二に、「人権」外交の名に示されるように、国連中心主義の問題がある。ポスト冷戦下のアメリカ一極集中体制のもとで、国連が果たす役割を「世界の警察」としてナイーヴに評価することはできない。アメリカは「人権」を外交の切り札に使ってきた一方で、自国の戦争犯罪や武力侵略には目をつむってきた。国連は「正義」の代名詞ではない。

第三に、「性的自己決定権」の概念は、ふたたび性労働をめぐる任意性の有無に議論をひきもどす可能性がある。

「慰安婦」を「軍隊性奴隷制」と捉えるのは、なるほど強制による拉致や監禁下の組織的・継続的な強姦などの点において適切な用語法であろう。だが、「売春」パラダイムとの対抗を強調するあまり、被害者の「任意性」を極力否定しなければならない、というちょうど強姦裁判の場合とよく似たディレンマに陥る。たとえば被害者の性的過去の無垢さや、抵抗の有無、経済動機の否定などが象徴的に動員され、たとえば「連行時に処女であり、完全にだまされもしくは暴力でもって拉致され、逃亡や自殺を図ったが阻止された」という「モデル被害者」の像が受け入れられやすくなる。もちろん、このような惨憺たる経験をみずから公にした被害者の方たちに対して、操作的なカテゴリーであれ「モデル被害者」のような概念をあてはめることは、まことに失礼なことであろう。問題は語り手よりも、自分の聞きたい物語しか聞こうとしない聞き手の側にある。しかも、このパラダイムには「モデル被害者」から逸脱した人々が名のりをあげにくくなるという政治的効果がある。連行時に、売春の経験があったり、貧困から経済的な誘導に乗せられてそれとうすうす知りながら話に乗ったり、あるいは軍票を貯め込んだり、というケースは、それが限られた選択肢のなかでの彼女たちの必死の生存戦略であったとしても、被害者とは認められにくくなる。もっとはっきり言えば、このパラダイムは「純粋な被害者」と「不純な被害者」とのあいだに境界を持ち込む働きをする。そして「無垢な被害者」像を作りあげることによって、女性に純潔を要求する家父長制パラダイムの、それと予期せぬ共犯者になりかねない。

倉橋正直は、慰安所に「民間主導型(売春婦型)」と「従軍慰安婦型(性奴隷型)」の二種類を区別するが、となればここでも被害者のあいだに分断が持ち込まれる[倉橋1989:1994]。(20)

「売春」パラダイムと区別された「軍隊性奴隷制」パラダイムのもうひとつの政治的効果は、「日本人慰安婦」と日本人以外の「慰安婦」とのあいだの分断である。この「性的奴隷制」は、敵国もしくは被占領地の女性に対して行われる組織的性犯罪であり、したがって自国民の「慰安婦」もしくは同盟国国民による基地売春等を「被害」から除外する働きがある。たとえばベトナム戦争に参戦した韓国人兵士の基地買春や日本国内における米軍基地買春は、自由意思による経済行為として、免罪される傾向がある。だが、沖縄県民の怒りを買った九五年の米軍兵士による少女強姦は、女性に対する日常的構造的暴力という点で、基地売春と地続きではないだろうか。(21)

山下英愛《ヨンエ》は挺対協の論理のなかにある売春婦差別を指摘する。

「慰安婦は売春婦ではないし、ましてや公娼などではない」という反論を展開してきた挺対協の論理にも、ともすれば「慰安婦は強制的、売春婦は自由意思」という認識を肯定しかねないきらいがある。[山下(英)1994:45]

他方、鈴木裕子はこの分断を超えるために、戦前の公娼制もまた「性奴隷」制であった、という論理を展開している[鈴木 1996b]。「性奴隷」の概念が人身売買を含む「女性の交易 traffic of women」に適用されていることから言えば、日本の公娼制もまた女性の人権侵害行為としての「性奴隷」制にはちがいない。

一九二五年に日本はすでに醜業協定、醜業条約、婦女売買禁止条約に、一九三二年にはＩＬＯ二九号強制労働条約にも加盟している。「慰安婦」制度はもとより、公娼制そのものがすでに条約違反であった。契約の上では本人の「自由意思」の見かけをとっているが、借金による拘束や監視下の労働など、実質的な奴隷状態にあったことは公然の秘密だった。

保守派の歴史家、秦郁彦は「四大事件(「盧溝橋事件」「南京虐殺事件」「七三一部隊」「慰安婦」)の争点と盲点」のなかで、「慰安婦」に触れて、(1)官憲による「強制連行」のシステムはあったのか、(2)生活条件は、平時の公娼制より過酷だったのか、(3)なぜ名のりでる日本人慰安婦が皆無なのか、という三つの問いを立てたうえで、このうち前の二つの問いに対してみずから「ノー」と答えを与える[秦 1997：39]。もちろん秦の議論は巧妙に仕組まれている。たとえば第一の問いについて、「「強制連行」のシステムはあったか」と問い、「強制連行はあったか」とは言わない。「軍が指示したシステマティックな強制連行があったか？」と問いを立てれば、答えはノーとなるか、さもなければ「軍のシステマティックな関与を立証する証拠はない」となるだろう。第二の問いについても「慰安婦」が日本の「公娼」なみに悲惨な生活を送っていたとしたら、少なくとも「日本人と同等に」扱われたことにはなる。この問いは第三の問いに連動する。それならどうして「日本人慰安婦」は名のりでないのか？――この問いを「盲点」として指摘する秦の得意げな顔が浮かぶようだが、もちろん、それが「争点」であることは、秦に指摘されるまでもない。秦のような保守派の言説こそが「日本人慰安婦」のかつての「存在理由」であり、現在に続く「沈黙」の理由である。翻って言えば、この問題こそ、日本のフェミニズムの非力さの証であろう。

## 7　「民族言説」

「慰安婦」問題を「民族の恥」から「性差別」「民族差別」へと転換する功績があったのは韓国の女性運動だが、そのなかには当初から、「性差別」と「民族差別」とをめぐって、この問題を民族主義的な言説として構築する傾向があった。

山下英愛は、挺対協と寄りそいながら、そのなかにある民族主義をもっともするどく内部批判してきた活動家であり、かつすぐれた理論家である。彼女は韓国の「民族言説」のなかにある性差別性を批判するだけでなく、その民族言説に沿って構築された「慰安婦」にまつわる言説も「たぶんに性差別的な認識を帯びている」と指摘する[山下(英)1996：42]。

その第一は、前述したように強制と任意の区別にもとづく「娼婦差別」である。「モデル被害者」の例に見るように、強制性の強調は、結果として韓国女性の「貞操」の強調につながる。

第二は、強制と任意の区別を韓国人「慰安婦」と日本人「慰安婦」とに対応させ、国籍による分断を持ち込む効果である。

一九九三年八月に挺対協が出した「日本政府の強制従軍慰安婦問題第二次真相調査発表に対するわれわれの立場」を、山下は紹介する。

日本人女性は性奴隷的性格の強制従軍慰安婦とはその性格が明らかに異なる。日本人慰安婦は、当時日本の公娼制のもとで慰安婦となり、お金をもらい、契約をし、契約が終われば慰安婦生活をやめることができた。……慰安婦は、当時公娼制度下の日本人売春女性と異なり、国家、公権力によって強制的に軍隊で性的慰安を強要された性奴隷であった。[山下(英)1996：44](22)

ここでは「軍隊性奴隷」パラダイムは、韓国の反日ナショナリズムのために動員されている。挺対協のなかには「慰安婦」制度を日本の韓国に対する「民族絶滅」政策の一貫として位置づける説もあり、民族対立が強調される。

「「慰安婦」問題に対する民族言説的な見方は、自民族中心的で他民族、他地域の被害者とのあいだに壁を築き、分断をもたらす」と、山下ははっきり明言する。韓国女性運動の民族主義的傾向は、「民族民主運動のなかで女性運動が認められるための生存戦略」であった、と山下は見るが、他方、「国際的な連帯運動における女性問題としての盛り上がりに比べて、国内の女性運動や人権運動に及ぼした影響は極めて小さい」と山下は見る。「その理由は……そもそも国内では主に民族問題として接近し、しかも「慰安婦」に関する民族言説を覆す努力がほとんどなされてこなかったことにある」[山下(英)1996：51]。

山下が紹介するキム・ウンシルによれば、

民族主義言説は性の蹂躙という記表に、より大きな象徴的意味を与えることによって、女性経験の特殊性を否認し、これを民族問題として普遍化する。言い換えれば女性でなく韓民族が日本という強姦犯によって蹂躙されたのである。民族自体が問題であるために、強姦の犯罪はそれが日帝によって行われるまでは民族言説では全く意味を賦与されない。［キム 1994：山下(英)1996：46 から再引用］

民族言説は女性を「民族主体」のなかに取り込むことによって、もっとはっきり言えば女性の利害を男性の利害に一体化(その実、従属)させることによって、ナショナリズムの動員のために利用する。外国による蹂躙を「強姦」のメタファーで表現するのは日本においても右翼の常套句だが、だからと言って、彼らが女性の性的人権を尊重しているとはかぎらない。かえって女性の権利主張を、分裂をもたらす利敵行為として責める傾向がある。そう考えれば、民族言説も家父長制パラダイムの変種であると考えてよい。本書第1章の「女性の国民化」の文脈で読めば、家父長制パラダイムが女性を客体化することで「強姦」を男性の財産権の侵害と捉えるとすれば、民族言説は女性を「国民主体」化することで「強姦」を「民族の蹂躙」と捉えるが、どちらも「国民」の範型を「男性主体」に置いている点で、そして女性の利害を男性の利害に合わせて同一化している点は変わりない。

## 8「対日協力」という闇

民族言説の裏側には、それが隠蔽するもうひとつの問題、「対日協力」が潜在していることを指摘しておかなければならない。今日の韓国内の民族主義がその表面化を抑制しているが、日帝支配下における対日協力の問題は、フランスのヴィシー政府の対独協力の問題と同じく、根強くくすぶっている。

一九九七年六月二三日、五二回めの沖縄戦の終結記念日、「慰霊の日」に、「平和の礎《いしじ》」のもとで追悼式が行われた。「平和の礎」は現沖縄県知事、大田昌秀の悲願ともいうべき事業で、敗戦五〇周年に落成、沖縄戦の戦没者を軍人・民間人、国籍の区別なく刻銘しようというものである。そのなかに戦時下、沖縄に強制連行された韓国人の死者もいる。創氏改名によって日本名で登録されている人々を、もとの韓国名にさかのぼって氏名判明作業をするのは困難をきわめたが、これに当たったのは韓国における沖縄史の第一人者、洪鐘佖《ホンジョンピル》韓国明知大学教授である。洪教授の調査で氏名が判明したのは五〇人。うち七人の遺族が「平和の礎」への刻銘を拒否した。同日付『琉球新報』は洪教授のインタビューを掲載している。

日帝時代に日本軍に加担したというのが、強制連行された人々に対する韓国人の一般的な見方であり、……日本軍に協力した家族の子孫としてレッテルを貼られることを恐れる人々がいる。村の中でも不名誉な視線を浴び、縁談などにも影響が出てしまう。[『琉球新報』1997.6.23]

この記事にわたしは衝撃を受けた。強制徴用が「日帝協力」なら、「慰安婦」も同じ論理で扱われる可能性があるだろうか。「平和の礎」には、「慰安婦」の名前はひとりも刻銘されていない。川田が指摘するように彼女たちは「その本名はおろか、連行された人数も、その生死もわからない」[戦争犠牲者を心に刻む会 1997：162]。だが、もしそれが判明したとしても、刻銘作業は遺族の同意を得られるだろうか。「売春婦」の汚名をまぬかれ、「戦争犠牲者」であると見なされたとしても、今度は韓国人軍属に準ずる扱いとして、「対日協力者」と見なされるかもしれない。

「挺身隊」とは「挺身報国」の謂いだったのであり、強制下とはいえ、彼女たちは皇軍に「奉仕」したことになる。激戦地では彼女たちは看護婦として奉仕し、また敵の捕虜の処刑の場では国防婦人会のたすきをかけて整列したという。

BC級戦犯裁判でも、韓国・台湾の軍人・軍属は「日本人」として裁かれた。「慰安婦」の調達や「慰安所」の経営で儲けた韓国人業者たちは、いうまでもなく日帝協力者として指弾を受けるだろうが、植民地支配下で、どこからどこまでが「強制」でどこからが「任意」かの線引きはむずかしい。「慰安婦」犯罪の加害責任を問う動きは、犯罪者の訴追を要求しているが、それは韓国内の対日協力問題を暴くことで、いっそうの反日ナショナリズムを強める方向に動くのだろうか。

## 9　日本特殊性論 vs「軍管理売春」普遍説

ひろたまさきは「従軍慰安婦」をめぐる倉橋正直、吉見義明、鈴木裕子の歴史研究

［倉橋1994：吉見1995：鈴木1993］を紹介しながらそのいずれもが「天皇制軍隊の特殊性」「日本近代公娼制の特殊性」「日本の家父長制の特殊性」「植民地支配のあり方の特殊性」など「三人ともに日本の特殊性を強調しすぎている点に違和感を覚える」という［ひろた1995］。そのうえでひろたは「慰安婦問題を、戦場の特殊な問題、日本の特殊な問題に閉じこめるような語り方はやめようではないか」と提案する。わたしはこの提案にまったく同感だが、ではだからといって代わりにどういう「語り方」がありうるだろうか。そこでは「特殊性」を脱した議論が今度は「普遍性」のなかに回収される危険もまた潜んでいる。

「慰安婦」問題を「皇軍」の特殊性に還元するパラダイム――仮に「（特殊）天皇制パラダイム」と呼んでおこう――は、日本文化特殊性論によくなじむ性格を持っている。この説によれば、「天皇制」とは近代化の「跛行」のおかげで世界史に類例のない抑圧的な支配をつくりあげた体制だということになり、それが生み出した「慰安婦」制度も歴史に類例のない残虐な性的虐待の制度だと見なされる。「軍隊に売春婦が随行した例はあるが、軍隊が売春そのものを組織した例はない」というように「日本軍」の特殊性が強調される。反天皇制論者のほうが、敵対すべき対象としての天皇制の特殊性を強調し、それを過大評価する傾向があるのは皮肉なことである。

この議論はただちにドイツの歴史家論争を想起させる。ナチのホロコーストが「歴史に類例のない」残虐な行為だとすれば、ドイツ人はこの「原罪」から逃れることはできなくなってしまう。歴史修正主義者のノルテは、これを戦争犯罪一般のなかで論じようとして、ハバーマスらの反発を買った。「慰安婦」制度を「日帝による韓民族絶滅政策」と捉えるレトリックもあるくらいだから、ホロコーストとの類比は突飛なものではない。

田中利幸は、第二次世界大戦下のアメリカ、イギリス、ドイツ、オーストラリアなどの各国の軍管理売春制度を比較検討しながら、第一次世界大戦の経験にもとづいて、兵士の性病管理が軍の優先課題だったこと、たんなる軍隊につきものの売春ではなく、「性病予防目的の軍管理売春」を必須としたことを論証している。そして東京裁判で「なぜ米軍は従軍慰安婦問題を無視したのか」[田中(利)1996]という問いを立てて、こう答えている。

戦時中も戦後の進駐初期にもこのような「軍管理売春」を当然のこととして行ってきた米軍には、日本軍が犯した重大な戦争犯罪、歴史上最も由々しい「人道に対する罪」の一つである「従軍慰安婦問題」を「犯罪」として認識、洞察する目が最初から完全に欠落していたのである。[田中(利)1996下：277]

田中は一九九三年オーストラリア国立大学で開催された日本研究国際会議で「軍隊と強姦」の普遍性を論じ、「自分もその場にいたらやったかもしれない」と発言して、居合わせた韓国人参加者の激しい反発を買った。また第二次世界大戦中のオーストラリア兵の強姦を暴いて、オーストラリア退役軍人会から抗議を受けた。田中の主張は「やったのは日本兵ばかりではない」という「普遍」説へと、したがって日本の犯した犯罪を免責するロジックへと回収される可能性がある。が、彼は「軍隊と性」の共通点だけでなく、「慰安婦」との差異を指摘することも忘れていない。「日本の「従軍慰安婦」問題と米軍をはじめその他の連合国軍が行った「管理売春」を全く同質なものとして見なすことも明らかに間違いである」[田中(利)1996下：277]。なぜなら「「犯罪性」の点において決定的な違いがある」からだが、ここでも田中はその違いを任意性の有無(自由意思による売春と強制売春の違い)に還元する。「慰安婦」と「売春婦」は分断され、彼のいう「商業売春婦」は、カネと引き換えにどのような「人権侵害」を受けても文句を言えない存在として差別される。この論理は「慰安婦」は実は「売春婦」だった、というロジックに転用されるだろう。そして彼の論理もまた、同盟国民による「基地売春」を容認する結果になるだろう。

「慰安婦」問題の特殊性を日本の民族的特殊性や天皇制支配の特殊性に還元する議

論がある一方で、「軍隊と性」一般の問題として普遍化する議論がある。どちらかが正しいというわけではない。わたしたちに必要なのはこの問題を比較史のなかに置くこと、そしてそれによって理解可能であるとともに克服可能なものとすることである。

## 10　性・階級・民族

藤目ゆきは九〇年代の女性史の到達点のひとつを示す『性の歴史学』[1996]のなかで、冒頭に「序章　視点と方法」を置いている。

第二次フェミニズムの女性史研究においては階級・民族(人種)の視点を持たずに性(ジェンダー)だけを問題にするような方法は通用せず、それらの統合的把握に関心が集まり、新しい方法論が模索されている。[藤目 1996 : 17](23)

「従軍慰安婦」についても性、階級、民族の「統合的把握」が要求される。が、そのためには今まで論じてきたような男性中心史観、自国中心主義的な一国史観、あるいはその裏返しの普遍主義などを超える必要がある。

この三つの変数を軸に「慰安婦」問題を解いてみれば、当時の歴史的文脈に即して、日本人男性、日本人女性、植民地男性、植民地女性、そして占領地男性、占領地女性の六つの社会集団をカテゴリー化することができる。それに加えて、低階層出身の

「売春婦」差別をつけ加えなければならない。「女性」のカテゴリーは性の二重基準によって「妻＝母」(妻＝母になる資格をもった処女を含む)および「娼婦」に分割されていた。

　占領地の人々は性別を問わず「敵」であるから男性は殺戮の対象、女性は強姦の対象となった。問題は植民地の人々の処遇である。戦時下において韓国は日本国領土の一部と捉えられており、韓国人は「皇民」の一部とされた。総力戦のもとでは、植民地男性は「皇民」として徴兵や徴用などのありがたくない義務を負わされた。植民地の女性もまた「挺身報国」を要請されたが、彼女たちは「二流国民」のなかでもさらに差別された存在として、それにふさわしい義務を割り当てられたのである。韓国では「挺身隊」はそのまま「慰安婦」のことをさすとされることが多いが、彼女たちが「女子挺身隊」の名のもとに動員されたというこの婉曲語法にも、「加害者の論理」がある。それは皇軍にとって「挺身報国」のひとつのありかたにほかならなかったからである。[24]

　カテゴリーの上からは、日本人「従軍慰安婦」も韓国人「従軍慰安婦」も違いはない。日本人「慰安婦」と韓国人「慰安婦」とは軍隊の階級に応じた割り当て——将校以上は日本女性、兵卒は韓国女性——や待遇の格差があったが、どちらも軍と命運をともにし、必要があれば弾薬を運んだり、傷病兵の看護にあたったりした(25)。

そのことは、東南アジアの各地で敗走する日本軍が、最後には彼女たちを戦場に見捨てたにもかかわらず、土壇場まで同行したこと(もちろん、これに対しても日本軍は死と隣り合わせになっても「獣欲」を捨てなかったのだ、という見方もあるが)、そして同時に彼女たちがかならずしも連合軍を「解放軍」とは捉えなかったこと、「敵」の捕虜になれば彼女たちを待っているのは「敵」の辱めであると日本人兵士によって教えられ、そのために彼らと運命をともにして自決を強いられたばかりか、その予測はしばしば事実であったことなどによっても確認することができる(26)。

そして何より、東京裁判が、「慰安婦」問題を裁かなかった、という歴史的事実がある。連合国側もまた「従軍慰安婦」を「犯罪」と捉える視点を持たなかったばかりではない。占領軍を迎えた日本政府はいちはやく「占領軍慰安所」を設置し、ここでも「敗戦」と「占領」という未曾有の「国難」を迎えた国家に対する日本女性の「挺身報国」を求めた[山田 1991 : 1992]。その点では、日本政府の家父長制的な論理は戦前も戦後も少しも変わっていない。

だが日本女性の場合は、「慰安婦」は最初から「醜業婦」のなかからリクルートされたのに対し、韓国女性は「二流国民」の女性にふさわしい「性的義務」を担わされた。「母性」と「娼婦性」――もっとはっきり言おう、「便所」「ピー(女性器)」に還元された彼女たちは「娼婦」が帯びるさまざまな象徴性さえ剝奪されていた――の「性の二重基準」にともなって、日本女性と韓国女性はそれぞれの「性的義務」に応じた「挺身報国」を期待されたのである。それは近代国民国家の成立の当初から公と私という性別領域指定を行いながら、他方で「性の二重基準」を作ることで自らルール破りをしてきた家父長制のディレンマが見いだした苦しい解決法であった。一方で「家庭」と「母性」の聖性は犯されてはならず、他方では男のための「性の解放区」が求められながらその事実は外聞をはばかるものでもあった。そして家父長制にとってのこの「醜聞」を、日本も韓国も連合国側もひとしく共有していたために、「慰安婦」はどの家父長制国家の手によっても、ついに問題化されることはなかったのである。

それだけではない。「軍神の母」という「聖なる母性」を割り当てられた日本女性のほうは、「国民化」への成り上がりの期待のために家父長制の「娼婦差別」を内面化した。そしてその「娼婦差別」は戦後も一貫して変わることなく、「日本人慰安婦」や「占領軍慰安婦」に対する差別視や「売春防止法」の精神のなかに続いている。そしてわたしたちが今日に至るまで「日本人慰安婦」や「占領軍慰安婦」を問題化できていないという事実のなかに、日本女性の「加害性」の現在が表現されている。「娼婦差別」は階級要因とも結びついている。カネのためならば「醜業」に就いて恥じない女たちは「良家の子女の貞操の防波堤」としてどのように扱われてもしかたのない存在と見なされる。もし韓国の民族言説が、ほんらいそうでない立場の(純潔な韓国)女性を「醜業婦」に仕立て上げたという憤激に結びついているとしたら、それは「娼婦差別」を帰結する。そしてもし「慰安婦」が、田中利幸のいうように、近代軍隊ならどこにでも見られる「軍管理売春」の一種だとしたら？　戦地におけるいささか常軌を逸した扱いを別にすれば、誰も文句を言う筋合いはないように見える。わたしが任意性の有無による「強制売春」と「任意売春」の区別とそれによる女性の分断に執拗にこだわるのは、そこにある「娼婦差別」こそ近代の抑圧的な「性の二重基準」の直接の効果だからである(27)。

「慰安婦」問題の背景にあるのは、国民国家と帝国主義、植民地支配と人種主義、家父長制と女性差別、さらに「性の二重基準」がもたらす女性のあいだの分断支配をめぐる今日も続く抑圧である。わたしたちの闘いは、過去をめぐる問いではない。現在の抑圧をめぐる問いである。

## 11 「慰安婦」問題の「真実」とさまざまな歴史

「慰安婦」をめぐる解釈パラダイムはこれほどの多様性を持っている。

何が「慰安婦」問題の「真実」なのか？　解釈パラダイムのあいだに、これほどの落差があるとき、「真実」は誰にもわからないようにみえる。だが、この問いの立て方は実はトリッキーである。「真実」とは唯一のものであり、誰にとっても否定しようもなく同じ姿をとるはずだという考えが前提されているからだ。むしろ存在するのはさまざまな当事者によって経験された多元的な現実（リアリティ）と、それが構成する「さまざまな歴史」であろう。

「慰安婦」との「交情」をなつかしげに語る元日本兵にとっての「現実」と、「慰安婦」経験を恐怖と抑圧として語る被害者の女性にとっての「現実」とのあいだには、埋めがたい落差がある。関係の当事者の一方が、他方とこれほど落差のある「経験」を持っているとき、両者が「ひとつの経験」を共有していると言えるだろうか。だが、そう考えれば、「真実」をめぐる闘いは、永遠に決着のつかない「神々の闘争」（ウェーバー）にしかならないのだろうか。

「さまざまな歴史」を認めるということは、あれこれの解釈パラダイムのなかから、ただひとつの「真実」を選ぶということを意味しない。歴史が、自分の目に見えるものとはまったく違う姿をとりうる可能性を認める、ということだ。歴史が同時に複数のものであることを受け容れるということである。歴史はいつでも複合的・多元的でありうる。ここではただひとつの「正史」という考えが放棄されなければならない。歴史のなかで少数者、弱者、抑圧されたもの、見捨てられたものたち……それがたったひとりであっても、「もうひとつの歴史」は書かれうる。

「慰安婦」問題がつきつけたのは、「正史が知らなかったもうひとつの歴史」である。元「慰安婦」の証言によって正史は揺るがされ、いっきょに相対化された。

それ以上に重要なのは、これが彼女たち、元「慰安婦」の女性の、歴史をつくる実践であったことである。沈黙を強いられ、封印された過去。支配的な言語のもとで語ろうとすれば、汚辱にまみれるしかなかった過去を、自分自身の生のなかにとりもどし過去を語り直す試み――したがってこれもまた歴史への「再審」である。そして歴史がつくり換えられる「現在」に立ち会うとき、そこにどんな語りを生み出していくかは、元「慰安婦」の女性たちだけが果たすべき課題ではない。

(1)　「従軍慰安婦」という用語についてはすでにいくつかのクレームがつけられている。

「従軍」という用語は「従軍記者」や「従軍看護婦」のように「自発性」を想起させるからやめるべきだ、「皇軍慰安婦」とか「日本軍慰安婦」もしくは「軍隊慰安婦」と呼んだ方がよい、という説や、「慰安婦」という用語は軍隊の婉曲語法であり、実態は性奴隷にほかならなかったのだから抑圧者の側の用語を採用すべきではない、さらには兵士にとっては「慰安」でも被害者にとっては「強姦」以外のなにものでもなかったのだから「慰安婦」という用語は事実を隠蔽するという主張もある。『わたしは「慰安婦」ではない』[戦争犠牲者を心に刻む会 1997]という書物も現われた。「自由主義史観」を名のる人々からは「従軍」は「軍属」を意味する、「従軍慰安婦」という用語は歴史用語ではなく、そういう歴史的事実はなかったという説も現われたが、用語がないから歴史的事実がなかった、というのは明らかな論理の飛躍であろう。藤岡信勝は、この用語は千田夏光の造語だというが、千田本人は「慰安婦」という用語は彼が『従軍慰安婦』[千田 1973]を出す以前から『広辞苑』に載っており、「従軍」という言葉には「軍隊に従って戦地に行くことであり、それ以上の意味もそれ以下の意味もない」と言う[千田 1997]。どういう用語を使用するかはそれ自体ひとつの「政治」でもあるが、ここでは「慰安婦」という用語を、歴史用語としてカッコに入れて使用する。なお朝鮮半島の「慰安婦」については、「朝鮮人慰安婦」「朝鮮・韓国人慰安婦」等の呼び方があるが、今のところ北朝鮮の「慰安婦」についてはほとんど知られていない。わたしが知りうるデータは主に韓国籍の人々の活動に限定されているので、ここでは「韓国人」の用語を採用する。他の論者からの引用の場合は、この限りでない。

(2) 金学順は一九九七年一二月一六日、七三歳で死去。提訴以来六年、結審を見ることなく、日本政府の誠意ある対応も得られないまま亡くなった。が、名のりを上げた後、ジュネーブの国連人権委での証言に立つなど、国際的に与えた影響は大きい。

(3)「女子挺身隊」は内地と同様半島でも募集が行われたが、「挺身隊」の名のもとに「慰安婦」にさせられた女性もいたことから、韓国国内では「挺身隊」というと「慰安婦」と結びつけて考えられるようになった。

(4) 一九七〇年代初期のウーマン・リブ運動のなかではすでに「慰安婦」が問題化され、日本女性が「抑圧される存在」と「抑圧する存在」との間に「引き裂かれ」ていることが指摘されている[上野 1994a : 9–10 ; 井上他編 1994 : 89]。これは戦後日本社会で「慰安婦」を問題化したもっとも早い例のひとつであるが、その後リブとフェミニズムの運動のなかではその問いが継承されることがなかった。

(5) この答えは「戦後五〇年近くたって「慰安婦」問題が浮上したのはなぜでしょうか?」という問いに答えたものである。この項目を担当した執筆者は松井やよりである。なお松井は民主化運動のなかでの性拷問事件と権仁淑の告発には触れていない。

(6) フィリピン女性の「じゃぱゆきさん」のために精力的に活動してきたリサ・ゴーは、日本人男性のセックス・ツアーと国内におけるアジア人女性差別を、天皇制下の「慰安婦」問題と同根だと見る。定住外国人問題として「在日フィリピン人」を問題化したのも彼女が最初である。ゴーは日本のフェミニズムの人種差別性を指摘し、少数民族フェミニズムの必要を訴えた。

(7) 芳賀徹『文化会議』(一九九二年一〇月)での発言。「ただし西尾幹二「屈辱と憎悪の関係を一変させる〝日韓非触〟のすすめ」(『SAPIO』一九九二年一一月一二日、小学館)からの孫引きによる」とあるのを再引用した。芳賀徹、西尾幹二はふたりとも九六年末に発足した「新しい歴史教科書をつくる会」に名前を連ね、九七年度文部省検定済み教科書から「慰安婦」関連記述を削除するよう要求している。

(8) 戦前の「姦通罪」もまた、「夫の財産権の侵害」という家父長的な論理で構成されている。妻のセクシュアリティは夫に属するが、夫のセクシュアリティは妻に属さないから、姦通罪に双務性はない。戦後民法の中では、「夫婦の貞操義務」は双務性を持つに至ったが、妻が不貞を犯した夫の愛人に賠償要求できるというのは、財産権侵害の論理を敷衍したものである。

(9) 千田はその事情を次のように説明する。「朝鮮民族はいまだ封建思想の残滓をひきずる男社会で、女性への差別意識が強い。かてて加えて事情はどうあれ慰安婦になった、いやされた女性に対するある種の意識がある。問題とならないのは、彼女らもそれを知っているから社会の片隅へひっそり身を隠しているためだ、とその間の事情を語ってくれる韓国言論人の話を聞いたりした」[千田 1997:54]。ここで千田のいう「ある種の意識」とは、「家父長制的な性差別意識」にほかならない。

(10)「彼女(高橋喜久江)は「従軍慰安婦なんて制度を考えた当時の軍幹部の頭には、国内の公娼制が下敷きとしてあったと思う。それにしてもよく書いてくださった」と言ってくれた」[千田 1997：53]。

(11)「強姦」神話の解体については、小倉千加子『セックス神話解体新書』[1988]、ベネケ『レイプ——男からの発言』[Beneke 1982＝1988]参照。

(12) 文の郵便貯金は、性労働の対価として支払われたものではない。兵士たちからのチップなどの臨時収入を自分名義で貯めておいたものである。慰安所経営者からの賃金の支払いはなかったと言う。仮に勝訴しても名目的な額にしかならないこの訴訟をさして、彼女が「カネのために慰安婦になった」「カネほしさに訴訟を起こしている」というのは当たらない。彼女にとってこの訴訟は、「道理」を求める象徴的なものであり、支援者たちにとってもそうであった。

(13) 江戸時代の売春を研究する曽根ひろみ[1998]によれば、「売女(ばいた)」の語源はもともと「売ㇾ女(女を売る)」という行為であり、のちに転じて「春をひさぐ女」それ自身を指すようになった、という。曽根のべつの研究[1990]によれば、売春に関わる行為者は、(1)売春婦、(2)その家族、(3)女衒・業者、(4)客、(5)政府の五つであり、そのうち最初のひとつ(売春婦本人)を除くあとの四種類の行為者が、性産業としての売春から利益を得る当事者であり、売春婦は商取引の客体にすぎない。

(14) 最近の女性史研究のなかでは、売春防止法の理念とそれを推進した女性議員たちのなかに「醜業婦」差別視があったことが論じられている[藤目 1991]。

(15) 「新しい歴史教科書をつくる会」の人々は、「強制」を「強制連行」の意に狭く限定しているが、「監禁下における強制労働の継続」という点では、「慰安婦」の強制性ははっきりしている。仮にリクルートが自由意思で行われたとしても、本人の意思に反した「強制労働」は成り立つ。

(16) 事実、「慰安婦」問題が外国に紹介された初期のころ、「軍隊慰安所」は military brothels(軍用売春施設)、「慰安婦」は prostitutes(娼婦)と英訳されていた。

(17) カテゴリー上の連続性とは別に、運用上は民間の遊廓と軍慰安所とはしばしば峻別されていた。防護上・防疫上の理由から民間の売春施設に軍人が出入りすることを固く禁じただけでなく、軍管理の慰安所には、民間人の立ち入りが制限されたからである。ただしこのカテゴリー上の連続性をさして、多くの論者[鈴木 1997b;藤目 1997]は「軍隊慰安所は公娼制の延長」と指摘する。このことは、公娼制と同様、「慰安婦」制度も免罪される、ということを、言うまでもなく意味しない。

(18) ただし一九四八年にインドネシアのバタビアで開廷されたBC級戦犯裁判ではオランダ女性三五人を「慰安婦」にした軍人・軍属一一人が死刑を含む有罪判決を受けた。オランダの軍事法廷は他にも二カ所でオランダ人女性に対する「強制売春」を裁いているが、インドネシア人女性の被害は不問に付された[アジア女性資料センター 1997]。

(19) 国連人権会議には人権小委員会が設置され、さらにその下に現代性奴隷制部会が置かれている。「慰安婦」の問題はこの部会で扱われた。「性奴隷」パラダイムは、現代性産業の国際的な人身売買、家庭の内外における女性への性暴力、武力紛争下における女性への(性暴力を含む)暴力などの問題設定が、統合されたものである。

(20)　一九八九年の論文では倉橋は、「従軍慰安婦型」にはっきり軍による関与を認めたうえで、そちらのほうが「民間主導型」より待遇がよかったと判定する。その根拠は、第一に「慰安婦」は「兵器」として大切にされたことと、第二に官僚制としての軍隊の「平準化」による「同じ扱い・待遇を受けたはずである」とする[倉橋 1989 : 81-82]。いずれの論拠も歴史家にはふさわしくない推論にすぎない。八九年という刊行年を考えれば、この論文は早い時期の「慰安婦」関係の業績と評価することはできるが、いずれの論拠も元「慰安婦」の証言によって否定された。倉橋は「この二つの状況のうち、彼女たちにとって果たしてどちらがよかったか」と問いを立て、みずからそれに「両方の場合とも、彼女たちにとって救いはなかった」と結論している。

(21)　沖縄では一二歳の少女の強姦に先立って、二二歳の女性と一九歳の女性の強姦が報じられていた。だが、県民の怒りは被害者の無垢を象徴として結集され、合意の疑われる成人女性の場合にはそれほどの憤激を引き起こさなかった。だが同年一〇月の県民十万人集会へと運動の盛り上がりを作っていった力は、北京女性会議から帰国した直後の沖縄の女性団体であり、そのリーダーの高里鈴代は、長らく基地売春問題に取り組んできた活動家である。沖縄の女性運動のなかでは強姦と基地売春は、ともに女性への性暴力として地続きである。

(22)山下論文の注(16)によれば「この部分に対して、筆者を含む数人が問題があると指摘したため、声明の日本語版では削除された」[山下(英)1996:55]とある。韓国女性運動のなかに、このような良質の部分があることを高く評価したい。日本政府の韓国に対する対応がはっきり「自民族中心的」であるときに、それに対抗する側が自己の「自民族中心性」を自己批判する態度は敬意に値する。

(23)ジェンダー史はもともと階級支配一元説的な唯物史観に対抗してジェンダー(性別)という変数の独立性を強調することで成立した。藤目の表現を裏返すなら、それまでの史観が「性別の視点をもたずに階級だけを問題にしてきた」ことを批判してきた。藤目の表現では、ジェンダー史による批判が一巡して、再び、階級、民族等の変数の重要性が浮上してきたと言える。わたし自身の表現を用いるなら、ジェンダー研究の現在は「ジェンダーだけで問題を解くことはできないが、ジェンダー抜きにはどんな問題も解けない」地点へ至っている[上野 1995b]。

(24)台湾の女性が中国戦線に「慰安婦」として送られることがなかったのは、「慰安婦」制度が防諜をひとつの目的としていることと無関係ではない。日本軍は「慰安婦」の女性を通じて部隊の動きなどが敵に漏洩することをおそれたが、台湾の女性は中国語を解したからである。その点で日本語を解するが中国語は話さない韓国人女性は「理想的」な対象であったろう。

(25) 倉橋正直は「従軍慰安婦前史」で満州国成立後の一九三三年の資料を紹介している。「娘子軍《じょうしぐん》は断じて淫売ではない。彼等は戦闘が急になると、砲弾の間をくぐつて兵糧を兵士諸君のところへ命を捨てて運ぶのだ。而して負傷兵にとつては、妻の如き看護婦となるのだ。どこが淫売か。予は叫ばざるを得ぬ。モガ達よ、モボ達とつまらぬ性的放恣に遊ぶより、軍隊へ行つて本当の娘子軍となり、性慾奉公をなせと」[中山忠直「満蒙の旅(3)」『東洋』419, 1933. 11, 倉橋 1989 : 143]。この中にも「性的慰安」が「挺身救国」のひとつのあり方であることが示されている。

(26) 南方戦線の「慰安所」が、連合軍の勝利のあとは、今度は連合軍兵士の「慰安所」として用いられたこと、彼女たちが連合軍兵士の強姦の対象になったことは田中利幸[1993]や関口典子(映画「戦場の村」)の仕事によって明らかになった。

(27) 川畑智子[1995]は「性の二重基準」と「娼婦差別」について緻密な議論を展開している。彼女によれば、「娼婦ラベル」とは、家父長制の役割期待を逸脱した女性に対する社会的制裁の表現にほかならない。

# 3 「記憶」の政治学

## 1 日本版「歴史修正主義者」たち

「自由主義史観」を名のる人々が中心となって、一九九六年一二月、「新しい歴史教科書をつくる会」が旗上げした。「慰安婦」記述を文部省検定済みの九七年版の日本史教科書から削除するよう要求した彼らは、ドイツの歴史家論争とよく似た、歴史修正主義・日本版といった役割を果たしつつある。(1)

この会の呼びかけ人および賛同人の名簿のなかには、興味深い人々が名前を連ねている。西尾幹二や江藤淳のようなオールド・ライトはもとより、それより若い世代の保守派男性知識人、(2)川勝平太や大月隆寛に、アンチ・フェミニストの女性、木村治美や林真理子などである。予想されるもうひとりのアンチ・フェミニスト女性、中野翠は名前は連ねていないが、他の媒体で、「私はこの「呼びかけ」の趣旨に賛同する者である」と書いている。(3)この名簿のなかにあっと驚くような名前を見つけながら、この問題は日本の国論を二分する、あるいは日本の言論人をふたつに色分けする踏み絵になってきているという思いを抱く。

彼らの背後にあるのは、はっきりしたナショナリズムと大国意識である。ここにある三段論法とは、その一、西欧列強は同じような悪いことをやってきた。その二、彼らはそれを謝罪していない。その三、したがって西欧列強に肩をならべる帝国、日本は、西欧列強なみにふるまってなにが悪い、というロジックである。

彼らが主張している論点は、以下の四つにまとめることができよう。

第一は、「慰安婦」強制連行を裏付ける実証資料がない、という点である。一見したところ、これは文書資料至上主義の実証史学の立場をとっている。しかしこれはネオナチの論理と変わるところがない。ネオナチはユダヤ人の絶滅を指示したヒットラー署名の文書資料がない、ということを論拠にホロコーストはなかったと主張している。文書資料至上主義のこの問題についての危険は、誰が見ても明らかである。敗戦国が戦後処理に先立って、自分たちに不利な資料を廃棄処分したことは明らかだからである。実証史学という一見「科学的」な方法論を採用することで、どんな罠に陥るかを考える必要がある。

第二点は、したがって文書資料至上主義の実証史学の立場から、被害者の証言の信頼性を疑う、ということである。「慰安婦」問題の特質は、これまで誰もがその存在を知っていたにもかかわらず被害者が沈黙することによって被害者のいない犯罪となってきたことにある。ホロコーストの場合も、ガス室に送り込まれて生き延びて帰って来た人がひとりもいなかったことから、周辺の証人はいてもガス室の中で何が起きたかを証言する人は誰もいない。証人を抹殺するか、完全に沈黙させてしまえば、犯罪の隠滅ができる。「慰安婦」問題は、「慰安婦」を経験した女性たちを黙らせることに成功した。その被害者たちが、ようやく重い口を開いて自分たちの体験を証言したとき、口頭の証言が歴史資料として信頼性がないという理由で被害そのものを否認しようとしている。

第三の主張は、性の暗黒面を中学生に教えるのは適切ではないという点である。大人が現実に行っている性のさまざまなあり方について子どもたちに教えるとき、「きまりの悪い思い」をするのはどちらだろうか。この主張は、大人自身の「困惑」を子どもの「困惑」に投影して、現実を回避しようとする姑息な考えにすぎないが、おそらく自分自身の性をすら取り扱いかねている現場の多くの教師たちは、この「きまり悪さ」を共有することで、この立場に共感することだろう。それに加えてこの考えは、今日の日本の中学生が性的に無垢だという前提にたっている。一方でメディアの性情報の氾濫にさらしながら、他方で子どもの「無垢」を想定するのはたちの悪い偽善というほかない。

もうひとつの前提は、性を良きもの(であるべきだ)と見なす思いこみである。現実のなかでは、性はよきものでもありうるし、邪悪なものでもありうる。性は人間のあいだに成り立つ関係のあり方のひとつで、それはさまざまな姿をとりうる。性を「生の歓び」の表現にすることも可能だが、他方で「抑圧や蹂躙」のために使うことも、残念ながら可能である。人間の悪のひとつに、殺人があるが、歴史の教科書で、戦争と虐殺という人類史の暗黒面を教えておきながら、性についての暗黒面を教えることはできないという理由は成り立たない(4)。

性を教わる中学生の年齢は、実のところ戦前の公娼、あるいは現在の東南アジアの娼婦たちの平均年齢とあまり変わらない。江戸時代の遊郭の遊女の稼ぎ時のピークは一六歳だと言われている。東南アジアでも娼婦の多くは一〇代の少女である。しかも女子中高生は、テレクラや「援助交際」などの性的アクセスにさらされている。この事実から日本の子どもの目をそむけさせて、一体どういう教育的な効果があるだろうか。一〇代を「子ども時代の無垢」に閉じこめ、「使用禁止」の身体を作りあげてきた近代の「少年／少女」の神話のほうこそ、問いかえされなければならない[大塚

1989：上野 1998c］。

四点目は、これが彼らにとって一番肝心な主張だが、国民的プライドの回復という課題である。「自己悪逆史観」からいいかげんに脱却して、自国に誇りの持てる正史を、というのが彼らの主張である。一体誰のための、何のための「正史」なのか？「正史」はたったひとつの正統化された「国史 national history」を作りだすことで、「国民」のあいだにある多様性や対立をおおいかくす。彼らは誰の側に立っているのか。

彼らは愛国者きどりだが、誰が「より愛国的か」をめぐるゲームは「国民」と「非国民」とのあいだに境界を引くことで、どのような恣意的な「粛正」をも可能にしてしまう。「国家」という「想像の共同体」［Anderson 1985＝1987］——しかも発話者によってどのようにも定義できてしまう——への同一化の強制と誘惑こそ、わたしたちが避けなければならない罠である。思えばこれまでも多くの対抗権力の側が「憂国の士」をきどることで、「国家主義」に回収されていったのではなかったか。

## 2 ジェンダー史への挑戦

「新しい歴史教科書をつくる会」の言説の暴力に対しては、かねてから「慰安婦」

問題を積極的に問題化してきた歴史家たち、吉見義明や鈴木裕子は積極的に反論を展開している[吉見(義)1997：鈴木1997a]。彼らだけではない。多くの人々がさまざまな立場からこの「言説の戦場」に参入することで、さながら「記憶の内戦」(『インパクション』一〇二号)の様相を呈している。さらに特定のメディアがそれぞれの立場の論者を起用することで、「メディアの戦争」の側面もある。

日本版「歴史修正主義」論争のなかで、わたしが一番重大に受けとめたのは、これは七〇年代以降四半世紀の間、フェミニズムとジェンダー史が積みあげてきた成果に対する深刻な挑戦だということであった。そしてさまざまな立場からなされる反論のなかには、そういう立場からの受けとめ方が少ないように思われる。それだけではない。反論の仕方によっては、反対派と同じくらい、ジェンダー史の基礎を掘り崩しかねない論法に、危険さえ感じる。

ジェンダー史の観点からは、「慰安婦」の問題は、歴史的「事実」とは何だろうか、という歴史の方法論に関わる根源的な問いと結びついている。それを「慰安婦」問題ほど、切実に示した例はない。たんに「事実」ということなら、「慰安婦」の存在は誰にも知られていた。変化したのは「事実」の捉えかたのほうである。もっと正確に言えば、「事実」そのものが「売春(という事実)」から「強姦(という事実)」へと変化した、と言っていい。それが「被害者の恥」から「加害者の性犯罪」へとパラダイム転換するために、半世紀という時間を要したのである。

「慰安婦」問題は、それ自体がジェンダー史につきつけられた重大な挑戦である。それとともに、それを否認しようとする人々が投げかけた挑戦をも看過するわけにはいかない。ここでは「慰安婦」問題をめぐって、ジェンダー史が提起した方法論的な課題を論じてみたい。その第一は、「実証史学」と学問の「客観性・中立性」神話である。第二は、ジェンダー史と国民史との関係、べつな言い方をすればフェミニズムとナショナリズムとの関係の問題である。第二の論点と関係して「反省的女性史 reflexive women's history」についても論じる。最後に「国民主体」への同一化の誘惑と罠について論じたい。

## 3　「実証史学」と学問の「客観性・中立性」神話

今日、「慰安婦」をめぐる攻防は「強制連行はあったか、なかったか」「日本軍の関与を証明する公文書は存在するか」という「実証性」の水準で争われているように見える。もちろん「自由主義史観」を唱える人々の論理は「学問的には全くお話にならない」(家永三郎)［笠原・渡辺・吉見他 1997：225］と一蹴することもできる。事実、一部の良心的な歴史家が反論を展開しているのに対して、多くの歴史家は(近代史家も)、この論争に巻き込まれることを避けて、沈黙を守っている。彼らとは「真理に対する畏敬」という「学問に対する基本的な態度」を共有することができない、という理由からである。「自由主義史観」を主張する人々を、「デマゴーグ」や「プロパガンディスト」と呼んで、相手にするに足りない、と斥けるのは容易である。だが、その見方の背後で、「真理」に奉仕する学問の「客観性・中立性」の神話が、無傷で保存されるとすれば、その危険もまた指摘しておかなければならない(5)。

わたしの意図も、「自由主義史観」一派との論争にはない。彼らとかみあう議論が可能だとも考えていない。だが、「論争」は、それよりもっと広い地平、同時代のオーディエンスへと開かれている。もし、日本版「歴史修正主義」論争が、「事実」をめぐる「実証性」の水準に終始するとすれば、「慰安婦」問題がつきつけたもっとも核心的な問いのひとつが、取り落とされてしまうことだろう。

これまでのところ良心的な歴史家からの「自由主義史観」に対する対抗言説は、「歴史の真実を歪めるな」「歴史の偽造を許すな」というものである[鈴木 1996a：1996b]。そこに歴史的事実というものが誰が見ても寸分違わないすがたで、客観的実在として存在しているかのような史観がここにはある。

「実証史学」が歴史的「事実」と認める証拠には文書史料、考古学的(物的)史料、そして口頭の史料がある。文書史料のなかでは公文書のほうが私文書より史料価値が高い。口頭の史料の重要性を強調する人々の間でも、口承や証言は他の物証や文書史料の裏づけがあってはじめて信憑性を持つとされ、文書史料に比べて二次的・副次的な価値しかないと見なされる。「実証史学」には「文書史料中心主義」と、史料の「第三者性」「客観性」に対する絶対視がある。

「自由主義史観」派は、「実証史学」の見せかけのもとに、「慰安婦」強制連行を証明する公文書史料がないことを問題とする。(6) これに対して「慰安婦」問題の歴史資料の発掘にもっとも精力的に貢献してきた歴史家、吉見義明は「朝まで生テレビ」(一九九七年一月三一日放送「従軍慰安婦」特集、テレビ朝日)で小林よしのりらに問いつめられ、吉見自身が発見し、一九九二年の日本政府による公式謝罪発言のもとになった防衛庁防衛研究所図書館で発見された文書は、「強制連行」の傍証にはなっても「強制連行」の事実そのものを裏付ける資料ではない、ということを認める結果になった。

もちろん吉見は単純な実証史家ではない。彼の執拗な探求の背後には、日本の戦争責任を問う強烈な使命感がある。吉見が「発見」したと言われる当の史料も、九一年に元「慰安婦」の告発があって初めて、その史料価値を彼自身が「再発見」したものである。[7] 史料の「発見」に先だって、パラダイムの変換があったからこそ、そのままなら見過ごされていたかもしれない史料が、いちやく価値のあるものとして再評価された。もしこれが一〇年前だったら……同じ史料は一顧だにされず、脚光を浴びることもなかったであろう。

「新しい歴史教科書をつくる会」に名は連ねていないが、櫻井よしこも、「強制連行」を裏付ける公文書がない、したがって事実かどうか証明できない、証明できないようなことがらを教科書に載せることは適当ではないという論理を組み立てている[櫻井 1997]。一見「客観的」に組み立てられた「実証性」の論理の前に、多くの人々が説得されたようにみえる。[8]「公」文書とは、「官」の側が事態をどのように「管理」したかを示す資料である。その有無を問うて、公文書がないかぎり「事実」の証明はできない、とするのは、「治者」の立場との同一化でなくて何であろうか。

戦争遂行に関わる文書はそのほとんどが敗戦前後に破壊されたことがわかっている。そのなかには「慰安婦」関連の資料も含まれる。「慰安婦」関連資料の処分については、軍部がこの問題をことさらに深刻な戦争犯罪だと受けとめたふしはない。「慰安婦」関連の資料もまた、他の軍事関連資料と同様の扱いを受けて廃棄された。一九九一年、韓国挺対協らの「真相究明」の要求に対して、当時の内閣官房長官、加藤紘一は「政府機関が関与したという資料は発見できない」という記者会見の席で、自分たちが手を抜いたのではないという証拠に「探せるものなら探してほしい」と開き直りともとれる発言をした。受け取り方によってはこの発言は、日本軍によるじゅうぶんな証拠の隠滅に自信を持っているともとれる。このような場合に「文書史料至上主義」は被害者に対してどのような働きをするだろうか。

この文書史料至上主義の最大の問題は、それが証言の「証拠能力」を否認する、もしくはせいぜい二次的な史料価値しかないと見なすことである。彼らは証言を「文書によって裏付けられない」＝「じゅうぶんな証拠能力がない」としてしりぞける。加害者側で実名によるほとんど唯一の証言である吉田清治の証言は、信憑性が薄いとして、すでにどちらの陣営からも採用されなくなった。もっと悪いことには、被害者側の証言をも、裏付けとなる証拠がないという理由で採用しない。これは被害者の「現実」に対する最悪の挑戦にほかならない。戦後半世紀たって、「慰安婦」経験者が「被害者」として「証言」したとき、「失われた過去」は初めて「もうひとつの現実」として回復された。そのとき、歴史が書き直された、と言ってもよい。そしてその歴史の「再審」は戦後五〇年を経て、初めて可能になったのである。その当事者の現実を離れて、ある歴史的事実を「あるがままに」第三者の立場から「判定」できる、と考えるところに実証史家の傲慢がある。

被害者が「わたしは性行為を強制された」「わたしは強姦を受けた」という被害の「現実」を証言する際に、物証をともなう立証責任が問われる。実証主義の考えかたでは、当事者の手記、日記、回想録、口述史等は、そのあいまいさや主観性、思い違いなどによって、文書史料を補完する二次的な史料価値しか認められていない。だがここで言う「文書史料」とは権威によって正統化された史料、支配権力の側の史料の別名である。支配権力の側が自己の犯罪を隠蔽したり正当化したりする動機づけを持っているところでは、この史料の「信憑性」もまた問われるべきであろう。

犯罪の挙証責任についても問題がある。たとえば日本の公害防止法は、世界に先駆けて弱者救済の先進的な性格を持っているが、それは被害を受けた事実に対する挙証責任を、被害者の立証責任から加害企業の反証責任に転換したということによる。軍隊や企業のような組織が加害者の場合、被害者と加害者を比べれば、圧倒的に被害者のほうが社会的には無力な立場にある。その場合、無力な人々が自分の被害を立証する責任を負うのではなく、むしろ告発を受けた側が反証する責任を負うように、法理を反転したのである。

性被害を告発する裁判についても同じことが言えるだろう。被害者側にセクシュアル・ハラスメントがあったと立証する責任があるのではなく、訴追された加害者が反証する責任を負うというふうに、論理を組み替えるべきだとわたしは考えている。なぜならばセクハラもまた、最初から権力の格差のある当事者のあいだで、強者が弱者に対して行う犯罪だからである。となれば法廷闘争における見かけ上の当事者間の対等な取り扱いは結果としてどちらを利しているかは明らかであろう(9)。

## 4　歴史化と非歴史化

歴史が「現在における過去の絶えざる再構築」であるという考え方には、過去を現在からいかにして裁けるか、という問いが結びついている。それに対して、一方には「歴史化 historicization」という立場が、もう一方には非歴史的 ahistorical な普遍主義的な立場がある。そしてそのどちらもがそれぞれに問題をはらんでいる。

「歴史化」とは「当時の出来事は当時の歴史的な文脈で」理解すべきであるとする主張である。それ自体はまともな「歴史化」の主張は、「慰安婦」問題の文脈では以下のように歪曲される。当時の日本は公娼制が合法であった。あるいは公娼は契約制ではあったけれども、実際には人身売買や強制をともなう悲惨な例もあった。そういう時代背景のもとでは、「慰安婦」の女性たちはお気の毒ではあるけれども、日本人論である。

の公娼の悲惨さとたいして変わらない、そういう時代背景を理解するべきだという議論である。

「慰安婦」の「歴史化」をめぐる議論は、「公娼制があった時代だからこそ軍隊「慰安婦」が成立した」という点で、左右ともに一致した枠組みを共有している。「公娼制」が違法化された今日、それを正当化する議論はさすがに出ないが、貧困や飢餓などの歴史的文脈から見て、「お気の毒な女性は日本人のなかにもいっぱいいらっしゃいました。そういう時代だったからしかたがありません」という語りが登場する。

この一見もっともらしい議論に対しても、つとに反論がある。たとえば前田朗は、日本は一九二五年にすでに醜業協定、醜業条約、婦女売買禁止条約に、一九三二年にはＩＬＯ二九号強制労働条約にも、加盟していたことを指摘する。したがってこれは当時の国際条約に即してさえ条約違反の行為だったと論理を組み立てる。

今日の人権論は「慰安婦」を否定する、といった議論は誤解を招く。当時の人権論が「慰安婦」を否定するのだ。これが最低限の規範的前提である。［前田 1997a：12］

その「歴史化」とちょうど裏返しの論理を持っているのが、「戦前の公娼制もまた強制労働にほかならなかった」と主張する鈴木裕子の説である。「今日の人権論」の水準から戦前公娼制もまた「断罪」される。軍隊「慰安婦」は、公娼よりも劣悪な奴隷労働であるとする点で、鈴木は超歴史的な「女性に対する人権侵害」と被害者の連続性をうちたてるが、その背後にあるのは「人権」という普遍的な価値である。

鈴木は反「慰安婦」キャンペーンに対する反論として書かれた文章のなかで、対立を「歴史認識と人権認識とをめぐっての熾烈なたたかい」と位置づける[鈴木 1997a：41]。鈴木にとっての「歴史認識」とはただひとつの「真実」を認めるか認めないかという問いと同義であり、「現実」が生成するものであり、「歴史」が再構成され続けるものである、という視点がない。そして彼女にとって「人権認識」とは、「普遍的正義」である「人権」を認めるか認めないか、という超歴史的な問いと同義である。「人権」概念は超歴史的所与ではない。「人権」概念の内容もまた、歴史とともに変化してきているし、「人権」概念を採用したときには、同時にそれが背負った歴史的限界も引き受けなければならない。

「当時の人権論」が当時の歴史を裁くのか、それとも「今日の人権論」が当時の歴史を裁くのか？ 第1章で述べたように、現在から過去を裁くのはつねに歴史の後知恵というほかない(10)。だとすれば、前田の言うように「当時の人権論」の水準で考えるのはどうだろうか。

法や条約には、成立の以前に遡って責任を問わないという原則がある。事後的には国際法には時効がないという考え方もある。法廷闘争なら法や条約に則って法理を組み立てるほかはない。人権派の弁護士や国際法の専門家は、自分の専門の範囲で、法理にしたがって論理を組み立てるだろうし、それこそが彼らの専門性であろう。

法理上の争いは法理によって組み立てるほかない。わたしは法廷闘争の意義を否定するものではないが、次のことを覚えておくことは必要だ。第一に、法廷闘争とはきわめてかぎられた闘いであることである。第二に、法理が為政者の側のつごうで作られたものであるとすれば、法廷闘争とはあらかじめ「相手の土俵」に乗ることを強いられた不利な闘いの場であることである。第三に、法理という争いのルールはその気になればいつでも――争いのまっ最中でさえ――作り変えられる可能性がある、ということである。(11)

前田の言うように条約や国際法を前提にするなら、条約締結以前の婦女売買や強制労働は「違法」ではないということになる。国際法がその時代の列強間パワーポリティクスの妥協の産物であることは常識だが、国際法に依拠する議論は既存の国際秩序を所与の判断基準として、論理を組み立てるほかない。強者の論理によって闘わなければならないことで、強者の論理を一時的にせよ受け入れ、かつ「説得の技術」として用いざるをえなくなる。国際法や国際政治を専門とする人々の「現実主義」は、結果として現状追認の保守主義に陥りがちな傾向がある。法理の背後には、その法理を成立させた法思想がある。わたしの興味は、限定された法理の枠のなかのゲームにはない。むしろ法理そのものを作り替えてきた、歴史上の思想的なパラダイム転換にある。

たとえばかつての帝国主義時代、列強による植民地侵略を禁止する国際法はなかった。アメリカに奴隷制があった時代、奴隷制を禁止するどのような法律もなかった。だがその後の歴史のなかで、奴隷制がどんなに人道に反する罪なのかと認識が変えられたあとで初めて、アメリカ史は書き換えられた。奴隷制や原住民の虐殺が、アメリカ史のなかで消すことのできない汚点になった。

ワシントンDCのスミソニアン博物館群のなかに、アメリカ歴史博物館がある。ここでは歴史の再審のたびに、展示が変えられている。先住民の視点からは「虐殺」にほかならない現実も、アングロ系アメリカ人の側からは、ほんの少し前までは「名誉ある征服」と受け取られていた。少数者の側からの対抗的現実の挑戦があって初めて、アメリカ史は多元的に書き換えられてきている。(12)

同じことは日系アメリカ人の強制収容の歴史についても言える。アメリカ歴史博物館の一角がそれにあてられ、アメリカ政府が日系というだけで自国の国民に対して行った弁解の余地のない不正義として、展示されている。だがその展示は、日系米人の多年にわたる補償要求がなければ実現しなかっただろう。(13) もちろんここに展示されているのは正統化された「国(民)史」である。(14) だが歴史博物館は死物の収蔵所ではない。歴史の再審のたびに書き直され、展示の入れ替えが行われる生きた「現在」の場である。

その歴史を書き換えたのは、現在を生きているわたしたちである。日本の例では最近のアイヌ新法を挙げることができよう。現在を生きているわたしたちが、かつては「名誉ある征服」とみなされた出来事を「野蛮な略奪」と書き換えてきたのである。

## 5　オーラル・ヒストリーをめぐって

女性史の試みのなかでは、過去二、三十年の間に方法論上の大きな転換が行われた。歴史認識や歴史の方法論もまた実践的な要請と結びついている。学問や方法論を実践と対立させる必要はない。フェミニズムにとっては理論もまた重要な実践であり、言説は闘いの場である。

女性史は、まず文書史料至上主義批判から出発した。なぜなら、「書かれた歴史」

の圧倒的な不在というところからしか女性史は出発しなかったからである。『西洋における女性の歴史』[Perrot et Duby 1990-93]の編者、ミシェル・ペローはもともと中世史の専門家だが、彼女は中世の女性を研究するにあたって「資料の不在」を嘆いている。もちろん「女について」書かれた文書や図像は残っている。だが、それも「男によって書かれた女についての表象」にほかならない。「男によって書かれた女についての表象」は、女についてどんな「事実」を語っているのだろうか。今日の歴史研究の水準からは、「表象」を「事実」ととり違えるようなナイーヴな歴史観はもはや成り立たない。「男によって書かれた女についての表象」は、女についてどんな「事実」も伝えないが、男が女について何を考え何を幻想しているかについての男の観念については雄弁に語る。(15)男の生産した女についての言説は、男自身について語っており女については何も語っていない、という表象研究にとってはあたりまえの認識がようやく歴史学研究でも共有されるに至った。

女性史にとって最大の課題とは、「沈黙の声 silenced voice」にいかに語らせるかということだった。そこで女性史はオーラル・ヒストリー(口承史、聞き書き、インタビュー)に向かった。そこでは口頭の証言が非常に貴重な意味を持つ。

オーラル・ヒストリーにはたしかに、史料価値をめぐるいくつかの問題点がある。

第一は忘却や記憶違いである。二つめは非一貫性である。口承にはしばしば前後でつじつまの合わないことが多い。三つめには記憶の選択性である。あることは覚えているがあることは意図的・非意図的に忘れることもある。四つめにはあくまでも回想、すなわち現在における過去の想起だということである。回想は現在から見た過去の意味づけである。その中には自己正当化も含まれる。たとえば現在幸福な生活を送っている人は過去を肯定的に再構成する傾向があるのに対し、現在不幸だと感じている人は過去にさかのぼってその因果律を求めるかもしれない。回想とは、あくまでも現在の産物である。口頭の証言のこの四つの特徴は、文書史料至上主義者たちによって、「だから証言はあてにならない」という論拠にされている。

だが、フェミニスト史学の担い手たちは、「だからこそ証言にリアリティがあるのだ」という論拠にこれを反転した。女性史が信頼性の低い、イデオロギー的な産物であるという批判を逆手にとって、「書かれた歴史」とはいったい何なのか、と問いかえしたのである。「書かれた歴史」の書き手とは誰か。たとえば「正史」とは誰のためのもので、誰が書き手として権威を与えられるのか。自分が生きたわけでもない過去を書く歴史家は選択的に過去を再構成しているのではないか。「正史」が「公共の記憶 public memory」であるとされるとき、その公共の「われわれ」のなかに誰が含まれ、誰が含まれていないのか。そうした問題群がいっきょに提起された。権威によって正統化された「正史」のなかにも、オーラル・ヒストリーがはらむ問題点はすべて含まれている。第一に、忘却や間違い。「南京虐殺はなかった」というように、あったことをなかったことにする「正史」はいくらもある。「書かれた歴史」においても、記憶されたものよりも忘れ去られたもののほうがはるかに多い。それ以上に、今日手に入る文書史料がどのような「検閲」を経て、わたしたちの手許に残されたのか、を疑ってみる必要がある。わたしたちの目の前には、歴史によって「許された」史料しか入手可能ではない。

第二に、非一貫性。書かれた歴史のなかにも、つじつまの合わない歴史はある。逆に、「つじつまの合う歴史」とは何か、という問いを立てることもできる。歴史学は長らく「法則定立科学」の名のもとに、「科学的歴史学」を標榜してきた。過去の出来事は整合的な因果連関のもとに置かれ、その延長上に未来を予測することが歴史学の使命と考えられてきた。そのために決定論的な変数が「最終審級」として動員され、すべての出来事はそれに還元される。だが「科学的歴史学」である唯物史観の因果律が説得力を失い、その未来予測も歴史によって反証された今日、わたしたちはこのような「つじつまの合う歴史」を疑いの目を持ってみるようになってきたのではなかっただろうか？　このつじつまは合いすぎている、と。唯物史観だけではない。つじつまの合うように書かれた歴史というものは、ある目的論的な構成にしたがって、歴史にあたかもひとつのシナリオがあるかのように書かれている。それ以外の解釈を許さない点で、つじつまの合う歴史もきわめて危険なものである。

第三に選択的記憶。書かれた歴史もまた、じゅうぶんに選択的な記憶である。なぜ権力者の行為だけが選択され、彼らによって抑圧された人々の経験は選択されないのか。なぜ政治的な出来事に特権的な価値が与えられ、日常生活の変化はとるにたりないとされるのか。文書史料のなかでも、とりわけ公文書に高い価値がおかれるのはなぜか。社会史や民衆史、女性史はそのような選択に対して、異議申し立てをしてきたのではなかったか。文書史料のなかで何に優先順位を与えるかという問題も、視点の選択の結果にほかならない。吉見義明が「慰安婦」関連の文書史料の探索という重要な仕事に赴いたのも、「慰安婦」が問題化してからあとのことであり、順番は逆ではない。吉見は元「慰安婦」の証言を歴史家への挑戦と受けとめて、それに誠実に応えようとした。

第四に、「書かれた歴史」もまたつねに現在における過去の想起にほかならない。フランス史や明治史は決定版が書かれたらそれでよい、というものではない。時代と解釈が変わるにつれ、つねに現在における書き直しのなかに置かれている。歴史は「再審」の連続なのである。

ジェンダー史は、これまで主流の歴史家たちから、政治的でありイデオロギー的すぎる、という非難を受けてきた。フェミニストはそれに対して「然り。だがすべての歴史は政治的だ。政治的でない歴史があるだろうか」と切り返してきた。『ジェンダーと歴史学』の著者、ジョーン・スコットは「ジェンダー史」が「必然的に偏ったものになるだろうことを認識」している[Scott 1988＝1992：29]。「ジェンダー史」が「偏ったものである」という認識は、返す刀で、これまでのすべての「正史」を僭称する歴史学に「おまえはただの男性史にすぎない」とその「偏り」を宣告するためであった。

このように偏りを自認することは、普遍的な説明の追求において敗北したと認めることではないと、私は考えている。むしろそれは、普遍的な説明はこれまでも可能ではなかったし、いまも可能ではないと示唆しているのである。[Scott 1988＝1992：29]

これは「全体史」や「法則定立的」な「科学的歴史学」に対する、大胆な挑戦である。実証史学についても例外ではない。実証性の名において客観性、中立性を標榜するかたわらで、何が実証的な史料として入手可能なのか、そのような史料に特権性を与えることにどんな「政治的な意味」があるのか、という問いは不問に付されてきた。「ジェンダー史」を含めて、すべての歴史学の「党派性」を主張するスコットの立場は、従来のような不毛なイデオロギー論や学問へのニヒリズムへつながるものではない。歴史にただひとつの「真理」が定位できないように、現実は多元的なカテゴリーから成り立っており、その多様性と差異に、より敏感になることこそ、歴史家を含めた社会科学者の使命だと告げる。

## 6　歴史の語られ方

歴史が過去の「客観的」な復元ではなく現在における再構成だとしたら、歴史叙述の語られ方 narrative という問題がある。

元「慰安婦」の「証言」が衝撃的だったのは、そのような「事実」があったことだけではなく、物語の語られ方が戦後五〇年経って変わったからである。ほんの少し前まで多くの元「慰安婦」の女性たちは、自分の経験を「わが身の恥」と捉え、記憶の淵に沈めてきた。彼女たちは過去に蓋をし、もっとも身近な家族にさえ、それを明かさずにきた。その過去を、彼女たちは「被害」として公然と再定義した。そこには歴史認識の巨大な変化、パラダイム転換があった。

その転換をもたらしたのは、八〇年代の韓国の民主化運動と女性運動だった。さらに言えば、韓国の女性運動の背後には全世界の草の根の女性運動の高まりがあった。最初にパラダイム・チェンジが先にあったからこそ、それに応じる語りがわたしたちの目の前に現われたのである(第2章参照)。「慰安婦」の「証言」は女性運動の存在なしにはありえなかった。たとえ法廷闘争が象徴的な意味しか持たないにしても、(16)「慰安婦」の「証言」はまず当事者自身にとって深い意味を持っている。そこでは当事者の空白の過去、抑圧された記憶の回復という大きな変化が起きた。それがどんなネガティブな記憶であれ、自分の過去を「意味あるもの」として位置づけることで、彼女たちは自己の全体性を回復したといえるだろう。抑圧された記憶がどんなに彼女たちを苦しめたかを、多くの被害者は証言している。元「慰安婦」の女性に尊厳 dignity があるとしたら、「証言」を語る行為のなかですでに彼女たちは尊厳を獲得している。その「証言」を否認する行為こそ、当事者の尊厳を踏みにじる行為であろう。

ひるがえって彼女たちを半世紀にわたって沈黙させてきたものは何かと問えば、その半世紀の間、現在形で「犯罪」は継続していたといえる。「慰安婦」は過去のことではないのか、なぜそんな昔のことを蒸し返すのか、という声に対しては、これは過去の犯罪ではなく加害の現在なのだ、と答えよう。今日なお、名のりでない女性たちがおそらくたくさんいることを考えると、わたしたちは加害の現在を生きている、というほかかない。なかでも日本人「慰安婦」の沈黙は、わたしたちの「罪」として重くのしかかる。その加害者のなかで最も大きな役割を果たしたのは、言うまでもなく、日本でも韓国でも、家父長的な社会である。

ホロコーストの歴史についても、興味深い対応がみられる。被害者が誰から見ても「客観的」に被害者として、そこに存在していたわけではない。ホロコーストの歴史が今のような形をとるには、戦後の紆余曲折があった。一番大きな変化は一九六一年、イスラエルでアイヒマン裁判が行われたときに、証言台に呼び出された生存者たちが重い口を開いて初めて筆舌に尽くし難い彼らの経験を語ったことである。それまではイスラエル国内でさえホロコーストの犠牲者たち、あるいは生存者たちは、なされるままに唯々諾々とガス室に送り込まれ、反抗や蜂起のひとつもできなかった意気地なしたちと見なされていた。ヨーロッパのなかで惰眠をむさぼり、羊のように殺された無気力なユダヤ人たち、という見方が暗黙のうちにイスラエル国民のなかに共有されていた。アイヒマン裁判の証言台に立った人々の語った言葉によって、語られることさえできなかった過去、言葉に表現できなかった記憶が、初めて大きな衝撃として浮かび上がってきた。思い起こすことさえ苦痛を伴うような被害の記憶は、語られ方と、それを聞く耳の存在によって初めて「現実」として浮かび上がるものであって、そこに誰が見ても否定しようのない「事実」としてあるがままに存在しているわけではないということは、ホロコーストの場合でも確かめることができる。

わたしたちの前提は、被害者が思いきって口を開いたとき、その被害者の圧倒的な「現実(リアリティ)」から出発するほかない、ということである。わたしが「現実」と呼ぶものは、「事実」と同じではない。強姦の加害者と被害者とのあいだで、経験の内容がこれほど落差のあるときに、それがひとつの「事実」だと、どうして言えるだろう。そこではむしろ、まったく異なったふたつの「現実」が生きられており、当事者はひとつの「事実」を共有してさえいない。「慰安婦」制度という歴史的「事実」が存在した、という場合にも、わたしたちが「慰安婦」という用語をためらいながら使うのはそれが「事実」の半面しか指していないからである。むしろ単一の「事実」ではなく、複数の「現実」が存在していると考えれば、そこには日本軍による「慰安婦」制度という「現実」と、被害女性による「強姦」という「現実」――ふたつの異なる「現実」が生きられている。今もなお「慰安婦」との交流をなつかしげに語る元日本兵たちと、「慰安婦」自身の「現実」との落差がこれほど大きいとき、元日本兵たちは共有していると思い込んでいた経験の、想像だにしなかった異相を目前につきつけられて、うろたえるほかないのだ。

　ふたつの「現実」の間の落差がどれほど大きくても、どちらか一方が正しく、他方がまちがっている、というわけではない。ただし権力関係が非対称なところでは、強者の「現実」が支配的な現実となって、少数者に「状況の定義」を強制する[17]。それに逆らって支配的な現実を覆すような「もうひとつの現実」を生み出すのは、弱者にとってそれ自体が闘いであり、支配的な現実によって否認された自己をとり戻す実践である。

　となれば、次に、被害者の「現実」はどうやって作られるかが、問題になろう。被害者の「現実」は被害者の語りによってはじめて構成される。逆に言えば、語ることによって語り手は「被害者」としての主体形成をする、と言ってもよい。「被害者」という用語はここでは適切ではないだろう。性暴力のケースにならって、ここではむしろ、「サバイバー」と呼んだ方がよいかもしれない[18]。彼女たちは、たんなる「被害者」としてではなく、苦難を「生き延びたもの」として、現在の生の確認の作業として語りを紡いでいるからだ。

　語りについての問いはつねに二重性を持っている。誰が語るのか、という語り手の問題と、誰に向けて語るのか、という聞き手の問題である。「被害者」の「証言」を誰が聞くのか。聞く耳がなければ誰もそれを語らない。誰に向けて語るかという問いを立てたときに、語り narrative は語り手と聞き手の共同制作だということがわかる。語り手というのは同じ話をテープレコーダーのようにくりかえすトーキング・ブック talking book ではない(19)。

それどころか、これまでのオーラル・ヒストリーの研究では、弱者の立場におかれた人間は強者としての聞き手の聞きたい物語を語る傾向があるということがわかっている。語りの現場もまた、権力の行使される臨床の場である。弱者の語りは一筋縄ではいかない。しばしば支配的な語りを裏付けたり、補完したりする語りが生み出されると、聞き手は「現実」が一枚岩だと思いこむ。「もうひとつの現実」は、弱者の語りのなかの、ためらいや、矛盾や、非一貫性のただ中から、きれぎれの断片として現われる。女性史にとっては、オーラル・ヒストリーのこの非一貫性こそが「支配的な現実」の亀裂を示す決め手となる。だからこそ、聞き手は錯綜する語りの現場に敏感さを要求される。そして語りが一貫性のある物語へと編み上げられるとしたら、聞き手もまた、臨床的な現場で「協働」していることになる。

そのような語りの臨床の場では、「モデル被害者」が作られることさえある。聞き手の聞きたいように語られた「モデル被害者」の物語とは、次のようなものである。「何も知らなかった無垢な処女がある日、突然に予告もなく強制連行で連れ去られ、輪姦されたあと慰安婦の労働を強制され、脱出を計ったけれども阻まれ、たえがたい苦痛のなかを生き延びてきた」そのような物語である。だが、「慰安婦」になった女性にはさまざまなケースがある。たとえば貧困や親による契約、地方ボスの強制、女衒の誘惑や詐欺まがいの手口など、一般化するのがむずかしい。

支援グループの「善意の権力」は、被害者の純潔を強調することで「無垢な被害者」像を作りあげる傾向がある。そのような語りのあり方は、もしかしたらその語りの枠組みから少しでもはずれた人たちに沈黙を強いる効果を意図せず果たしているのではないかと、疑ってみる必要があるだろう。それはちょうど、性暴力の被害者の「純潔」を強調する言説が、意図せず家父長制を再生産する効果と似ている。

典型的な例をあげよう。韓国系アメリカ人のドキュメンタリー作家、キム＝ギブソン[Kim-Gibson 1997]が「ナヌムの家」(20)を訪ねてハルモニたち(21)の日常を作品にするという仕事をした。(22)彼女はハルモニの話を何度か聞いているうちに、語りの図式formulaが、相手によって変わることに気がついた。ひとりの元「慰安婦」の女性は、最初の「証言」では、「慰安婦」になった経緯を、親に強いられた不幸な結婚のなかで、夫から虐待を受けており、その夫の虐待から逃れたいために女衒《ぜげん》の甘言に乗って、結婚生活から逃げ出したと語っていた。それが日本のマスメディアによるインタビューや公開の証言のなかでは、最初の結婚生活には触れなくなる、という変化が起きたという。キム＝ギブソンの挙げた例は、ただちに反対派の人々に悪用される恐れがあるだろう。だから証言はあてにならないのだ、という論拠に使われかねない例である。だが、同じことがらを、わたしたちはまったく別の方向から見ることができる。聞き手たち、すなわち、日本のマスメディアやあるいは「善意」のインタビュアーたちは、自分が聞きたい物語を聞き出すように、語りの図式を変形するという権力を、その聞き取りの現場において行使している。いかにして語りが、したがって語りによって「被害者」の「現実」が作られるかという問いに対しては、一見中立の見かけをした実証史学や善意のサポート・グループも、いつのまにか加害者に荷担しているかもしれない。

今日においてもそのつどの語りの現場で、権力関係は実践されている。これは性暴力の被害者の語りや法廷における証言について知る人にとっては、なじみのある経験である。法廷における証言とは、最も威圧的で権力的な場における語りの強制である。弱者の語りは、聞き手が語りを共有してくれるという安心感や信頼感のないところでは決して語られることがない。わたしたちはそれを女性史のオーラル・ヒストリーの試みのなかで学んできたはずだった。

## 7　反省史をめぐって

これまでの文中、わたしは「ジェンダー史」と「女性史」という用語を使い分けてきた。ジェンダーという概念は、一見中立的に聞こえるために、フェミニズムや女性学という用語の党派性や戦闘性を嫌う人々に用いられる傾向がある。だが、スコットの言うようなジェンダーの概念を理解すれば、ジェンダーを用いることの政治性や戦闘性は明らかであろう。ジェンダーをフェミニズムより穏健だと考えるのは、たんなる誤解か無理解にすぎない。

わたしが「ジェンダー史」という用語を採用するのは、次のふたつの理由による。第一は、日本ではジェンダー史の成立以前に、女性史の長い伝統があったこと、第二は、ジェンダー史は、女性史が女性領域に限定された名称であるのに対し、性別を問わず、あらゆる領域をジェンダー変数で取り扱う可能性を持つからである。

第一の点について言えば、日本の女性史は日本のフェミニズムといささかねじれた関係を持っている。それは日本女性史が第二波フェミニズムの成立以前に唯物史学の影響下にすでに長い蓄積を持っていたからなのだが、女性史家はリブの登場に対して困惑や敵意をあらわにしている[上野 1995a]。日本女性史もまた七〇年代から八〇年代にかけての女性運動の高揚のなかで、草の根の地方女性史の掘り起こしなど貴重な成果を積み重ねてきたが、他方で同時代的かつ学際的に展開したさまざまなフェミニズム理論の洗礼を浴びずにきてしまった(23)[荻野 1993]。わたしが本文中「女性史」と呼ぶときには、ジェンダー概念の導入以前の「女性史」をさしている。

第二点目については、女性史はそれが成立したとき、正史が見落としてきた女性領域を専門に研究する分野だと考えられた。したがって正史に対する補完史、「落ち穂拾い」の歴史とも呼ばれた。だが、まもなく女性史家たちは、「女もそこにいたWomen were also there」と言うだけでは、正史という名の男性史はびくとも揺らがないことに気づき、いらだちを深めていく(24)。女性史はジェンダーが関与する私領域を扱い、正史はジェンダー非関与gender-indifferentな公的領域を扱う、という研究上の「性別分業」に対して、公的領域もまた「ジェンダーがある」として、ありとあらゆるジェンダー中立的な(と見なされていた)概念を「ジェンダー化engendering」していったのが、ジェンダー史である。正史もまた、男性史としてジェンダー化される。たとえば、政治や経済の領域に女性の行為者が不在なら、女性の不在という現象がジェンダー視点から解きあかされなければならない。したがって、理論上、ジェンダー史には扱えない領域はない。ある領域が一見ジェンダー非関与的に構成されていることのジェンダー的な効果を見れば、見かけのジェンダー中立性の持つ、隠れた男性中心性が明らかだからである。そのような分析から、たとえば兵士や市民が男性を範型として構成されていることが明らかになる。ジェンダー中立性とは、その実、男性の独占と女性の排除の別名なのである。

ジェンダー史におけるパラダイム転換は、歴史における女性の主体性を回復する方向で起きた。それはフェミニズム一般のなかで女性主体の回復という動きと連動していたのだが、歴史における女性主体の回復は、歴史に対する女性の責任を問う動きを不可避に伴うに至った。女性がたんなる歴史の受動的な被害者ではなく、歴史を能動的につくりだす主体でもあったという見方は、歴史に対する女性の加害責任をもまた問うことにつながったのである。皮肉なことにフェミニスト史学は、歴史の中の女性に、かつて以上に厳しい視線を向ける結果になった。(25)

ジェンダー史がポスト構造主義の諸潮流と共通して持っているこのような自己言及性・自己反省性をさして、わたしは「反省史 reflexive history」と名づけた。反省の意味は、内省的 self-reflexive であると同時に、自己言及的 self-referencial かつ自己批判的 self-critical という意味をこめた。そのかぎりで、反省的社会学 reflexive sociology や反省的哲学 reflexive philosophy などと同じ含意を持つ。(26)

「反省的女性史 reflexive women's history」は、フェミニズムのインパクトのもとに、従来の女性を歴史の受動的な犠牲者とみなす「被害者史観」から、能動的な歴史の主体と捉える史観の転換のもとに成立した。そして日本では、近現代女性史の「反省的」な見直しは、そのまま日本の帝国主義侵略に対する女性の主体的な共犯性・加害性を問う「加害者史観」につながった。

だが、「反省」というとき、誰が、どのような資格で、何を「反省」するのかが問われる。日本が特異な国家であり、それが歴史に類例のない加害をもたらしたことに対する「反省」なのか？　国際法上も人道上も許されない戦争犯罪に対して「反省」するのか？　それとも「侵略戦争」という戦争の性格を悪として「反省」するのか？

「反省的女性史」が女性の戦争協力の告発に向かったのは、日本だけではない。ドイツ、イタリアでも同じ時期に同じような状況が生まれた。いずれも旧ファシスト国家である点で共通している。だが「反省的女性史」の動向は、日本とドイツのあいだでもいちじるしく異なっている。日本では反省的女性史は、「国産」の女性史家たちの手によって担われたが、ドイツでは女性の対ナチ協力を問題化する仕事は、アメリカ国籍の歴史家、クラウディア・クーンズ[Koonz 1987＝1990]によってもたらされた。

この外部からの不意打ちに、ドイツの女性史家たちは困惑と怒りを示した。というのも、日本とドイツではそれ以前に、戦争責任をめぐる国民的パラダイムに大きなコントラストがあったからである。日本ではヒロシマの悲劇に象徴されるように、ジェンダーを問わず戦争の犠牲者としての国民的アイデンティティが成立していたところへ「加害者としての女性」という新しい視角が持ちこまれたのに対し、ドイツでは、ホロコーストという弁解の余地のない犯罪の加害者として、これもジェンダーを問わず国民的アイデンティティが共有されていた。そのためにかえってドイツでは、「加害者」のジェンダー化が抑制されてきた。そこにジェンダー視点を持ちこんだクーンズは、ドイツ女性の対ナチ協力を、「女性としての協力」として再構成してみせたのである。

他方、ポスト冷戦後の統一ドイツでは、新しいジェンダー視点から占領下の「解放軍」によるドイツ女性の強姦が問題化されている[Sander u. Johr 1992＝1996]。そこではクーンズ的な見方に対する反発から、これまでタブーであった「受難者としてのドイツ女性」という像が構築されている。ソ連占領地における女性の強姦はこれまでも語られてこなかったわけではない。これまではドイツの「国民的受難」の象徴であった強姦が、ポスト冷戦と女性運動の背景のもと、男性の女性に対する性犯罪として、再構築されたのだ。その背後にはロシアという野蛮による文明の蹂躙という人種主義的な言説もひそかにまぎれこんでいる。そして「犠牲者としてのドイツ女性」の構築には、ナショナルなアイデンティティへ向けた欲望もまた潜在している[Grossmann 1995]。

日本の場合もドイツの場合も、「反省」の材料には事欠かないように見える。だが、いずれの場合も、ジェンダー史が一国史national historyの枠のなかに収まっているかぎりは、「国家の犯罪」に女性もまた加担した、という構図を出ない。あくまで女性は国家に下属する。そして丸山眞男流に言うなら、「二流の国民」である女性は、戦争犯罪者としても「二流の犯罪者」だということになる。

若桑みどりは戦時下の日本女性が「戦争のチアリーダー」だったという。だとすれば連合国、アメリカやイギリスで同じく「戦争のチアリーダー」を務めた女性たちは、自分たちの戦争協力を「反省」することはないのだろうか。「女性の国民化」はどこの国でも、驚くほど似かよったプロセスをたどった。反省史が国民史を超えないかぎり、戦勝国の戦争責任とそれに対する女性の協力を問題化する問いは生じない。ファシズム国家は戦争を「反省」するが、「自由と民主主義」のために「正義」の戦争を闘った連合国は、「反省」の必要がないのだろうか？　敗戦国の戦争犯罪は裁かれるが、戦勝国の戦争犯罪はついに裁かれず「反省」の対象ともならないのだろうか？　戦勝国アメリカは、「自由」と「民主主義」を「パックス・アメリカーナ」の世界支配の道具に使い、戦争責任者であった天皇を占領政策のために免責し、七三一部隊の生体実験の結果を独占し、ヒロシマ・ナガサキを正当化した。反省史はジェンダーという領域横断的な変数を持ちこむことで、比較史を可能にする。もし戦勝国の戦争犯罪を問うことができなければ、反省史はただのマゾヒズムで終わってしまう。さもなければ、国民に下属する女性市民は、互いの男たちの背後にまわって、「祖国のためにお互いによく闘った」と――ノルマンディー上陸作戦五〇周年記念式典のミッテラン仏大統領とコール独首相のように――エールを交わし合うことになるのだろうか。

誰が何を反省の対象にするかという範囲のとり方で、反省史の限界が定まる。反省史がジェンダー変数をうちたてるのは、国民史を超えるためにこそ、なのである。

## 8　国民国家を超えて

方法の問題に加えて、主体をめぐる問いについてもつけ加えておこう。

歴史という物語を、誰が語るのか Who narrates？　それはいったい誰に向けて語られているのか To whom is it addressed？　語り手 narrator の「わたし」もしくはは誰なのか？

「わたしたち」とは誰なのか？　歴史に「責任」が伴うとき、その「責任」の担い手は誰なのか？

「新しい歴史教科書をつくる会」の主張のひとつに、国民的プライドの回復、「誇りの持てる歴史を」というものがある。「正史」を求める欲望は、国民のあいだに集団的アイデンティティをうちたてたいという欲望と同一のものだ。そこでは国民国家と自分の同一化、「国民の一人としてのわたし」および「わたしたち」への誘惑と強制とがある。このなかには、「加害国民の一人としてのわたし」もまた含まれる。が、それもまた国民国家と自分の同一化にもとづいている。そして国民国家と個人とのこの同一化を、わたしたちはナショナリズムと呼ぶ。

ネイション nation の語源は「生まれ」を意味するナシオ natio から来ている。ナショナリズムは「民族主義」とも「国家主義」とも訳される。もうひとつ、「国民主義」という訳語もあるが、少なくとも国民主権の政治体制のもとでは、「国民主義」と「国家主義」との距離は遠くない。「国家」が成立する以前のナショナリズムは「民族主義」と訳され、国家が成立した後のナショナリズムは「国家主義」と訳されるが、ヨーロッパ語ではひとつの言葉である。

べつにパトリオティズムというものがあるが、あやまって「愛国心」とか「愛国主義」と訳されているこの言葉に、ほんらい「国家主義」の意味はない。パトリ patri はもともと「郷土」や「生まれ故郷」のことであり、パトリオティズムとは「郷土愛」のことにすぎない。(27) 愛国心が郷土愛の同心円的な延長にあると見なすのは、「郷土」を「国家」と連続させたい欲望——もっとありていに言えば「陰謀」——の結果にほかならない。人為的につくられた「国家」と——「国家」はすべて人為的につくられたものだが——「郷土」とのあいだには断絶がある。たとえばイタリア人のパトリオティズムとは徹頭徹尾「地方愛」であって、「愛国主義」とのあいだには何の関係もない。彼らには「国民意識」があるかどうかさえ、疑わしい。だからこそパトリオティズムをナショナリズムへと回路づけようとするあの手この手に、国家の側はやっきになるのだ。

同じナショナリズムでも、「民族主義」は正しく、「国家主義」は間違っているのか。あるいは「国民主義」なら許されるのか。「強者のナショナリズム」は悪だが、「弱者のナショナリズム」は正義なのだろうか。帝国主義国家のナショナリズムは抑圧的だが、独立を求める民族闘争は正しいのだろうか。ナショナリズムは国家の建設までは解放的だが、建国のあとには抑圧的に転じるのか。ナショナリズムはどこまでが「健全」で、いつから悪に転じるのか。

東西ドイツの統合に際して、「われわれはひとつの民族だ Wir sind ein Volk」というかけ声が、国民統合の旗印として強力な役割を果たした。「民族」と「国民」の区別をどこでつけるかはむずかしい。むしろアンダーソンの言うように、国民国家そのものが「民族」という「想像の共同体」に依拠している。

国民国家はどれも互いによく似ている。なぜならば国民国家はそれが構築される過程で、同時代にすでに存在している他の国民国家に似せて自己形成するからだ[西川(長)1995]。だとすれば「弱者のナショナリズム」のなかにも、国民国家形成への欲望がひそんでいる。「民族＝国民的主体」形成への、集団的同一性への欲望、と言い換えてもよい。

加藤典洋と高橋哲哉のいわゆる「歴史主体」論争のなかで争われているのも、同じ問題である。加藤の『敗戦後論』[1997]は、個人的な主体と国民的な主体とのあいだを不用意に同一化することはない。彼は「集団的主体」と「個人的主体」とのあいだに「公共性」という橋を架けるべく悪戦苦闘する。だが、彼が「わたしたち」という主語をこれも不用意に使うとき、「わたしたち」とは誰なのか？　岸田秀の通俗フロイト理論的「日本人論」を借用して、加藤が「わたしたち「戦後日本人」の人格分裂」[加藤1997：60]というとき、いつから「日本人」は単一の人格を想定しうるような集団的主体になったのか、誰が、どのような資格でそれを前提できるのか、という疑いを抑えることができない(28)。

加藤の錯綜した議論に比べれば、「市民社会論」者、橋爪大三郎の「啓蒙」はわかりやすすぎるほどに明快である。彼は、戦争責任の問題は「大日本帝国」と「日本国」の連続性の問題だとする。たしかに日本国憲法が大日本帝国憲法の改正のかたちをとった以上、そこには法的主体としての連続性がある。企業を吸収合併してもそれ以前の企業の負債を引き継がなければならないように、「日本国」は「大日本帝国」から、植民地を失ったあとの領土も債務も引き継いでいる。法理的には、日本国は大日本帝国の犯した犯罪の責任をとるのが正しい。主権者としての国民は「国民として」責任をとるのが正しい、という結論が引き出される。

だが、同じ論理から、次のような結論もまた引き出される。

私やあなたが、昭和十年代の日本に生きていて、ある日召集されたとする。それは国家の合法的な手続きにもとづくもので、憲法の定める国民の義務でもある。とすれば応召して戦地に赴くことは断じて正しい。[竹田・小林・橋爪 1997 : 281]

加藤の「三百万の日本の戦死者への哀悼」が、「無意味な戦争」と承知してなおかつ戦地へ赴いた兵士たちの「主体性」への屈折した共感にもとづいているとすれば、橋爪の「市民社会」論は、論理ゲームとしての明快さのもとに何の翳《かげ》りもない。だが、ここには、国民国家がその国民に対して、死を要求できるほどの排他的な超越性を持つこと――そのような集団的同一化への強制――への疑いもまた、きれいさっぱり拭いさられている。

高橋哲哉[1995]は、「日本人」として「責任をとる」と言う。彼のいう「日本人」が、国民国家という政治共同体に属する一員としての責任、という意味なら、橋爪の「市民社会」論と高橋の立場はそう距離がないことになる。だが、高橋は、橋爪よりももっと超越的な倫理の立場から発想している。たとえ被害者が存在しない(あるいは告発しない)としても、犯罪は犯罪だ、と。彼が問題にしているのは、帝国主義国家の「原罪」である。その立場から、彼は帝国主義者のナショナリズムと被抑圧民族のナショナリズムとを区別し、後者を擁護する、と言明する。

わたしには被抑圧民族のナショナリズムは正しい、と言い切ってしまうことができない。たとえば独立運動のなかにある反体制的なテロリズムやヒロイズムもまた、そのなかにある性差別構造によってフェミニズムの批判の対象となってきた。あるいは民族解放闘争のなかで模範とされる非暴力不服従運動のマハトマ・ガンジーもまた、「女らしさ」を資源として巧妙に動員した彼の性差別性が、ポストコロニアリズムのなかで批判の対象となっている[Basu 1993＝1995]。ナショナリズムのなかでは個人と民族とを同一化することで「われわれ」と「彼ら」を作りだしているが、この集団的同一化は、強者・弱者のいずれのナショナリズムの場合にも、罠としてわたしたちを待ち受けている。もし「民族」という概念の構築が――「文化」であれ、「伝統」であれ同じことが言える――そのなかに女性や他の少数者の抑圧を含むとしたら、それを受け入れることはできない。ことは運動論的な優先順位の問題ではない。もしそうだとしたら、わたしたちはすでに社会主義婦人解放論のなかで、労働者階級の解放が女性解放に優先するという論理に、じゅうぶんに搾取されてきたのではなかったか？それが「国家」や「民族」に置き換わったからといって、どんな違いがあるだろう。(29)

問題を「慰安婦」にさしかえそう。

キム＝ギブソンはコリアン(韓国系)・アメリカンとして「ナヌムの家」を訪ね、ハルモニたちに強い感情的な同一化をする。キム＝ギブソンによれば、どのような「客観的・中立的」なドキュメンタリーも、したがって歴史もありえない。むしろ彼女が正統な歴史家としてでなく、歴史学会のパネルに立ったのは「わたしは歴史家のような語り方をやめた」と宣言したいがためである。彼女はスピーチのなかで、「ハルモニたちとともに、わたしは怒った、わたしは泣いた。それはわたしの肉体に加えられた暴力だ」と感動的な語りをする。だが、ここで構成される「わたしたち」は、彼女の場合はコリアンであるというエスニシティの特権化にもとづいている。コリアン・アメリカンはアメリカンであってコリアンではない。にもかかわらず、彼女はコリアンとしてハルモニに同一化する。キムの語りを前にして加害国民に属する日本の女であるわたしは、どう反応すればよいのだろう。「わたしは怒った、わたしは泣いた」と、語ることを禁じられるのだろうか。あるいはコリアンでも日本人でもない、たとえばアメリカ人の女の場合はどうだろうか。少なくとも「慰安婦」の問題がこれほどの国際的な広がりを持ったのは、国籍を超えて多くの女たちが、「これはわたしの肉体に加えられた暴力だ」と、痛みを共有したからではなかったか。ここには「わたしたち」という集団的同一性 collective identity がどうやって構成されるかという問題がある。

一九九六年一二月、藤岡信勝の所属する東京大学の教育学部の学生たちを中心として、元「慰安婦」の「証言」を聞く、という催しが行われた。その報告が「「ナヌムの家」から若者たちへ――韓国・元「慰安婦」のいま」というパンフレットにまとめられている。このなかに二〇代女性の、こういう感想がある。

以前、上野千鶴子さんが「個人と国家、日本政府を混同してはならない」……とおっしゃっていたのにすがりついてわたし自身は逃げていました。上野さんがおっしゃったことは、「突然、日本の若者が日本政府をしょってたち、号泣して慰安婦問題を謝罪しはじめたのは恐ろしいナショナリズムだ」。(つまり)日本政府のやったことを認識、自覚することに、国家と個人の混同に注意を払え、ということだと。……私はそこで、そうよねえ、変にへりくだった態度になってもしょうがないのよ……と片付けていました。触れたくなかった。ただの逃げですね。歴史を学び、自分なりの動きを始めなくてはいけないと痛感しました。

こういう「感想」に出会うと、個人と国家を同一化するなという主張が、加害国民の責任を免罪するという証明になると考える人もいるかもしれない。

「二〇代女性」の「感想」が紹介している事例とは、次のようなものである。日本の若者たちが集団で韓国を訪れ、その訪問行事のなかに、戦時中に強制運行された男性や「慰安婦」にさせられた女性の経験を聞く、という催しがあった。わたしはその番組をテレビで見たのだが、会場で屈強な体格をした日本の若者が立ち上がり、突然、「そんなことがあっただなんて知りませんでした。ゆるしてください」と号泣したのだ。おそらくは「純粋な善意」から発したにちがいないこの若者のナイーヴな反応をめぐる「感動的な挿話」は、国家と自分とをこれほどまでに簡単に同一化する彼のナイーヴさにおいて、わたしに恐怖を抱かせる。彼の感じたであろう「痛み」の表現は、国家との同一化以外の回路を見つけだす必要がある。

もうひとつエピソードを紹介しよう。ある社会科教師が「慰安婦」問題をクラスの討論に取り上げた際、クラスにいた在日韓国人の女子生徒に向けて、クラスの全員に対して「お前たち、ここで彼女に対して謝れ」と要求したという。それを当の在日韓国人の女生徒が困惑した体験として報告していた。「そういう問題じゃないと思うけど」——それが彼女の率直な反応である。この教師が「良心的教師」であることは疑いがない。これらは、右にしろ左にしろ、個人と国民国家との同一化の罠を例証する。

## 9 フェミニズムはナショナリズムを超えられるか

一九九五年の北京女性会議で、在日韓国人女性の金富子《キムプジャ》たちとわたしは「慰安婦」問題をめぐるワークショップを組織した[30]。そこでわたしは「慰安婦」問題が日韓両国の国益の取引の道具に利用されているのではないかという危惧から、日韓両国のフェミニズムは国境を越えるべきだという発言をしたところ、それに対して非常に強い反発が起きた。金の文章から引用しよう。

（上野のスピーチで語られた）フェミニズムはナショナリズムを超えられるかをめ

ぐって……会場の女性の、韓国系アメリカ人は次のように反論した。「私たちの国境は、あなたの国の兵隊によって侵略された。こんなに簡単に国境を忘れろと言えないはずだ。フェミニズムはナショナリズムと関わりがないというのは欧米フェミニズムの自民族中心主義的な考え方と同じではないか。……ナショナリズムはアジアのフェミニズムにとって大事な問題だ。」[金(富)1996：258](カッコ内引用者補足)

ここでの金の論点は、日本人フェミニストがフェミニズムの越境を侵略された国を含む女たちに求めるのは日本および日本人の加害性を無化してしまうのではないかという指摘であった。本書の第1章でわたしが論じてきたように、日本のフェミニズムには国家を超えた歴史がない。そのことはフェミニズムが論理必然的に国家を超えることができない、ということと同義であろうか？　本書でわたしが立てた問い、そして答えを追求してきた問いはまさにそのことにほかならない。わたしが本書で論じてきたのは、「二流、三流国民」をも動員しようとする「国民化」の罠と、それから逃れることの難しさだった。が、ジェンダーの場合と同じく「それから逃れることがむずかしい」という事実と、「それが運命だ」ということとは、同じではない。

もしフェミニズムが近代の産物であるならば、フェミニズムは近代の射程を超えることはできず、したがって近代と命運をともにすることになる。国民国家論の用語で言うなら、フェミニズムは国民国家の枠のなかで形成され、それはせいぜい国民国家のなかでのジェンダー非関与的な「分配平等」を要求する思想にすぎないことになる(一国フェミニズム!)。近代フェミニズムを回顧的に論ずる論調のなかには、近代フェミニズムをあらかじめ市民社会的なブルジョア・フェミニズムに切り詰めたうえで、その歴史的な限界を指摘する、という「わら人形叩き」に近いものも見受けられる。だが、わたしが本書で証明しようとしてきたのは、近代フェミニズムの逆説、すなわちフェミニズムが近代の背理そのものであり、したがって近代を食い破る以外に活路を見出すことがない、という必然であった。

フェミニズムは国家を超えたことがないという歴史にもとづいて、フェミニズムは国家を超えられない、と宣告すれば、わたしたちはふたたびさまざまな国籍のもとに分断されることになる。もはや「シスターフッド・イズ・グローバル Sisterhood is global」[Morgan 1984]という楽天的な普遍主義に立つことは誰にも不可能だが、ジェンダーという変数を歴史に持ち込んだのは、そのもとで階級、人種、民族、国籍の差異を隠蔽するためではなく、さらなる差異——しかもあまりに自然化されていたために差異としてさえ認識されていなかった差異、いわば最終的かつ決定的な差異——をつけ加えるためではなかったか？　ポストモダンのフェミニズムのもとでは、ジェンダーのほかに人種や階級という変数が加わった、と言われるが、むしろ人種や階級という変数がジェンダーという変数を隠蔽してきたことを、フェミニズムは告発したはずだった。[31]人種や階級という変数は、新たに発見されたのではなく、ジェンダー変数を契機として、より複合的なカテゴリーとして「再発見」されたのである。

フェミニズムの目的はある排他的なカテゴリーをべつの排他的なカテゴリーに置き換えることではない。「女性」という本質主義的な共同性をうちたてることでもない。「わたし」が「女性」に還元されないように、「わたし」は「国民」に還元されない。そのカテゴリーの相対化をこそ意図している。

国民という集団的アイデンティティの排他性を超えるために呼び出されるのが、他方で「世界市民」や「個人」あるいは「人間」として、という抽象的・普遍的な原理である。あらゆる国籍を超えたコスモポリタン、普遍的な世界市民という概念もまた、危険な誘惑に満ちている。それはあらゆる帰属から自由な「個人」の幻想を抱かせ、あたかも歴史の負荷が存在しないかのように人をふるまわせる。「国民」でもなく、あるいは「個人」でもなく。「わたし」を作り上げているのは、ジェンダーや、国籍、職業、地位、人種、文化、エスニシティなど、さまざまな関係性の集合である。「わたし」はそのどれからも逃れられないが、そのどれかひとつに還元されることもない。「わたし」が拒絶するのは、単一のカテゴリーの特権化や本質化である。そうした「固有のわたし」——決して普遍性に還元された「個人」ではない——にとって、どうしても受け入れることのできないのは「代表＝代弁」の論理である。

フェミニズムが国境を越える越え方には、たしかに金が危惧するような「帝国のフェミニズム」という普遍主義の押しつけもあるかもしれない。それはじゅうぶんに警戒に値するが、フェミニズムは国境のうちにとどまることができない、ということもまた真実である。フェミニズムは国境を越えるべきだし、またそうする必要がある。

「慰安婦」訴訟のなかの個人補償の論理は、そうした「国境を越える」意味を持っている。「戦後補償は二国間条約で賠償ずみ」という日本政府の言い分に抗して、個人が国家を相手どってその責任を問うということは、「わたし」の利害が国家によって代弁されない、「わたし」の身体や権利が国家に属さない、ということを意味している。元「慰安婦」の闘い——「わたし」の尊厳を回復したい——という思いは、日本という国家に対峙するだけでなく、韓国という国家に対しても権利の「代表＝代弁」を拒否する性格をもっている。

もし、国家が「わたし」を冒そうとしたら？「わたし」はそれを拒否する権利も資格も持っている。もし、国家が「あなた」を冒そうとしたら?「わたし」はそれを拒否する権利も資格も持っている。「わたし」の責任とはそのような国家に対する対峙と相対化のなかから生まれる。それは「国民として」責任をとることとは別なことである。

「わたし」の身体と権利は国家に属さない。そう女は——そして男も——言うことができる。「慰安婦」問題が女性の「人権侵害」として言説構成されるのならば、「兵士」として国家のために殺人者となることもまた男性にとって「人権侵害」であると、立論することが可能だ。人権論はそこまでの射程を持つだろうか。「慰安婦」問題が突きつける問いは、たんに戦争犯罪ではない。戦争が犯罪なのだ。

国民国家を超える思想は論理必然的にこの結論へとわたしたちを導く。「女」という位置は、「女性国民」という背理を示すことで国民国家の亀裂をあらわにするが、そのためには「女=平和主義者」という本質主義的な前提を受け容れる必要はない。「国民国家」も「女」もともに脱自然化・脱本質化すること——それが、国民国家をジェンダー化した上で、それを脱構築するジェンダー史の到達点なのである。

(1)　同年一〇月、ニューヨークのコロンビア大学で開催された日本近代史のシンポジウムのなかで、成田龍一は「慰安婦」問題がドイツの歴史修正主義におけるホロコーストの日本版の役割を果たすのではないかと予測したが、その予感は的中した。しかも思ったよりも早い展開で、予測は現実になった。

(2) 興味深いことに「呼びかけ人」に名を連ねた林真理子と阿川佐和子は、公式の記者会見に一度も同席していないばかりか、取材の申し込みも断って一貫して沈黙を守っている(「つくる会」賛同人インタビュー『論座』一九九七年五月号、朝日新聞社)。

(3) 「著述業としての知名度も力として働くようなタイプの署名についてはいっさいパスしよう」と書いた上で、「有識者」としては発言したくない、「そう思って署名は遠慮したが……こういうのは甘ったれた態度というものだろうか。自分の判断にあまり自信がない」と書く中野の文章が活字媒体に掲載されている事実そのものが「知名度」に支えられていることに無自覚だとしたら、この無責任さと卑劣さはおおいようがない。中野翠「連載エッセイ一四二回　満月雑記帳」『サンデー毎日』一九九六年一二月一五日。

(4) 同様の矛盾はおおかたのマスコミ用語から、「強姦」という言葉の使用が「自粛」されていることにもあらわれている。公式の理由は「刺激が強すぎる」というものだが、他方で「殺人」という言葉は平然と使われている。「強姦」を「いたずら」や「暴行」に置き換えることで、事態の何が隠蔽され、誰が利益を得ているかは明らかだろう[上野1996]。

(5) 日本の戦後史学はかならずしも単純な実証史学に還元されない。唯物史観の立場に立つ「科学的」歴史学や「全体史」の考え方は、むしろイデオロギー的な色彩の濃いものである。だがこの問題にかぎっては、歴史観のパラダイム論争よりは「事実」をめぐる「真偽」性の水準で議論が争われているように見えるのはどうしたことだろうか。もし「実証性」が大衆的な「説得の技術」として採用されているとすれば、第一にそれは歴史観への問いを不問に付すことで素朴な「実証史学」を生き延びさせることであり、第二にそれはオーディエンスに対する過小評価であろう[上野 1998d]。

(6) これに対しては「強制性」の有無を、故意に「連行」の範囲に限定する問題のすりかえがあるという批判がすでに吉見義明、西野留美子らから出されている。だが「問題化」の範囲をどう設定するにせよ、「実証性」の水準でことが争われている事情に変わりはない。

(7) その事情を吉見自身が証言している。「九一年八月に、韓国で金学順さんが初めて本名で名乗りでました。九一年一二月に二人の元「慰安婦」の方や元軍人軍属およびその遺族とでいっしょに、日本政府に謝罪と補償を求めて東京地裁に提訴したんですが、その段階では日本政府は関与も否定していましたし、資料も探していなかったわけです。たまたま、わたしはそういう資料があるということを知っていましたので、改めて調査をして、九二年一月に『朝日新聞』に掲載してもらいました。それで否定できなくなって、政府は関与を認めるにいたったわけですね」[笠原・渡辺・吉見他 1997：154]。

(8) 若手のふたりの民俗学者、大月隆寛と赤坂憲雄[1997]がともに櫻井よしこに賛意を表明している。これは民俗学の自己否定ではないか、と色川大吉が厳しく批判している。「「新しい歴史教科書をつくる会」には大月隆寛氏が参加しているが、彼の哀れなところは民俗学者でありながら、民俗学は国家や権力がつくった文書を信用しないというところから出発したことを忘れてしまっていることだ。民俗学は民衆から話を聞き取り、オーラルヒストリーを作りだしてきたのではないか」[色川 1997]。

(9) 若桑みどり[1997]も性犯罪裁判については、挙証責任を被害者から加害者へと転換すべきだと主張している。なお秋田セクハラ裁判の第一審判決(一九九七年一月二八日)では、証人のいない密室状況での男女のやりとりについて、裁判官は両当事者の言い分を「公平に」検討した結果、女性側の言い分のほうが「信頼性が低い」という判定を下している。それもセクハラの現場における女性の言動が、裁判官の「常識」に反して「不自然」だという理由からである。アメリカにおける有名なアニタ・ヒルとクラレンス・トマスのあいだの「セクハラ論争」も、議会が証言の「信頼性」を公平に判定する、というかたちをとってヒル側の敗北となった。ここでは裁定者の「中立性・客観性」は問われていない。

(10) わたしの論文[1997a]に対して、前田から批判を受けた[前田 1997b]。以下の論点は前田の批判に部分的に応えたものである。

(11) そのことを一九九七年四月の沖縄特別措置法の成立ほど、あからさまに(かつ恥しらずに)示したものはない。沖縄米軍基地の地主が借地権の延長拒否を法理に則って争っている最中に、その法理自体を変更することで、地主の合意がなくとも米軍の土地使用が合法化されるという新しい法律が作られた。しかも総与党体制の連立政権下で、国会議員の九〇パーセントの賛成を得て、沖縄特措法は成立した。多くの人々が指摘するようにこれは「ゲームの最中にルールを変更する」ような無理押しのやりくちであった。

(12) 現在争点になっているのは、ニューヨーク自然史博物館の正面にあるジェファーソンの銅像である。そこでは馬上のジェファーソンが足下に黒人と先住民を従えている、というまことに植民地主義的な表象がある。先住民の団体はこれに対して抗議を続けている。いずれこのジェファーソン像は、アメリカの征服史の汚点とともに解説付きでひとつの歴史資料として保存されることになるだろう。

(13) 日系米人の強制収容に対する補償請求が実現したのは一九八八年のことである。

(14) ここでは「国民史」の枠は超えられてはいない。日系市民は他の市民同様「忠実なアメリカ人」だったのだし、その「国家に対する忠誠」は日系GIの表象として、強制収容所の生活展示と並べて置かれている。アメリカ「国史」博物館のレトリックはあくまで「忠実な国民に対して国家が犯した(人種差別の)罪」というものである。

(15) しかもペローに言わせれば、中世の女をめぐる言説の主たる生産者はキリスト教の聖職者、つまり定義上、女性との接触を禁じられた男たちであり、わたしたちは皮肉にも「女を知らない男たちの女についての幻想」を読まされているわけだ。

(16) 法廷闘争に勝訴の可能性が小さい、と認めることは支援者の運動体にとって禁句となっている。「敗北主義」ととられるからである。闘う以上は勝ちめのある戦いを展開すべきであるし、勝つことを考えなければ勝利も訪れない。それは運動体として当然の論理である。だが、戦後くりかえされてきた個人に対する戦後補償を求める裁判は、すべて「国内法になじまない」という理由で、玄関払いを食わされてきた。法理が為政者にとってつごうよく作られているところでは、法廷闘争は「客観的」でも「中立的」でもありえない。むしろ法理上のルールを強いられることで、相手の土俵に乗る不利な闘いをしなければならない。その不利を承知であえて法廷闘争に持ち込むのは、勝訴のためというより、法廷での言説の闘いが公共的な空間にもたらす象徴的な効果を期待してのことである。

(17) 卑近な例をとろう。中高年離婚を切り出された夫が「青天の霹靂」と驚くのは、みずからが定義した「支配的な現実」が、妻にも分け持たれていることを疑わないからだ。データによれば六〇歳以上のカップルに「夫婦は一身同体だと思うか」という問いに、夫の六割はイエスと答えるのに対し、妻の方が同意するのは三割弱にすぎない。日常生活を共にしながらその当事者の一方が離婚を考え続けているということの深刻なディスコミュニケーションが、何十年にもわたって続くこともある。ふたつの「現実」にこれほど落差があることに、強者の側は想像力が届かない。もし自分の生きる現実が、もう一方の当事者の目からは、全く異相を持った現実として経験されているかもしれないと、想像することができたとしたら？――「多元的な歴史」を認めるとは、「現実」がひとつではないこと、他者にとってはまったくべつな「現実」がありうることを、受け容れるということである。

(18) 高橋哲哉[1995]は「生還者」という言葉を使っている。

(19) トンキンは、語り部が同じ話を寸分違いなくくりかえすという思い込みを“talking book fallacy”と呼んでいる[Tonkin 1992]。

(20) 「ナヌムの家」はソウル郊外にある、元「慰安婦」の被害者の女性たちが共同生活を送っている施設。仏教系の団体が運営している。ナヌムは韓国語で「分かち合い」を意味する。彼女たちの日常生活を描いた邊永妵《ピョンヨンジュ》監督によるドキュメンタリー『ナヌムの家Ⅰ』『ナヌムの家Ⅱ』がある。

(21) 韓国語で「おばあさん」の意。

(22) 一九九七年一月一日、ニューヨーク、シェラトン・ホテルにおけるアメリカ歴史学会「慰安婦」部会での口頭報告による。

(23) その結果、女性史の側からは「女性学(に代表されるフェミニズム)は外国の理論の輸入ばかりしていて日本について無知である」という非難が、他方女性学の側からは「女性史は他の分野で起きている変化から取り残されている」という批判が、互いに向けられることになった。女性史とフェミニズムとの錯綜した関係については上野[1995a]参照。また女性史と女性学の相互の歩み寄りについては田端・上野・服藤『ジェンダーと女性』[1997]を参照。

(24) この事情はスコットに詳しい。「最近の女性史研究の質の高さと、にもかかわらず歴史学の分野全体のなかでは依然として周縁的な位置にとどまっていることとのあいだに見られる矛盾が、学問分野における支配的な概念に取り組まない、あるいは少なくともこれらの概念のもつ力を揺がし、おそらくは概念自体を変容させるような形では取り組んでいかない叙述的なアプローチの限界を、はっきり示しているからである。女性史の研究者にとって、女にも歴史があったとか、西洋文明における重要な政治的変革に女も参加していたと証明するだけでは十分でなかったのである。女の歴史といった場合、たいていのフェミニストではない歴史家の反応は、いちおう承認し、そのうえで隔離するか、あるいはきれいさっぱり忘れてしまうというものであった。「女には男とは別な歴史があったそうだから、フェミニストたちには女性史をやっていてもらおう。われわれには関係なさそうだ」あるいは「女性史というのは性だの家族だのについての研究だから、政治史や経済史とは別なところでやってもらわなくては」。女の参加にかんしては反応があったとしても、せいぜいちらっと関心が示される程度であった。「女もフランス革命に参加していたことを知ったところで、この革命についての私の理解が変わるわけではない」」[Scott 1988＝1992：56–7]。

(25) イギリス女性史のなかでは大英帝国の帝国主義的な侵略政策に対して、当時のブルジョア・フェミニストがどのような態度をとったかということが、「帝国のフェミニズム」という主題のもとに新しい研究テーマとなっている。たとえば、歴史的なテクストの徹底的な読み直しのなかから、奴隷制廃止論者の女性が、人種主義に反対する立場から奴隷解放を唱えたどころか、白人の人種的優越性を確立するためにこそ「高貴な義務」として奴隷制の廃止を主張したことが論証される。アンナ・ダヴィンの「帝国主義と母性」[Davin

1978］はこの種の反省的女性史のパイオニア的な業績である。

(26)　大越愛子［大越・高橋 1997］は、わたしの「反省的女性史」の概念が、藤岡信勝らのいう「自己悪逆史観」とどこが違うのかと言うが、いくつかの点で決定的な無知と誤解をさらけ出している。第一に、わたしは「反省的女性史」という用語を、一九九五年の「歴史学とフェミニズム」の論文のなかですでに使っている。この時点で、藤岡らの「自己悪逆史観」という言葉はまだ登場しておらず、「反省的女性史」という用語は、藤岡らの動きとまったく独立に成立したものである。第二に、反省的 reflexive という用語には、それ自体どのような否定的な意味もない。反省的という用語が、ポスト構造主義のどのような文脈から成立したかを理解しない議論である。第三に、反省的女性史は世界史的に見て国籍を問わず共通の動きであり、日本だけの動向ではない。

(27)　ダメ押しをしておけば、「郷土」もまた「もうひとつの想像の共同体」にほかならない。

(28)　もちろん、加藤は「日本社会は一個の人間ではないので、集団的自我ともいうべきものを想定するのでないと、これは日本社会の分裂した構造の説明にならない」［加藤 1997：319］と言う程度には注意深い書き手である。だが「わかっている」「自覚している」という言葉の端から、加藤が立ち返るのも「一人格としてのわたし達」［加藤 1997：75］という集団主体なのだ。

(29)　もちろん、同じことは「女性」というカテゴリーについても言える。「集団」＝「われわれ」のカテゴリーは、それがどんなものであれ、外部との対立を先鋭にする代わりに、内部の差異を隠蔽する働きをする。フェミニズムもまた、単一の集団としての「女性」というカテゴリーに、安易に依拠することは許されなくなっている。

(30) 一九九五年九月六日北京女性会議NGOフォーラム会場におけるアジア女性会議ネットワークAWCN(Asian Women's Conference Network)主催によるワークショップ「日本軍慰安婦をめぐって――日本女性と在日女性の立場から」。

(31) エスニック・マイノリティの女性、たとえば黒人女性のアイデンティティはまず第一に黒人であり、次に女性であった。したがってエスニック・グループのなかに同一化する女性を、女性運動に動員することはたいへん困難であった。それと同時に、エスニック・グループ――言うまでもなく男性優位である――のなかで、ジェンダー変数を問題化することは、つねにタブー視――もしくは利敵行為――と見なされた。アリス・ウォーカーの『カラー・パープル』が黒人男性社会に引き起こした憤激は、男性中心的なエスニック・グループへの同一化が女性の抑圧を含むことを例証している。つけ加えれば、初期のラディカル・フェミニズムが対抗したのも、階級中心的な社会主義的な女性解放論であった。そこでは階級への忠誠が階級集団の男性への忠誠と等置されたのである。

# あとがき

本書『ナショナリズムとジェンダー』[上野 1998a]は一見、過去の出来事を扱っているかのように見えるかもしれない。だが、わたしは、もっともアクチュアル(現在的)な問題を論じたつもりである。なぜなら過去の構築とは、つねに現在の問題であり、ポスト冷戦期の今日、歴史の再審がこれほど問題になっている時期はないからである。

本文で論点は意を尽くしていると思うが、それでもなお、受けるであろう批判や疑問を予期して答えておきたい。それは現実に謝罪と補償を求める元「慰安婦」の生存者たちの問いかけに——それだけではない、積み残された戦後補償の問題に——どう答えるか、という立場である。もとより本書は運動論を論じるものではない。だが、かかわって運動の側からは、「慰安婦」の現実があれこれの思弁の対象や解釈の道具になることへの抵抗も示されている。今日、被害補償の動きは、一九九五年に日本政府が創設した「女性のためのアジア平和国民基金」、通称「国民基金」のせいで暗礁にのりあげ、それに代わる有効な打開策を見いだせないでいる。その状況をふまえて、わたし自身の立場を表明しておくことは必要だろう。

第一に、現実に存在する日本という国民国家の構成員として、政治的には「戦後補償特別立法」の制定が必要だと、わたしは考えている。あれこれの法解釈や、戦後の二国間平和条約の制約を超えて、半世紀にわたって一貫して戦後補償を軽視してきた過去への反省をふまえて、特別立法による「ルールの変更」を追求することが必要である。そのなかには当然、個人補償の論理が組み込まれなければならない。そのような立場が、現在、政治的に少数派であるとしても、その目標を掲げることには意味がある。また日本国籍を有する人口の三分の二が戦後生まれになった今日でも、いやそれだからなおさら、「日本は謝罪し、補償をすべきである」という立場に組する人々もいっぽうでは増えている。戦後生まれの課題は「体験を語り継ぐ」ことから「過去をどう再構築し続けるか」に変わっている。わたしたちの言説の闘いは、その立場へ共感を表明する人々を獲得するために行われている。そしてわたしたちは、現に「慰安婦」をめぐるパラダイム転換が起きたこと、その担い手の多くが日韓の戦後生まれであったことを知っている。

橋爪大三郎さんが指摘するとおり、戦後の日本国憲法は大日本帝国憲法を改正するかたちで制定されている。わたしたちは旧政権を否定したり打倒したりした革命政府のもとに暮らしているわけではない。だとすれば国民国家という「法人格」の同一性を引き受けること、すなわち大日本帝国の債権・債務を日本国が引き継ぐ必要があるのは自明である。この点では、「近代合理主義者」橋爪氏の意見にわたしは全面的に同意する。

そのような政治的な選択は、代議制民主主義のもとでは、政策的に支持できる政党や個人に対して、選挙の場で「国民として」投票権を行使すればそれですむのだろうか？　だが、問題はここで終わらない。

第二に、「市民として」の責任がある。国家と国民は同じではなく、政府と市民とも同じではない。政府が「国家として謝罪し、補償する」ことを「国民＝投票者として」政策決定者たちに委託すればそれで終わるのだろうか。ここには代議制民主主義の限界と「代表＝代弁」の論理がある。それに対して直接民主主義と直接行動の論理を対置したのがＮＧＯであった。ＮＧＯは、Non Government Organization すなわち非政府組織である。ＮＧＯは政府を代弁することもないし、政府によって代弁されることもない。たとえ核実験を支持する政府を持っていたとしても、それに反対する行動を起こすことができるのがＮＧＯである。またそうすることが市民的な義務でもある。「慰安婦」問題に関しては、訴訟を支持する支援グループがただちにできたこと、そして多くの民間市民団体が元「慰安婦」の証言を聞き、戦後補償を考える催しを各地で持ってきたことがそうした動きにあたる。各地の県議会や市町村議会が、「慰安婦」記述を歴史教科書から削除せよという要請決議を挙げるに際して、それを阻止したり、取り消させたりした市民の動きもそのひとつである。

だが政策決定に至る代表の論理と、法廷闘争には、既存の政治的な手続きに従ってすすめなければならないという限界がある。法廷闘争は意味のある闘いであるが、同時に限界のある闘いでもある。

そういう市民的な動きのひとつに生存者の生活支援のための募金運動が考えられる。だが「国民基金」は、この問題に解きほぐせないねじれをもちこんだ。「国民基金」は、NGOとは似ても似つかぬものである。政府が創設し、政府の管理下にある、文字どおり「国民」の「基金」である。「市民」の「基金」ではない。日本政府は一方で個人補償はできない、と主張をくりかえしながら、もういっぽうで、「政府の名において」行う「償い金」だと二重の論理を使い分けしてきた。これに対してはすでに多くの批判がある。

第一に、「国民基金」の公的性格があいまいなために、責任の主体が明らかになららないこと、第二に、したがって「国民基金」が国家補償を行わない口実として使われるおそれが強いこと、第三に、「国民全体の責任」という言い方で、ふたたび「一億総懺悔」の無責任体制が再生産されることなどである。何より、「国民基金」は生存者とその支援グループの反対を押し切ってスタートした。多くの生存者が「そのような筋の通らないカネは受け取れない」「自分たちが要求しているのはカネではない」と表明しているにもかかわらず、当事者の同意もなしに発足した[尹 1997：李他 1995]。しかも彼女たちの危惧は、「国民基金」がスタートしてから現実のものとなった。ひとつは反対派に「金欲しさの運動」という非難の口実を与えたこと。もうひとつは、受け取りの是非をめぐって、生存者のあいだ、および支援者のあいだに分裂が持ちこまれたことである。「国民基金」は踏み絵の役割を果たし、その分裂は深いトラウマとなって、当事者の人間関係を損なうにいたった。

九七年春の段階で、「国民基金」から「償い金」を受け取った生存者は七人。その後、九八年初めの段階で五〇人が受け取った、と報告されている。受け取りは秘密裡に行われ、生存者たち、支援者たちのあいだに持ちこまれた亀裂に、「国民基金」の呼びかけ人や理事まで「憂慮」を表明している。だが、最初に「ボタンのかけちがえ」の原因をつくったのは「国民基金」の側である。「国民基金」が発足してすでに二年半。政治が「意図の論理」でなく「結果の論理」で測られるとすれば、たとえどんな「善意」から出発したにせよ、今日の政治的な膠着状況と深刻化する日本政府不信に対して、呼びかけ人や理事は責任がある。三木睦子さんは、いったん呼びかけ人になったあと、「国民基金」への批判を表明して辞任した。「国民基金」のスタート時には予測のつかなかった政治的混乱を今日招いたことに対して、責任をとって理事を辞任する人々が出てもおかしくはない。

不可解なことに「国民基金」を積極的に支持する人々のなかには、戦後リベラル派の知識人が名を連ねている。彼らの動機の背後にあるのは、第一に現在の政治状況のもとでは「慰安婦」個人補償の要求は一〇〇パーセント不可能に近いとする政治リアリズム、そして第二に、犠牲者に対する――おそらくは「純粋な」――同情と誠意である。「募金のどこが悪い」という声はよく聞く。だが、彼らは政府の呼びかけに応じるかわりに、なぜ、「市民」の名においてNGOの募金活動を始めようとはしないのだろうか?

事実、わたし自身も募金そのものが悪いとは考えていない。問題は、それがNGOではなく、政府の手によって行われていることだ。「国民基金」に先立つ数年前から、わたしは何人かの仲間たちと語らって、ひそかに生存者の生活支援のための募金運動をNGOとして組織する準備をすすめてきた。あまりに多くの困難と障害のためにこのアイディアはついに実現を見なかったが、そのための準備と「国民基金」の発表とがたまたま時期的に重なったために、一部の人々のあいだで、「政府の意を体するもの」とはなはだしい誤解にさらされた。

だが、募金運動のアイディアそのものは、支援運動のなかにその初期から存在していた。現在でも「国民基金」に対抗して、川田文子さんを代表とするNGOの「戦後補償実現市民基金」がある。韓国国内では挺対協が独自に募金を行ったし、韓国政府も生存者の生活支援金を支出している。募金運動が運動の中心課題にならなかったのは、「募金運動」がそれに応じる日本の市民たちに、カネで贖罪する「免罪符」の役割を果たすのではないかという危惧を持たれたのがその一因であろう。「カネさえ払えば」という国内の風潮を促進し、かつ国家補償を求める運動に水を差すのではないかという懸念から、「募金」は運動のなかで「禁じ手」となる傾向があった。韓国の支援団体のほうからも、生活支援は自分たちの手でという意向が示された。代わって国家補償をあくまで求める政治課題が中心となった。

NGOの募金は「生活支援」のためであって、「謝罪」や「補償」という性格を持たない。「市民」は、「国家」が冒した犯罪に対する「謝罪」や「補償」の責任主体にはなりえないからである。「国家」の責任は「国家」が果たすほかない。しかし「市民」には「市民」としての「連帯」や「共感」の示し方がある。――わたしたちはそう考えた。「国民基金」反対を言うのはいい。だが、それに代わる市民的な運動を有効に組織できないのはわたしたちの非力の証である。「慰安婦」の人たちのために何かしたい、でも回路が見つからない、という「思い」が「市民」のあいだに堆積していることをわたしは肌で感じているが、「国民基金」はそうした人々の思いに対してまで、「出口」をふさいだ。

第三に、固有の「わたし」の責任がある。わたしにとって、ジェンダー理論はprofessionであり、vocationである。「慰安婦」問題は、わたし自身のジェンダー理論がためされるもっとも切実な闘争の場のひとつとなった。言い換えれば、わたしは元「慰安婦」の生存者の問いかけを、わたし自身の位置positionalityへの問いかけとして受けとめた。友人の在日韓国人女性は、こう言い放つ。「「慰安婦」問題は、日本人の問題なんだから、日本人に考えさせなさい」。わたしはそれにまったく同意する。九一年の金学順さんの告発の時、わたしはドイツ滞在中であった。ドイツと日本の戦後処理の違いをめぐって重い問いを突きつけられて以来、七年間。本書は、微力ながらその問いに答えようとしたわたしの試みの結果である。

＊

本書第1章および第2章は、科研費総合プロジェクト「戦時動員と構造変動」(代表・山之内靖)の第二年度国際シンポジウム「戦時動員体制と女性」(一九九六年七月一九日、東京外国語大学)における口頭報告をもとに加筆訂正したものである。当日のシンポジウムを組織した山之内さん、成田龍一さん、中野敏男さんに感謝する。当日の報告者はわたしとともにウーテ・フレーフェルトさん、コメンテーターを務めてくださったのは西川祐子さん、姫岡とし子さんである。

第3章は、一九九七年四月二九日、アジア女性会議ネットワーク主催「ジェンダーの視点から見た日本のいま」(文京区女性センター)での講演をもとに加筆訂正した。アメリカから帰国直後のわたしに貴重な発言の機会を与えてくださった舟橋邦子さん、館かおるさんに感謝する。パネリストとして同席したのは金富子さん、韓明淑さんである。日本の戦争責任資料センター主催のシンポジウム「ナショナリズムと「従軍慰安婦」問題」(九月二八日、駿河台会館)は、さらにその論点を検討する機会をわたしに与えてくださった。事務局の吉村真理子さんの尽力に感謝する。パネリストとして同席したのは吉見義明さん、徐京植さん、高橋哲哉さん、コーディネーターの労をとってくださったのは金富子さん、西野留美子さんである。

東京大学社会科学研究所主催のシンポジウム(一〇月一日)では「国民基金」の呼びかけ人のひとりである和田春樹さん、ドイツの女性学研究者、イルゼ・レンツさんの報告のコメンテーターを務めた。コーディネーターの労をとってくださったのは大沢真理さんである。

わたしが提起した歴史学の方法論への問いを受けとめて、歴史家との間でいく度かの対話が持たれた。立命館大学国際言語文化研究所主催の「歴史はいかに語られるか」(七月五日、立命館大末川会館)ではわたしと共に成田龍一さん、笹田恭史さんが報告者で、岩崎稔さん、渡辺公三さんがコメンテーターの任を務めた。シンポジウムを組織した西川長夫さんに感謝する。総合女性史研究会は、わたしを報告者として「女性史方法論をめぐって」(一一月二九日、京大会館)という研究会を開催してくださった。企画にあたりかつ当日の司会を務めてくださったのは西川祐子さんである。脇田晴子さん、中谷文美さん、古久保さくらさんは、コメンテーターとして刺激的な発言をくださった。

九七年三月一四日にはシカゴで開催されたアジア学会の会場で「ナショナリズムと女性」のパネルを持つことができ、アメリカの研究者の反応に接する機会を得た。わたしとともにパネルをコーディネイトし、当日司会を務めたのは池田啓子さんである。西川祐子さん、荻野美穂さん、ベス・カッツォフさんは、このために日本からわざわざ参加して報告者となってくださった。クラウディア・クーンズさんは、刺激的な討論者の役割を果たしてくださった。アジア研究者でないクーンズさんを討論者として迎える仲介の労をとり、彼女のアジア学会参加に陰の力を尽くしてくださったのはアジア学会会長(当時)、キャロル・グラックさんである。

同じく三月二四日、コロンビア大学東アジア学部で同じ報告者を迎えてシンポジウムを持った。その際、刺激的な討論者として期待に違わぬ議論を展開してくださったのはアティナ・グロスマンさんである。

また次の方たちは関連する内容の口頭の報告の機会をパブリック・レクチャーのかたちで与えてくださり、かつ著者との議論につきあってくださった。感謝する。ミヨシ・マサオ、フジタニ・タカシ、ヨネヤマ・リサ、スンスック・ムーン、リチャード・オカダ、ドン・ローデン、ドロシー・コー、ボニー・スミス、チョイ・キョンヒ(敬称略)。

初出の論文の掲載誌、『現代思想』編集部の池上善彦さんおよび『インパクション』編集部の深田卓さんにも、発表の機会を与えていただいたことに感謝する。ことに『現代思想』編集部は、当初一四〇枚におよんだ原稿を、一挙掲載するという英断を下してくださった。

初出論文の発表後、さまざまな人々から賛否とももどもの反響があったが、それらの反応は本文に取り入れられている。その過程で、とりわけ、次の人々との討論に、わたしは多くを負っている。コロンビア大学バーナード・カレッジの九六年度秋学期わたしが担当した「日本のフェミニズム思想」コースの受講生の皆さん。九七年度東京大学文学部上野ゼミおよび学部特殊講義「ナショナリズムと女性」コースの受講生の皆さん。

青土社の津田新吾さんは、初出論文の刊行時から、単行本化に強い熱意を示してくださり、最初の読者として、妥協せず適切なアドヴァイスをくださったうえ、忍耐強く著者の仕事を督促してくださった。彼の熱心な慫慂と尽力がなければ、本書は世に出ることがなかった。昨年に出るはずであった本書が年を越したのは、もっぱら著者の責任である。心からお詫びとお礼を申し上げたい。

（一九九八年一月）

# Ⅱ　戦争の憶え方／忘れ方

## 1　国を捨てる

今年(二〇〇四年)八月三一日付『朝鮮日報』は、韓国の元「慰安婦」を含む太平洋戦争被害者三〇〇名余が、「韓国政府の無関心と無責任に抗議して」、国籍を持つことにともなうすべての権利の放棄と引きかえに、国籍放棄書を提出すると報じた。この人たちは、ある意味で国に捨てられた人たちだ。その人たちが今度は国を捨て返す。そうか、そういう闘い方があるのか、と、わたしは心底おどろいた。

「韓国政府の無関心と無責任に抗議して」の背後には、もちろんもっとたちの悪い「日本政府の無関心と無責任」がたちはだかっている。「六五年の日韓条約で戦後補償は決着ずみ」と言いつづけてきたのはほかならぬ日本政府だし、韓国政府はその日本政府の言い分に追随してきた。「慰安婦」訴訟の個人賠償の請求は、国家はわたしの権利を代表しない、という論理にもとづいている。国籍を持たなければ、国と国の約束など、わたしには関係がない。「日韓条約で解決ずみ」という理屈は通用しなくなる。もしこの人たちが「韓国政府の無関心と無責任に抗議して」国籍放棄をするなら、わたしたち日本国民のなかからも、「日本政府の無関心と無責任」に抗議して、あるいはそのような日本国民であることを恥じて、国籍放棄をする者があらわれてもおかしくない。この問いはわたしの心を波立たせる。国籍と引きかえにわたしたちは何を得て、何を失うのか？

韓国では徴兵を拒否するために国籍放棄書を提出する動きが、以前から一部の若者のあいだにあったという。なるほど、兵役などというありがたくない義務を返上することと引きかえなら、国籍は「ないほうがまし」かもしれない。現にベトナム戦争のときには、脱走兵たちは命からがら国外に脱出したのだから。

今回、国籍放棄書を提出した太平洋戦争被害者の人たちには、高齢者が多い。国籍放棄には年金権の放棄が含まれるから、相当の犠牲をともなう。元「慰安婦」の人たちは、政府から生活支援金が出ているが、それも国民であればこそだから、うち切られるかもしれない。そこまでの犠牲を払っても、この人たちを決意させたものは、何だろうか。

実際には、法律は無国籍者を認めていないから、国籍放棄は二重国籍者の場合にしか受理されない。国籍放棄書が届け出されても、法的には受理されず、この闘いはシンボリックなものとなるだろう。それがわかっていてもなお、「韓国人でなくなる」という決意を、この人たちにさせたものが何か、知りたいと思った。

秋晴れの一日、ソウルからクルマで一時間半ほどの郊外にある、ナヌムの家を訪ねる機会があった。元「慰安婦」のおばあさんたちが、共同で生活している福祉施設である。そのなかのひとりが、国籍放棄書を提出したおばあさんだった。お世話をしている担当者の人から話を聞いたが、どうしてもご本人の口から、どういう思いで、決心したかを聞いてみたかった。おばあさんは、わたしの話を聞いてほしい、とご自分から言ってくださった。ふだんはあまり証言をしないのだけれども、と。

「ヨシコ(仮名)です」

と、そのおばあさんはあらわれた。韓国名をニホンゴ読みにした名のりに、わたしは胸を衝かれた。

「重大なご決心だったでしょうね。どうしてこんな決心をなさるおつもりになったのですか?」というわたしの問いに対する答えは、子ども時代からの長い半生記になった。早く孤児になってからの苦労の数々、養父にだまされて軍人に連れて行かれた慰安所、言うに言えない苦しみと、終戦後の放浪。恋人の自殺と子どもとの死別。過去を誰にも語らず、他人の家で住みこみのお手伝いをして暮らして過ごした長い年月。

病気と手術。

「わたしはもうさんざん苦労してきました。あとは死ぬだけです。これまで七回も自殺をはかってきました。支援がなくなれば、大統領官邸の前で死ねばいい」

おばあさんは、カソリックのキリスト教徒だった。その前は、寺通いを欠かさない熱心な仏教徒、それから別の新興宗教に入信し、さらに改宗して、キリスト教徒として洗礼を受けていた。このおばあさんの強さの背後に、宗教の力があるのではないだろうかと、わたしは思わずにいられなかった。クリスチャンは「神の国」の住人になることを約束されている。それが彼らの殉教を支える。どこの国でも、抑圧的な国家体制にもっともよく抵抗しえたのは「国家内国家」をつくりだしたキリスト教徒と教会であったことを、わたしは過去の歴史から知っていた。その点では、護国宗教と化した仏教は、あまり誇れる過去を持たない。

「おばあさんが韓国人であってもなくても、「神の国」の住人にはなれますものね」

そう言ったわたしに、おばあさんは、

「遅かれ早かれ、「神の国」に行きますからね」

と応じた。「あなたは韓国人でなくなって、神の国に行くんだね」と教会の神父にからかわれたと言う。神父のほうが、民族主義者なのだろう。

自分の半生をたんたんと語るおばあさんは、穏やかでゆるぎない。この世の地獄を経験し、人間の底を見てきたおばあさんは、覚悟のすわった人の持つ静けさを持っていた。

「おばあさん、どうしてあなたはそんなに強くていられるのでしょう?」

と思わず聞いたわたしに、こんな答えがかえってきた。

「わたしはひとりだし、家族もいない。失うものは何もない」

「家族のいない人はほかにもいらっしゃるでしょう。わたしもひとりですが、だからといって、誰もがおばあさんのように強いわけではないでしょうに」

そう食いさがるわたしに、おばあさんはこう答えた。

「一四歳から他人の家で、人の顔色をうかがいながら生きてきた。強くなければ生きてこれないよ」

実をいうと、わたしはひそかに「宗教の力でしょう」という答えを期待していた。が、原因と結果がまちがっていたことに気がついた。宗教があるから、強いのではない。おばあさんに、ここまで生き抜いてきた力があるから、彼女は宗教を選んだのだ。

そう思えば、このおばあさんは、神や仏さえ、自分の意志で、選び直してきた人だった。おばあさんは、自分の意に添わない神仏を捨ててきたのだ。

もっと実態に近い言い方をすれば、神にも仏にも見放されてきたにひとしい暮らしのなかで、おばあさんは自分を捨てた神を捨て返した。そのなかには、このおばあさんのきっぱりした能動性がある。神をも捨てた人が、国を捨てることにおそれを抱くことがあるだろうか。カソリックになってからは、「いまは心安らかです」と言うおばあさんは、キリスト教の神は信じても、どうやら神父は信じていないらしい。おばあさんは、神父にも誰にも相談しないで、ひとりでこの重大な決心をした、という。

ナヌムの家は国からの支援を受けている。おばあさん自身も国の生活支援金を受け取っている。おばあさんは大病をわずらい、病院のお金を支払えなくなって、役所に相談したところ、ナヌムの家を紹介されたという。ようやくこの地におちついて、穏やかな暮らしを送っている。

「まさかそんなことをここの人たちはしないと思いますが、もしも万が一、国籍がなくなることで、ここから出ていかなければならないようなことが起きるとしても(念のために言っておけば、ナヌムの家の関係者は、それをきっぱり否定した)、やはり国籍放棄をなさいましたか」

「はい。出ていかなければならなくてもかまいません。死ねばいいだけですから」

とおばあさんはもう一度言った。

あなたの神さまは、自殺を禁じておられるはずですが、と言う気持ちをわたしは失った。

日本国家に対峙しているのは、こんな人だ。国を相手にまわして、ひとりの個人がすっくりと立つ。このおばあさんの強さに見合うだけのねうちを、この国は持てるのだろうか?

## 2 今もつづく「軍隊と性犯罪」

「従軍慰安婦」のことを英語で sexual slaves(性的奴隷)と呼ぶのを聞いて、目からウロコが落ちた。彼女たちの置かれた状況は、「慰安」などという生やさしいものではない。監禁下の奴隷状況で兵士から強姦を受けつづけた女性のことを、日本語では「従軍慰安婦」と呼ぶのだ。こういう女性から「慰安」を受けることのできる男とは、いったい何者なのだろう。

昨年(一九九二年)末、研究旅行で沖縄を訪れ、一二一ヵ所にのぼる沖縄慰安所マップをつくった「沖縄女性史を考える会」のメンバーの方たちと、交流する機会を得た。そして「慰安婦」には韓国女性と沖縄女性がいたこと、その間には、兵士と将校で差別があったこと、沖縄に日本軍兵士のための慰安所が置かれたのは、「準外地」扱いだからだったこと、沖縄の人たちが内地の兵士からさんざんな差別と被害を受けながらその一方で韓国人差別をしていたこと……などの入り組んだ事情を聞いた。

沖縄には今でも「慰安婦」経験者の人たちがいるが、その人たちは強制連行された韓国女性とちがって、わずかな報酬を得ていたために名のり出にくいことも聞いた。韓国女性の「慰安婦」訴訟の背景には、韓国のナショナリズムの高まりや、日本の経済力の接近がある。そこには、ひとつの国家の他国民に対する犯罪を告発するという姿勢がある。だとしたら、国籍の有無だけで、あるいはわずかな報酬の有無だけで、沖縄女性は告発の資格を失うのだろうか。

「従軍慰安婦」は、「国家の犯罪」であるだけではない。「男による性犯罪」でもある。その視点を確立しないと、韓国女性の「従軍慰安婦」と沖縄女性の「従軍慰安婦」との間には、ふたたび深い国籍の溝が生まれてしまう。そしてこの見方の中にこそ、「従軍慰安婦」の問題が、戦後四六年もたって「今さら」ではなく「今だからこそ」出てきた理由がある。

『思想の科学』一九九二年一二月号の特集「記憶の政治学」で、江原由美子さんは「なぜ四六年も(提訴に至るまで時間がかかったか=引用者注)?」という問いに答えて、「性暴力や強姦の被害にあった女性にその被害の事実を「身の恥辱」として恥じ入らせる通念や文化は、それ自体許しがたい性暴力である」という「フェミニズム的認識の確立」にある、という。

戦後、日本が国籍を剝奪した旧植民地人に対する戦後補償は、元台湾人兵士の軍人恩給や遺族年金の請求としてくりかえし問題になってきた。だが、「従軍慰安婦」の問題を、国籍の問題や国家賠償の問題に還元すると、「この四六年」が持つ、問題の今日的な意味が見失われる。

被害を被害者の側の責や恥に帰して沈黙させる性犯罪の力学がはたらいたからこそ、「慰安婦」は沈黙してきた。昨年、「わたしは何も悪いことをしていません」とセクシュアル・ハラスメント訴訟の実名報道に踏み切った女性が登場したが、彼女の勇気ある一歩が事件になるまでにかかった「この四六年」だったのである。

「慰安婦」問題が「国家による犯罪」だというだけでなく、「男による性犯罪」だという視点を確立することで、国境の壁を越えて、基地の女たちとつながる道も生まれる。国連平和維持活動(PKO)部隊が派遣されたアジアの地域では、兵舎のまわりに急ごしらえのスナックやバーができている。「バーUNTAC」があるという笑えない話も聞いた。UNTACの明石康代表が慰安所の設置を支持するような「失言」をしたと現地の新聞に伝えられる状況だ。むき出しの暴力による強制であれ、貨幣による誘導であれ、「軍隊と性犯罪」の問題は「過去の亡霊」ではなく、今日もなお、つづいている。

（一九九三年）

## 3 沖縄女性史の可能性

八〇年代以降、女性史のなかでは新しいパラダイム転換が起きた。

ひとつは女性を歴史の受動的な被害者として見るのではなく、能動的な加担者として見ること、つまり女性の「歴史的主体性」の回復である。

女性の歴史的主体性の強調は、女性史において皮肉な結果をもたらした。すなわち、女性はたんに歴史に翻弄されただけではなく、さまざまな生存戦略を駆使して生き抜いてきたしたたかな存在であり、場合によっては、家父長制の共犯者としてさえふるまったという発見である。日本ではそのパラダイム転換は「被害者史観」から「加害者史観」へ、侵略戦争の共犯者としての女性の発見へと向かった。「反省的女性史」と呼ばれる新しい動向がそれである。

もうひとつは、ジェンダーという概念の導入である。ジェンダーとは「生物学的性差」を意味するセックスから区別して「社会的・文化的につくられた性差」を意味する。

女性史が学問の世界で市民権を獲得した後も、女性史は正史に対する補完史としての立場にとどまったままであった。女性史は、別名「落ち穂拾いの歴史」とか「つけた史」などと呼ばれ、研究をどれほど積み重ねても、男性の歴史家たちの足元を揺るがすに至らない。その欲求不満から、歴史を「ジェンダー」という変数を持ち込むことによって書き換える、ジェンダー史への転換が起きる。

それまでの女性史は正史に「女性」というローカルな領域を付け足すものにすぎなかった。だが、ジェンダー史は、ジェンダーという変数を用いて歴史のありとあらゆる領域を横断的に分析する。女性の「指定席」は私領域と考えられてきた。そしてそのせいで女性史は、男性史が見落としてきた私生活や性・身体のような領域を主として主題にしてきた。ジェンダー史は逆に、あたかもジェンダー中立的であるかのように見える公的領域の中立性・客観性を脱神話化する。もし政治や経済の領域が「男性専用」と見なされていたら、そこにおける女性の不在そのものが説明される必要がある。ジェンダー分析は、構造的な女性排除にもとづく公領域の男性中心性をあきらかにした。

八〇年代後半以降、ポスト冷戦時代の始まりのなかで、世界の各地で歴史の再審が起きた。女性史もまた、フェミニストによる歴史の再審を生んだ。歴史がたんに事実にもとづいて書かれるものであるならば、いったんひとつの出来事に決定版の歴史が書かれたら、それ以降の歴史研究は必要なくなる。だが、歴史は決してそのようなものとしては存在していない。歴史は何度でも書き換えられるし、さまざまな立場から書き直される。というのは、歴史とは、現在における過去の絶えざる再構築だからである。

新しい女性史は、ふたつの方向へ向かう。ひとつはすでに知られた歴史のジェンダー視点からの読み直しである。もうひとつは、まだ知られていないさまざまな女性の現実の掘り起こしである。これは、生活史、地方女性史、口承史や自分史などの分野で積み重ねられてきた。前者は歴史の再審、後者は歴史の創造であるといってもいい。そのなかで、加害者としての日本女性、すなわち戦時下における女性の戦争協力が、主題化されてきた。

なかでももっとも決定的なインパクトを持ったのは、一九九一年に金学順《キムハクスン》さんら元「慰安婦」の韓国人女性が、日本政府に対して正式謝罪と個人補償とを求める訴訟を起こしたことである。元「慰安婦」の女性の証言は、過去の再定義を行うことで、歴史の書き換えを要求する。この「慰安婦」問題は、その後、日本版歴史修正主義の台風の目となった。

わたしの著書『ナショナリズムとジェンダー』[上野 1998a]は、国民国家という一見ジェンダー中立的な領域にジェンダー視点を持ち込むことで、国民国家の内在的な矛盾をあきらかにしようとする、ジェンダー史の試みである。総動員体制のもとでは、女性という「二流国民」もまた国家への貢献を要請された。この「女性の国民化」は、沖縄やアイヌ、被差別部落民や植民地出身者など、マイノリティの国民統合と多くの共通点を持っている。

沖縄でも女性史が編まれると言う。しかもこれまでの多くの地方女性史が、対象を「女性」に限定していたのに対し、沖縄史のなかに統合されるという。ジェンダー史を実践する絶好の機会ではないだろうか。女性はいつの時代にもどんな領域にもいた。戦争も敗戦も占領も復帰も、洗骨やトートーメー(先祖の位牌を男系継承する習俗)のような沖縄固有の習俗も、ジェンダーによって異なる意味を持っている。そのことが解明される必要がある。

沖縄史は日本史のなかの一県史、国史のなかの一地方史ではない。沖縄という「周縁」、女という「二流国民」からの視点は、一国史そして男性史の限界を破る挑戦となるだろう。

(一九九九年)

## 4　戦争の憶え方／忘れ方

一九九一年四月から九二年三月まで一年間、機会を得てドイツに滞在した。ボン大学日本学科の学生を教えるためである。

滞在中、もっともつよく印象に残ったのは、ドイツ人の戦争責任への敏感さである。わたしも戦後生まれだが、わたしより二〇歳は若いドイツ人の学生たちが、戦争体験に対していちいち示す鋭敏な反応には、彼らと同世代の日本人学生の顔を思いうかべて、内心じくじたる思いを禁じえなかった。

「キミがヒットラーの末裔《まつえい》かい？」

そう言ってまじまじと顔をのぞきこまれた、とイギリスに留学したことのある学生が言う。まるで化物扱いだと憮然《ぶぜん》とするが、そう言われるのも無理はないとムッとしたままおし黙る。そんなエピソードを淡々と語る彼らを見るにつけ、アジア各地を旅行しながら、同様に化物扱いされているかもしれない自分たちの醜い自画像に気づかない日本人の救いがたさを思う。

戦争体験のまったくない若者たちが、戦争の記憶にこれだけ敏感なのは、もちろん教育のせいである。わたしはドイツの学校での歴史教育に関心を持ち、興味が昂《こう》じてついにギムナジウムで使われる歴史の教科書を何冊か手に入れた。ドイツの歴史教育は小・中・高と通史を三回くりかえす。日本のように一年間で石器時代から現代までを駆け抜けるのとは違う。近・現代だけで教科書一冊、それを最終学年の一年間で学ぶ。そのうちナチスの第三帝国の成立から崩壊まではまるまる一章四〇ページがあてられている。東アジア情勢にも目配りは忘れておらず、戦時中の日本の動向にも詳細な説明が与えられている。第二次世界大戦中の戦死者数(非戦闘員を含む)、日本二〇〇万、ドイツ六〇〇万。それに対してドイツが侵攻した旧ソ連で二〇〇〇万、中国本土では一三〇〇万。他に強制収容所の「死の工場」で虐殺したユダヤ人六〇〇万。これらの数字をわたしはドイツの教科書で知った。それどころか日本の南方戦線の拡大の度合いや、各地の戦死者数さえも、ドイツ語をつうじて初めて知った。恥ずかしいことだが事実である。ドイツの教科書にはそれくらいこくめいな情報が載っている。

学校教育だけではない。マスメディアも政治も、くりかえし戦争の記憶に立ちかえるよう国民に呼びかける。毎週一回はテレビでナチ時代のドキュメンタリーを目にしないことはない。「もうたくさんだ」と言いたいドイツ人の気持ちもわからないではない。

調べてみると意外な事実につきあたった。教育もマスメディアも、六〇年代までは「あの忘れたい過去」にフタをしてきたのだという。それを暴いたのは六〇年代末のスチューデント・パワー。「何よりダメなドイツ」(エンツェンスベルガー)をもたらした親の世代の責任を問う世代間対立だった。その後スチューデント・パワーの担い手たちはマスコミや教育現場など社会の各層に散らばっていき、戦争責任の掘りおこしにつとめた。——日本では同じ世代は「戦争を知らない子どもたち」という甘ったるいフォークソングをつくったほかは、親の世代の戦争責任について一体何をしただろう?

ドイツでもこのところ「もう反省はたくさんだ」という気分が拡がっている。潜在的につねにある戦争責任への回避と嫌悪感に抗して、この二月、政府はヒットラーが側近とユダヤ人殲滅《せんめつ》を決めた歴史的なヴァンゼー会議の開催地、湖畔の瀟洒《しょうしゃ》な邸宅を記念館として保存する決定を下した。

過去の記憶は、努力しなければ消えてしまう。ドイツの歴史教育、民間団体と被害国との共同になる教科書検定、今日までつづく巨額の戦争賠償——などにつよい印象を受けたわたしは、帰国後請《こ》われて何度か講演をした。そのうちのひとつ、一九九二年六月一三日早稲田大学で開催された日本女性学会のシンポジウムで、わたしは「戦争の憶え方——ドイツの場合」と題する報告をしたが、それにひきつづく在日韓国人二世、鄭暎恵さんの報告は「戦争の忘れ方——日本の場合」と言うべく好対照をなしていた。

敗戦後、旧植民地人から日本国籍を剝奪することで賠償責任に頰かむりし、「政府間決着」を楯にとって被害者に何ひとつ責任をとってこなかった日本。政府だけではない、それを黙認してきた国民も同罪なのだ。その日本がＰＫＯで「平和」のために「国際協力」するという。この現実に鄭さんは「吐き気がする」と言う。

政府は最近ようやく従軍慰安婦の資料を公開し、正式に謝罪した。それも韓国の集団訴訟と外圧におされてのことである。中国でも台湾でもインドネシアでも、つぎつぎに報告が出てきている。強制徴用も含めると、裾野はどれだけ拡がるかわからない。

戦争のツケは高くつく、ということを日本人は学ぶべきなのだ。負債は四七年たっても帳消しにされたりはしない。それどころか不信感という利息はますますたまる。そしてわたしたちの顔がアジアの人々には殺人鬼の化物に見えているかもしれないことを、ノーテンキにアジアを旅する若者たちもまた、知る必要がある。（一九九二年）

## 5　過去の清算——ドイツの場合

はじめてベルリンを訪れたのは、東西ドイツ統一後一年を経た一九九一年のことだった。

それから一五年。こんどの旅はかくべつだった。フリードリッヒ・エーベルト財団の主催で「重荷を負った過去とどう向き合うか？」というテーマの会議に、招かれたのだ。他のアジアからの出席者たちは、カンボジア、ミャンマー、インドネシア、東ティモール、スリランカ、それに韓国と日本。どこの国も侵略や内戦や軍事独裁を経験し、虐殺、強姦、拷問などの痛ましい過去がある。場合によっては被害者が加害者と、同じ社会で生きていかなければならない。過去を清算し、和解への道を歩み、どのように傷ついたコミュニティを再建していくか、は切実なテーマである。

この主題を扱うにあたって、ドイツ側の主催者は、アジアからの参加者のために、特別メニューを用意しておいてくれた。それが過去の清算、ドイツの場合を学ぶスタディ・ツアーである。ベルリン郊外の旧ナチの強制収容所あと、ザクセンハウゼンや新しくベルリン都心にできたホロコースト(ユダヤ人大量虐殺)慰霊碑のほかに、一五年まえには考えられなかった新しい訪問地が加わった。旧東ドイツの悪名高い国家安全保障警察(通称秘密警察)のあとである。

「二〇世紀にドイツはふたつの独裁社会を経験した。そのひとつがナチ、もうひとつが東独である」と彼らはいう。東独は、秘密警察と密告者からなる全体主義国家だった。その秘密警察の文書館には、対象となった個人ファイルが保管されており、全部で一八〇キロメートルもある。申告すれば個人情報を開示してくれる。広大な敷地を占める元本部は、「007」なみのスパイ道具を展示した記念館になっており、監獄ではそこに七年間拘禁されていたという引退した心理学者がガイド付きツアーをボランティアで務めてくれた。肉体的拷問はなかったが、おそろしく洗練された心理的拷問が行われ、それが彼をのちに心理学に向かわせた、という。こういう社会がほんの一九九〇年までつづいていた。

かつて国民七、八〇人にひとりの秘密警察員がいるとまで言われたおそるべき監視国家。その遺跡を現在も数百人規模の職員で維持し、公開している。このエネルギーとコストのかけ方は、いかにもドイツ的だ。「水に流して忘れましょう」とはしないで、和解のためにこそ、真相究明と記憶が必要だという。

どんな社会も思い出したくない過去を持っている。ドイツも敗戦後の一時期、「くさいものにフタ」をした時期があった。歴史のなかで、過去は選択的記憶になり、つごうの悪いことは忘却されがちだが、被害者はそれを忘れていない。和解は、被害者の嘆きと怒りを受けとめ、それに向き合ったところからしか生まれない。

戦後ドイツの過去の清算も紆余曲折の道をたどったし、現在でも左右両派の対立は続いている。旧東独との関係もぎくしゃくしており、共産党にノスタルジーを感じる人たちも多い。だが、過去に向き合うこの徹底性には、学ぶべきところがある。旧東独の全体主義の記念館に、「最後の分断国家」韓国からの参加者が食い入るように見入っているのが印象的だった。そしてわたしは、「重荷」を与えた側の国からの参加者であることを痛感させられた。

（二〇〇六年）

## 6 戦後世代の再審に希望

戦後生まれが三分の二を超えるようになった日本で、「清算されざる過去」がゾンビのようにくりかえし現れる。「慰安婦」問題をめぐって「記憶の内戦」が闘わされるなかで、小林よしのりの『戦争論』[1998]が二〇刷、五四万部を超すベストセラーになる。出版不況のなかでは、それでも数少ない「明るい」話題だ。

戦争を経験したこともない世代が過去の記憶をねつ造し、一部の若者がそれに共感を寄せる。戦後半世紀以上を経て、戦争体験の風化や、記憶の継承の切迫した必要性を主張する人たちは相変わらず多いが、問題はすでに「体験をいかにひきつぐか」ではなく「体験を持たない人たちのあいだで、過去をいかに再構築するか」にシフトしている。

若手の某国会議員のように「わたしの生まれる前に起きたできごとに、責任を感じる必要なんてありません」と言い放つ者もいる。日本人の歴史的な健忘症のもとでは、半世紀以上も前のことがらを今さらむしかえすなんて、という気持ちが先立つ。くさいものにフタ、の戦後の歴史教育がみごとに功を奏して、無知でナイーブな若者たちが育つ。日米開戦の記念日と聞いて、「えーっ、日本てアメリカと戦争したんですか。で、どちらが勝ったんです？」と無邪気に問いかえす、笑えない話まである。

ポスト冷戦、「戦後」後のドイツの歴史家論争を皮切りに、「歴史の再審」をめぐる動きが世界各地で同時に進行している。日本でも自由主義史観を唱える一派によって「日本版歴史修正主義論争」が起きた。自由主義史観なるものの実体が、旧態依然とした太平洋戦争肯定史観が新しい衣を着ただけのものであることははっきりしたが、古い物語を新しい声で語る世代が登場したことは驚きを与えた。

だが、保守の言説は、保守もまた言挙げしなければ保守として生き延びることのできない危機の表現である。

「慰安婦」裁判の原告、金学順《キムハクスン》さんの最初の証言から七年。保守派がことさらに問題を「正当化」しなければならないと強迫的に考えたおかげで、皮肉にも「慰安婦」問題への関心は拡大した。もし一九九〇年代の前半に「慰安婦」問題をめぐって「日本政府が公式謝罪と個人補償をすべきだと考えますか？」と国民投票をすると想定したら、おそらくは無知と当惑から、国民の過半数はノーと答えただろう。

だが、小林の『戦争論』を読む若者は、それに対する反論にも耳を傾けるだろう。「小林の本も読みましたが」と前置きしたうえで、「日本はやはり謝罪すべきだと思います」と言う若者たちは、確実に増えている。今、国民投票をするとしたら……以前よりはましかもしれない、と思える程度の感触はある。

金さんはすでに亡くなった。姜徳景《カンドクキョン》さんも、日本を許さないまま亡くなった。問題をこじらせ、日本政府の「誠意」の証としてスタートした国民基金も三年めを迎えた。日本被害者のあいだに不幸な対立をもちこんだ国民基金の関係者は、「善意の意図」はともかく、結果に対する「政治責任」を負うべきだろう。

過去の決着は一度ついたらおしまい、ということにはならない。長いあいだ「過去は水に流す」と言ってきた中国も、江沢民主席の来日にあたって、日本側のスピーチに「侵略戦争」への謝罪がないことに不快感を示した。韓国の金大中大統領も国民基金を白紙に戻す可能性を示唆した。

そのあいだにも、国民の審判も経ない自・自・公連立政権のなかで、自衛隊の海外派兵をめぐる解釈改憲が、強引に行われる可能性も出てきた。

だが他方で、戦後補償特別立法への動きが戦後生まれの議員を中心に起こり、「慰安婦」問題に切実な関心を持つ人々が、やはり戦後生まれの世代であることは、わたしに希望を与える。ドイツでも「一刻も早く忘れ去りたい過去」に直面するよう促したのは、ナチ体験のない戦後生まれの世代だった。日本の戦後生まれのなかからも、植民地支配や侵略戦争の加害性を問う野田正彰の『戦争と罪責』[1998]や、小熊英二の『〈日本人〉の境界』[1998]のようなすぐれた仕事が、つぎつぎに生まれている。

「謝罪」と「居直り」が一対の双生児のようにくりかえされることを、加藤典洋の『敗戦後論』[1997]のように、同一の人格のなかの「分裂」ととらえる必要などない。最初からそんなひとまとまりの人格など国民のなかにあったためしなどないのだから。

過去の再定義は、現在のわたしが何者であるかにつながる問いである。「たったひとつのわたし」を立てるかわりに、「さまざまなわたしたち」を承認していくことは、多様なわたしたちが生きていける社会の可能性につながる。

といえば、ただちに「それなら自由主義史観の存在も認めるんですか」と色めきたつ人もいるが、第一に認める・認めないにかかわらず、歴史は反動的な言説が生まれることを一度も阻止できたためしなどないことを証明している。そして第二に、そのような「絶対」を求める言説をも多様な選択肢のひとつに解消していく逆説のなかに、多元主義の未来はある。

（一九九九年）

# Ⅲ　その後の「従軍慰安婦」問題

# 1 記憶の語り直し方(1)

## はじめに

キャロライン・ハイルブラン[Heilbrun 1988＝1992]は一九七三年を「女の自伝の分水嶺」、「女の自伝の転回点」と呼ぶ。というのはこの年に、メイ・サートンが出版した『独り居の日記』[Sarton 1973＝1991]の中で、彼女は一九六八年に出版した『夢見つつ深く植えよ』[Sarton 1968＝1996]に書かなかった怒りの感情を、書き直したからである。そして「怒りの感情以上に、女にとって禁止されている感情はなかった」とハイルブランは言う。

自伝は異なる文脈において異なるしかたで、何度でも書き直される。経験は固定されることがない。八〇年代におけるフェミニズム文学批評は、女性がいかに書く主体になるかについての理論的な貢献をもたらした。その影響は他の分野においても無視できないし、歴史学もその例外ではない。

もし公共の記憶public memoryというものが正統性を与えられた集団の記憶collective memoryの別名にほかならず、そしてもし集団の記憶というものが個人の記憶の集合a set of personal memoriesにほかならないとすれば、ひとりひとりの記憶がべつなしかたで語り直されるように、公共の記憶も語り直すことが可能であろう。

## 1　フェミニズム文学批評がもたらしたもの

フェミニズム文学批評は「言語論的転回」以降のポスト構造主義に多くを負っている。それがもたらした理論的貢献は、以下の四つにまとめることができる。

第一は、「エイジェンシー」の概念の導入である。「エイジェンシー」の概念は、「主体」と区別するために持ちこまれた。「エイジェンシー」は語りの前にも外にも存在しない。それはむしろ語りの過程を通じて構築されるものである。この概念に「行為体」という訳語をあてたのは、竹村和子である[Butler 1999＝1999]。構造主義言語学が教えるように、「主体が言語を語る」のではない。「主体をつうじて言語が語る」のである。この見方からは、「主体」も「客体」もともにテクストの効果であって、原因ではない。「行為体」という訳語は、「原因としての主体」から「過程としての主体」への概念の転換をうまく捉えている。

第二は「読者」の発見である。「主体」が語りのプロセスの産物であるとすれば、語りの遂行は読者の関与によって完成される。そこでは特権的な「作者」像は解体する。読者が「誤読の権利」を含めて、語りの遂行の完成に積極的に関与する存在だとすれば、誰が読み手か、いかに読むか、はテクストの生産と再生産にとって重要な条件となる。

第三に、フェミニズム文学批評は文学という「ジャンル」そのものを解体するにいたった。もし文学作品が出版市場に商品として出回るテクストだけをさすとすれば、職業的な名声を確立した女性作家は数えるほどしかいない。フェミニズムアート批評の分野でリンダ・ノックリンが「なぜ女性の大芸術家は現れないのか」[Nocklin 1971＝1976]と問いをたてたように、その問いに答えるためにはフェミニスト批評家は文学という正典化されたジャンルそのものを解体するほかなかった。というのは、宛て先がかぎられているとは言え、女性は手紙や日記、自伝、聞き書き、口承などの語り手でありつづけてきたからであり、もしこうしたテクストを文学の中に含めるとしたら、女性の文学はけっして貧しいとは言えないからである。

第四は精神分析のフェミニストによる読み換えである。フロイトのドラの症例分析の再解釈を通じて、フェミニスト批評は、フロイトが見落とした、というより、いったん認めた後に忘却しようとした女性の外傷性の経験――ここでは幼児期の性的虐待――を、文字どおり再発見した。もっと正確に言えば、フロイトとその時代は、家父長制の罪による女性の犠牲を認める準備がまだなかったといえる。フェミニズムはレイプやセクシュアル・ハラスメント、家庭内暴力、子どもの性的虐待などの性犯罪に対するパラダイムの変化をもたらした。これらの経験は何よりもまず被害者にとってトラウマ的な経験であり、そのうえ社会からスティグマを受ける。したがって女性は二重の意味で沈黙を強いられてきた。フェミニズムによるパラダイムの変化は、女性に彼女らの経験を「再定義」するカテゴリー上の資源となった。そしてこの「経験の再定義」は過去にさかのぼっても行われることができる。この「経験の再定義」のおかげで、女性は自分自身を責めることをやめて、加害者を告発することができるようになったのである。自分が犠牲者だと認めることは、決して弱さの証ではない。それどころか、それは「わたしは悪くない」と宣言する、強さの証明となった。

この事情はトラウマ的でかつスティグマ的な記憶の場合にはとりわけあてはまる。記憶を回顧する過程で、語り手は過去にさかのぼって自分の経験を再定義し、それをより受け入れやすい語り方のなかに統合することができるようになる。

## 2 犠牲者性の構築

以上述べたフェミニズム文学批評の四点にわたる貢献は、「従軍慰安婦」問題を解くために有効である[上野1998a]。「慰安婦」制度とは、今日では日本軍性的奴隷制として広く知られているものである。一九九一年に金学順さんをはじめとした三人の韓国女性が、強制性労働の被害者として初めて名のりをあげたとき、それが与えたショックは二重だった。ひとつは生きて地獄を経験するような経験のすさまじさに対して。もうひとつは半世紀にわたる強いられた沈黙に対して。トラウマ(外傷)的な経験はさらにスティグマ(烙印)化されて二重に彼女たちを抑圧し、沈黙を強いた(3)。

奇妙なことに、事実はあらためて「発見」されるにはおよばなかった。多くの兵士たちは日記や回想録のなかで、「慰安婦」との接触を、少しも恥の意識を持つことなく記述していたからである。パラダイムの変化のおかげで、彼女たちの経験は「軍隊売春」から「性奴隷制」へ、すなわち軍隊によって組織的に継続された強姦へと、見方が変わったのである。犠牲者性の構築はここでは決して彼女たちが弱者だということを意味しない。むしろそれは彼女たちをエンパワーするものだった。というのはそれによって「犠牲者の恥」は「加害者の罪」に置き換えられることができたのだから。

語りえない過去を語ることによって、彼女たちは歴史にエイジェンシーを回復することができた。

このパラダイムの変化に、聞き手の存在は重要な役割を果たしている。韓国女性運動の高まりのなかで、性犯罪についてのパラダイムの変化が、元「慰安婦」の証言に先だって成立していたからである。最初の証言者、金学順は尹貞玉をはじめとする韓国女性団体の呼びかけに応じて名のりをあげたので、順番は逆ではない。生存者の証言は、女性の集合的なプロジェクトの共同の産物というべきものである。というのは、証言のまえに、すでに耳を傾ける準備のととのった聴衆が存在していたのだから。彼女たちの証言は、痛ましい過去を自分の人生の中に統合しようとする個人的な努力以上のものである。むしろそれは男性中心的な歴史を書き換えようとする集合的な努力の産物であった。

「慰安婦」の語りによって、韓国の植民地化の経験は、はじめてジェンダー化されたと言ってよい。というのは植民地化の経験は男性と女性とでは異なる効果をもたらしたからである。しかしそれと同時に、彼女たちの痛ましい経験を「民族の受難」とみなすことで、元「慰安婦」の証言を領有しようとする民族主義的な言説もまたあとを絶たない。女性の経験を脱ジェンダー化することで、元「慰安婦」の女性たちは今度は「民族的英雄」としてあがめられるようになる。それもかつては彼女たちに「売春婦」の烙印を押した同じ社会によって。とはいえ、日本政府に対して彼女たちが求める公式謝罪と個人補償とは、国家を越えているように見える。というのは彼女たちは、自分たちの利益が国益に還元されないと主張しているからである。自分の人生に尊厳を回復しようとする彼女たちの努力は、わたしの目には「わたしの身体とわたしの自己とは国家に属さない」と宣言しているように思われる。

## 3　歴史と記憶

女性のエイジェンシーを歴史のうえに回復する過程で、日本の女性史もまた「被害者史観」から「加害者史観」へのパラダイム転換をくぐりぬけた[上野 1995c]。戦後の女性史は長いあいだ女性を歴史の受動的な被害者と見なしてきたが、八〇年代の「反省的女性史」は、エリートであろうとなかろうと、女性の積極的な戦争協力の責任を問い直した。戦前には女性は国民として一人前の市民権さえ認められていなかったのだが、女性もまた日本の超国家主義にすすんでまきこまれていったからである。日本の歴史は、そこではじめてジェンダー化された。クラウディア・クーンズ[Koonz 1987＝1990]がドイツのケースについてあきらかにしたように、鈴木裕子[1986]、加納実紀代[1987]、西川祐子[1982b]のような女性史研究者は、女性は総力戦への戦時動員に「女らしいしかたで」参加したことをあきらかにした。「女らしさ」は女性の戦争責任の言い訳にはならない。

元「慰安婦」の韓国人生存者が日本政府を告発したとき、日本女性は自分たちの責任を問う「他者」に直面した。理論は現実を追いかける。女性の集合的アイデンティティのポスト構造主義的な脱構築をもたらしたのは、アメリカではブラックアメリカンや他のマイノリティ女性たちだった。日本では「他者」の声は外から来た、と言わざるをえない。最初の証言が登場するまで、日本のフェミニズムが「慰安婦」について問題化することがなかったのは日本のフェミニズムの限界であった。女性というカテゴリーはもはや一枚岩とは言えない。というのは彼女たちは「わたしはあなたと利害を共有しない」と言ったのだから。

回顧的に見れば、戦時下の日本女性の位置は当時の大日本帝国の版図の広がりのなかでとらえるほうがよく理解できる。「性の二重基準」は女性を「母親と娼婦」とに分けるが、日本女性と韓国女性はそれぞれ帝国に奉仕する異なった任務を与えられた。皇軍兵士の妻または母としての日本女性の貞操は、守られる必要があったのに対し、植民地の女性は皇軍兵士の「慰みもの」として「娼婦」としての性的奉仕を要求された。いずれの場合も女性のセクシュアリティは国家によって領有されている。というのは強いられた性的搾取のみならず、強いられた貞操もまた家父長的な抑圧のもうひとつの側面だからである。

とはいえ民族差別は明らかであった。日本女性が二級国民として位置づけられるいっぽうで、韓国女性は二級国民の中のさらに二級の存在として、民族とジェンダーの階層秩序、それに加えて階級差別のなかで、二重三重の抑圧を受けたからである。「母親と娼婦」の境界は歴史の文脈によって変動する。日本が敗戦を迎えたとき、日本女性はただちに占領軍の「慰安」のために動員をかけられた。「性の二重基準」の狡猾さは、被抑圧者の集団を互いに葛藤状態において「分割統治」するところにある。抑圧された人々は抑圧委譲の連鎖のなかで、抑圧者にもなる。これと同じメカニズムは一九五八年の売春防止法制定のときにもはたらいた[藤目 1996]。

## 4　ポストコロニアルな歴史学

戦後史学は長らく戦後日本の地政学的な領土の境界のなかにとどまってきたが、九〇年代におけるポストコロニアルな歴史学は一国史を越えてきている。最近になって戦前の植民地、韓国や満州における日本人の経験の記憶についての研究が次々に登場しているが、それというのもポストコロニアルな研究は、日本人が過去に何をしたかについてというよりも、彼らが過去をいかに記憶するかに焦点を合わせているからである。

そのひとり、田端かや[1995]は朝鮮半島で女学校時代を過ごした同窓生のグループにインタビューした。インタビュー当時、六〇歳代の彼女たちはほとんど例外なく、植民地における過去をなつかしいよき思い出として語った。植民者の娘として彼女たちが特権的な暮らしを送ったことを考えると、そして彼女たちがインタビューを受け入れたのは、そのとき相対的に暮らしがうまくいっていたからだと考えると、その結果は理解できる。というのは記憶は現在を到達点とする目的論的な構成をとる傾向があり、したがって肯定的な現在は、回顧のなかでは肯定的な過去によって説明されがちだからである。彼女たちの誰ひとりとして、植民地主義の否定的な側面に言及したものはいなかった。

坂部晶子[1999a：1999b]は満州出身者の同じような同窓会グループについて、興味深い研究をしている。彼らのあいだで過去半世紀にわたって刊行されてきた雑誌のなかで、過去の語りがどう変化したかをあきらかにした。坂部は戦後を三つの時代区分に分ける。第一期は敗戦直後である。その時期、雑誌の寄稿者たちは怒りや失望、裏切られた感情を表明している。というのは植民者としての彼らの位置は敗戦によって正統性を失った、べつな言葉で言えば、彼らを「フロンティア」へと移住させた「理想主義」は、公的なものから私的なものへと変化してしまったからである。第二期の六〇年代になると、彼らの回想は断片的でノスタルジックなものになる。そこに出てくるのは、アカシアやライラックなどの自然や大連の街並みの美しさなどの決まり文句である。八〇年代以降の第三期になると、彼らは断片的な記憶を老いに近づいた自分の人生の物語に統合しようとする。しかし、彼らの個人的な物語はみごとに公的な記憶のマスター・ナラティブを補完する結果になっていると、坂部は主張する。というのは記憶を個人化することは過去を脱政治化することにつながるからである。

坂部の分析にはジェンダー視点は含まれていないが、植民地の記憶の分析にジェンダーを持ちこんだのは古久保さくら[1999]である。敗戦直前、ソ連軍が国境を越えて参戦したとき、満州には一〇〇万人以上の日本人が軍隊の防衛もなく残され、その多くは女や子どもだった。回想録の多くは、引き揚げのつらい体験について語っているが、そのほとんどはなぜ彼らがそこに、満州という土地にいたかについては語らない。自分を被害者と受けとめる傾向が強いために、まるで植民地主義のつけはじゅうぶんに支払ったというかのようである。

それらの痛ましいコストの中に、女性の強姦経験がある。ここではジェンダーが経験を左右する。ソ連兵による強姦の証言は男女を問わずしばしば第三者によって行われているにもかかわらず、驚くべきことに、当事者の声がまったくといっていいほど存在しないことを古久保はあきらかにする。それらの女性たちはコミュニティが生き延びるために犠牲にされたのち、コミュニティから追放されたのだ。彼女たちは忘られ、沈黙を強いられる運命にあった。もっと悪いことには、同胞男性、ここでは日本人男性による強姦は、このような状況下ではおそらくしばしばあっただろうにもかかわらず、記録にも回想にもほとんど登場しない。自国民の男性による被害はもっとも問題化しにくいのである。ジェンダーがここでほんとうに関与しているかどうかは疑わしい。女性の被害はまず日本人全体の受難の経験として国民化されたのちに、スティグマとともに集合的な記憶から抹殺されたからである。

## 5　証言の挑戦

フェミニズム文学批評から学んだ理論的含意のうち、まだもうひとつが手つかずに残っている。それはジャンルの解体である。歴史についても同じことが言えるはずであり、ここでも「慰安婦」問題はかっこうの例となるだろう。生存者の女性が個人的な経験を語り始めたとき、彼女たちの証言は、その真偽を証明せよという疑惑のまなざしにさらされた。だが、その真偽を判定できる人々とは、何者であろうか？　誰にその資格があるのだろうか？　証拠を提出する責任は誰にあるのだろうか？

口承の史料はつねに文書史料や物的証拠にくらべて史料価値が劣ると見なされてきた。というのは人間の記憶はあてにならないからである。同様に、元「慰安婦」の生存者の証言も、保守的な歴史家によって歴史実証主義の名のもとに疑問視されてきた。良心的な歴史家にとってさえ、口頭の証言は、それがどんな価値を持っていようとも、他の史料の欠落を補う部分的な証拠として扱われてきた。ここでは、「歴史家」とは、客観的な判定を下すことのできる特権的な「第三者」の位置を占める正統な歴史の語り手の別名である。

元「慰安婦」の女性たちが個人史を語り直したとき、彼女たちの証言は証言以上のものだった。それは過去を語り直すことによって、過去を再定義し自分自身の尊厳を回復する行為であった。証言を遂行的な語りと見なすことは、証言が「事実」を証明する手段以上のものであると見なすことである。彼女たちの語りは、男性支配的なマスター・ナラティブに対して、それとは対抗的な歴史をつきつけた。彼女たちの語りは、公共の記憶のたんなる補完物であることを拒絶する。多くの兵士たちは今でも人生の危機的な瞬間に「慰安婦」の女性たちと分かちあった経験をなつかしげに回顧している。だが、男たちが「分かち合った」と考えている経験は、もういっぽうの当事者には少しも分かち持たれていなかったことが、明らかになる。そして彼らは、想像を絶した現実のまったく異なる相貌に直面して困惑を覚える。女が自分の物語を語り直すとき、彼女はこう言っていることになる。「わたしの歴史は、あなたの歴史の一部ではない」と。

とはいうものの、たとえ女性が語り手としてのエイジェンシーを回復したとしても、使用することばは所与のものであり、その定義は男性中心的なものである。選択肢にはかぎられたカテゴリーしかない。「軍隊売春」から「性奴隷制」へのパラダイムの変化は、彼女たちに新しい語り方をもたらした。それがなければ彼女たちのメッセージは届かず、理解されることもなかっただろう。それはカテゴリーという資源を生み出す集合的な実践の成果であり、そこでは集合的なアイデンティティが大きな役割を果たす。ここでポジショナリティが問題となる。どんな集合的なアイデンティティに自分がコミットするのか？　ジェンダーか、民族か、国籍か、階級かそれとも……？事情はもっとふくざつである。というのはカテゴリーはたったひとつに還元されないからである。

## 6　歴史の自己言及性

ジャンルの解体は歴史学にとっても避けられない。それは歴史家だけが正統性を与えられた歴史の書き手であるという特権性を奪うことにつながるだろう。文学批評の場合と同様、女性史家が女性の過去を探求しようとしたとき、彼女たちは歴史の中に女性の記述がないという現実に直面しなければならなかった。歴史のマスター・ナラティブのなかに女性は不在だった。言い換えれば、女に歴史はなかった。女性は日記や回想録を書いてきたが、それらは正統な歴史のうちに数えられなかった。女性史家は、女に声を与えることによって、歴史記述そのものを創造しなければならなかった。口承史や個人史は、地方女性史の中で、女性史を創造する重要な実践となった。それに従事した女性たちは職業的な歴史家ではなく、草の根の独学の民間史学者たちであった。講壇史学の目から見れば、口承史の実践は、厳密な史料批判を経た後、二次的な史料として正統な歴史学の役に立つべきものと期待され、そのテクスト実践そのものが焦点となることはなかった。

遂行的なテクストとしての女性史の例は、高群逸枝に見いだすことができる。彼女は日本女性史の母と見なされている人物で、生涯をとおして物議をかもした。戦前には女性が大学に進学することは認められていなかった。大学とは学知の制度的な再生産の装置であるから、したがって講壇歴史学者のなかに女性はいなかった。高群は詩人・ジャーナリストとして出発し、フェミニズムとそれからアナーキズムに参加し、熱狂的な超国家主義者に転換した人物である。彼女は日本の第一波フェミニズムには遅れてきた登場人物だが、第一波フェミニズムの中心人物である平塚らいてうの精神的嫡子を自認し、のちにらいてう自身からそれを認められている。四七歳のときに高群は政治的な活動から隠棲して、古代の母系制の研究に没頭する。その研究の成果は大部な『母系制の研究』と『招婿婚の研究』とにまとめられている。そのあいだも彼女は「母性」の名において、やむことなく熱烈な戦争賛美を続けた。敗戦後まもなく、一九四八年に彼女は『女性の歴史』上下巻[高群 1948]を刊行する。これは戦争中に書いた『大日本女性史』を戦後の「解放史観」向けに書き直したものだった。

わたしの関心は、高群が何をしたか、によりは、高群の業績が戦後の文脈のなかでどう受け入れられたかにある。第二次フェミニズムが日本で成立する一九七〇年代まで、高群の本は、数少ない女性史の教科書のひとつとして草の根の女性読者に広く読まれてきた。高群の死後、六五年から六七年にかけて理論社から『高群逸枝全集』全一〇巻[高群 1965-67]が刊行されたが、彼女の夫にして全集の編者である橋本憲三は、彼女の戦時下の国家主義的な発言を、経歴の汚点と考えて、全集から意図的に除外した。(4)七〇年代になってフェミニズムの影響のもとに新しい女性史が始まるまで、高群のファシストとしての過去は、戦後の読者からは久しく隠されてきた。その後高群の不名誉な過去を徹底的に暴くことを通じて、彼女の戦争責任があきらかにされた。その歴史的な教訓のひとつは、母性はかならずしも平和主義とつながらないという事実である。しかしそれらの再検討も、独学の歴史家としての高群の学問的業績の質を問うには至らなかった。

九〇年代になって栗原弘[1994]が、克明な再検討をつうじて、高群が自分の古代母系制の理論図式に合うように、歴史的な史料を故意に改竄したことをあきらかにした。高群の業績の学問的評価はあやしくなったが、栗原は高群を救い出すためにこういう。「日本女性二千年にわたる家父長制の抑圧に対するうらみを、彼女は自分の女性史のなかで晴らしたのだ」と[栗原 1997]。

高群の母系制の理論の論理構造は、公認の皇国史観に沿ってそれを女性の視点から読み換えたものである。高群の仕事は、女性の戦時動員を正当化する論理を必死で求めていた当時の女性読者たちの要求に応えたものだった。興味深いことに、彼女が禁欲的な学究生活に隠棲したとき、それを支援するグループが著名な女性指導者たちのあいだでただちに組織されたが、そのなかには平塚らいてうや市川房枝など、おたがいにうまくいっているとはいえない人々もともに含まれていた。高群の意図ははっきりしていた。彼女は女性を励まそうとしたのである。そしてそれはこの場合、女性を励まして戦争協力に赴かせることを意味していた[西川(祐)1982a]。残念なことに、彼女たちのヴィジョンは他のアジアの民族の犠牲を引きかえにして、国境のうちにとどまっていた。

ここで疑問が生じる。意図が善意なら無惨な結果を招いてもかまわないのだろうか？　フェミニズムの目的のためには、歴史の改竄も許されるのだろうか？　この特異な例からわたしたちが学ぶことができるのは、高群の歴史学がほかならぬ彼女の時代の産物であるという事実である。歴史学はそれを生んだ時代を超越しない。

## おわりに

歴史家は自分の時代の外に立つことはできない。歴史学は自己言及的な性格を避けることができないために、どのような歴史記述もその時代の民族誌料の一部となる。戦後史学に対するフェミニストの介入は、歴史家から特権的な書き手としての資格を奪い、代わってひとりひとりの女性に記憶を書き換える語り手としてのエイジェンシーをもたらした。歴史家から特権性を剝奪することは、彼らの名誉を奪うことにはならない。むしろ歴史家の遂行的な言説はきわだって政治化されなければならない。ジョーン・スコット[Scott 1988＝1992：2004]にならって「歴史はこれまでだって一度も中立的でも客観的でもあったことはない」と言ってもよい。だからこそ歴史家だけでなく、わたしたちのひとりひとりもまた、歴史の新しい語り方を生み出すために貢献することができるのである。

（1）本稿は二〇〇〇年四月一三―一四日の二日間にわたってドイツ日本研究所が主催した国際会議で筆者が報告した英文原稿をもとに、一部書き直したものである。日本語版の原稿の転載をお許しいただいたドイツ日本研究所に感謝する。

（2）「エイジェンシー」は「主体」「エイジェント」と区別するために用いられる。竹村和子はバトラーの『ジェンダー・トラブル』の翻訳のなかで、「行為体」の訳語を採用したが、本橋哲也[1999]は「行為媒体」の訳語をあてている。「エイジェンシー」「主体（サブジェクト）」「アイデンティティ」の違いについては上野編[2005]を参照。

（3）「慰安婦」問題については拙著[上野 1998a]で詳細に論じた。なお日本軍「慰安婦」および「慰安所」制度の歴史については、同書巻末文献リストを参照。

（4）戦時下の発言だけでなく、アナーキスト時代の高群の発言も収録されていない。編集の任にあたった橋本が、その当時の高群の発言を未熟だと考えたからである。そのため『全集』と銘打ちながら遺漏が多く、高群研究者にとってはふじゅうぶんなものとなっている。

## 2 「民族」か「ジェンダー」か？——強いられた対立

### 1 脱植民地化の課題

日本の戦争責任資料センター主催のシンポジウム「ナショナリズムと「慰安婦」問題」(1)をまとめた書物『ナショナリズムと「慰安婦」問題』[1998]の刊行後、書評やさまざまなかたちでわたしの発言に対する疑問や批判が寄せられた。そのなかには誤解や曲解にもとづくものも多く、反論の必要を感じなかったが、このたび雑誌『みすず』で二回にわたって花崎皋平さんが本書をめぐって長い論評[花崎 1999]を寄せ、それに対して文中で言及された徐京植さんがただちに反論[徐 1999]を掲載するという展開があった。わたしもまた花崎さんの文中で徐さんに劣らず言及を受け、批判されている者のひとりである。そして花崎さんは、徐さんにとってと同様わたしにとっても、これまでその仕事に敬意を払い、その発言に耳を傾けてきた人である。彼の応答を得て、わたしもようやく発言する気持ちになった。というのも、批判も反論も、そうするだけの価値がある、と思われる相手にこそ、向けられているからである。

『ナショナリズムと「慰安婦」問題』には、シンポジウム当日の記録だけでなく、「論争その後」が掲載されている。「上野包囲網」と一部でささやかれたシンポジウムのなかのやりとりだけでなく、「論争その後」は、当日のパネリストに加えてフロアの参加者の発言も得て、批判の焦点が上野に集中した感がある。そのなかでも中心になっているのが「責任主体」の問題である。花崎さんの問題の立て方も、その問題をめぐっている。花崎さんの言い方によれば問いは次のように立つ。

ナショナリズムの論理に回収されず、他者からの民族的責任を問う声に答えることのできる主体を立てることが可能か、立てるべきか。そのことを問わなければならない。[花崎 1999：上 8]

パネリストのなかでは、この問いはほぼ合意されていたと思う。そのなかでもっとも民族主義的に見える徐さんもまた、さまざまなところで自分は本質主義的な民族主義者ではないことを注意深くくりかえしてきたのだから、この問いの前段と後段の接合の困難は別として、この困難に立ち向かう課題そのものは、わたしも含めて共有されていたはずである。

ふたたび花崎さんが、冨山一郎さんの議論に依拠しながら行っている表現を借りれ

ば、

「責任論では、ある種非常にリジッドな責任の主体」を登場させざるをえない。そのような主体とポストコロニアリズムの議論のなかで議論されているもっと開かれた、ある意味であいまいな主体をどう突き合わすのかという「非常に困難な問題」にぶつかる。[冨山 1996][花崎 1999：上 11 から再引用]

そして

冨山の言う「リジッドな責任主体」としての自覚を、日本人としての「民族的責任」の自覚という方向へみちびかず、国民、民族の境界を超えていく「トランスボーダー・デモクラシー」を推進するあり方、彼のいう「より開かれた主体」へと結びつけること、あるいは展開すること。それが、私(たち)にとっての課題である。(2)[花崎 1999：上 12]

このようにして定式化されたかぎりでの花崎さんの課題を、わたしもまた「私(たち)の課題」として共有し、それにあたうかぎりの力を持って答えようとしたのが、わたしの著作、『ナショナリズムとジェンダー』[上野 1998a、本書第I部]であった。わたしのなかではシンポでの発言と『ナショナリズムとジェンダー』における仕事とは一連のものとしてつながっているが、もちろんその場で発言しなかったことを読者に了解してほしいと要求することはできない。だが、花崎さんが次のようにわたしの立場を要約するとき、それもまたひとつの短絡的な誤解であるという思いを禁じ得ない。「この問題こそ……上野千鶴子と彼女の批判者たちとのあいだの対立にかかわっている」[花崎 1999：上 11]と花崎さんは言い、そしてわたしの立場を次のように要約する。

> 上野千鶴子もこの脱植民地化の視点が明確であるとは言えない。そのため、彼女は高橋哲哉や在日朝鮮人諸氏との論争のなかで「日本人として」という言説や「民族」言説を、歴史認識の脈絡に適切に位置づけて理解する回路を閉ざし、短絡的にナショナリズムへのとらわれとして拒否してしまっている。［花崎 1999：上 8］

そうだったのか、花崎さんにもそのようにしか見えなかったのか、という無力感とともに、シンポジウムにおけるわたしの言説戦略が失敗したこと、わたしの表現力がじゅうぶんでなかったことを思い知らされることになった。(3)

「上野千鶴子もこの脱植民地化の視点が明確であるとは言えない」と花崎さんが指摘する「脱植民地化」とは、植民地側の解放と独立に見合う「旧宗主国の脱植民地化」——花崎さんが三谷太一郎[1999]の言葉を引いてだめ押しするところによれば

「日本がかつての「帝国」を清算し、日本自身が帝国から離脱する」という、「日本が主体として取り組まなければならない課題」のことである。同じことを民衆のレベルで言い換えれば、日本軍「慰安婦」問題を試金石として、「日本の民衆運動にとっては、これまでに主体的に取り組むべき問題であったのに、この問題に取り組むことができなかったのはなぜか、という深刻な問いが問われなければならなかった」[花崎1999：上7]。このなかには当然、日本の女性運動も含まれている。

戦後一貫して「慰安婦」の存在は知られ、七〇年代にノンフィクションが出版され、八〇年代には性暴力被害の運動が起きたにもかかわらず、「慰安婦」問題については九一年に被害当事者の衝撃的な証言が登場するまでは、日本国内の女性運動がまったくといっていいほどこの問題に手をつけてこなかったことは、反省に値することであろう。それはたんに日本の女性運動の社会的な非力さの証だけではなく、花崎さんの指摘するとおり「その原因は、自国の植民地支配から生じた固有の課題に対する、認識の欠落に由来することは明らか」であろう。花崎さん自身が八〇年代までの自分について「戦後の自分の視野が日本一国の内部に閉ざされたものであったことを知らされた」[花崎1999：上7]事情は、わたしにとっても同じであり、衝撃は「外から」来た、のである。その点では、この覚醒のきっかけを与えてくれた元「慰安婦」の証言者の方たちには、いくら感謝しても感謝したりない思いである。

現在のわたしが、脱植民地化の視点が明確でもじゅうぶんでもないことについては、甘んじて批判を受け入れよう。だが、だからといってわたしが「日本国民としての責任を認めない」とか「民族視点を欠いている」というのは誤解である。

「五〇年間もたった今、元慰安婦たちが謝罪を求めているという事実に対しても、日本国家の政策を許してきた当事者としての責任が問われる文脈でも」上野は次のように答えるのではないか、と花崎さんは想定している。願わくばこの「想定」が「事実」として流通してしまうことのないように。予断と偏見にもとづいて「上野ならいかにもそのようなことは言いそうだ」という言説が根拠もなく流通し、典拠を確かめることもそれを打ち消すこともできないような状況に、わたしはしばしば悩まされてきた。

「それは私に問わないでください。それは私の責任ではありません。私は日本国家を代表するつもりはありません。日本国家がなすべきことをしないために私が負わなくてもいい責任があるように言われて迷惑です。私は固有の私だけに責任を負います。「慰安婦」問題は、その私と「慰安婦」とされた人とのあいだの個人としての関係に位置づけるべき事柄です」と答えることになるのではないか、と［花崎 1999：上 18］。

「この想定が、彼女の真意をゆがめるものならば訂正しなければならないが」と花崎さんは、親切にも書いてくださっている。わたしは訂正していただきたいと思う。これはわたしの「真意」から、はずれているからである(4)。

## 2　罪責と責任

高橋哲哉さんは「責任主体」についてもっとも戦闘的にかつ厳密に議論を行ってきているが、「広義の責任(responsibility)」と「罪ないし犯罪(crime)を犯したことの罪責(guilt)」とを区別する[徐・高橋 1999：上 236]。そのうえで「戦後生まれの日本人にとって、戦後責任は罪責ではない」とするが、ここは厳密には「戦争責任は罪責ではない」とすべきだろう。侵略戦争を起こした責任は過去に属するが、戦後補償をおこたってきた狭い意味の「戦後責任」は、戦後の日本の社会体制を維持してきた戦後生まれの人々にもわかち持たれている。わたしが「慰安婦」の問題に取り組んだのもこれが過去に属さない、現在に属する問題だと思えばこそであった。彼女たちに半世紀にわたる沈黙を強いてきた現在進行形の加害に、わたしもまた責任がある、と思ったからである。

高橋さんはさらに「責任」を「原理的に国境その他の境界のない応答可能性(responsibility)」、おそらく彼のいう意味での「道義的責任」と、「日本国家の主権者であることから生じる」「法的・政治的責任」とに分ける。前者は無限であり得るが、後者は有限責任である。このわたしの「要約」が高橋さんの「真意」を反映しているかどうか、わたし自身が直面したコミュニケーション・ギャップの前に心許ない思いさえするが、彼が『世界』一九九九年八月号と九月号の徐京植との対談で展開した「責任論」は、誤解の余地のない明晰な言葉で語られている。そのなかで高橋さんが「日本国家は法的責任を果たすよう呼びかけられており、日本国民は日本政府に法的責任を取らせるための政治的責任を果たすよう呼びかけられている」[徐・高橋 1999：上238]と言うとき、わたしはこれに一〇〇％同意する。「自分の属する政治共同体」に「参政権」という資格で参加しているとき、その責任を国民のひとりとして分有することは当たり前のことであり、その政府がわたし自身の意に反する態度をとっているとき、それを変えることのできない自分の非力さへの無念や、その事態が継続していることへの恥ずかしさの感覚をわたしが持つのは当然だろう。わたしは自著の『ナショナリズムとジェンダー』のあとがきで、その態度をはっきり表明したし、「国民基金」への反対も明らかにしている。実践的にはそのための働きかけや運動を及ばずながら担ってもいる。わたしは著書ですでにあきらかにしたことをくりかえすまでもないと思ったのだが、そういう態度表明をその場であからさまに口にしなかったことで責められるのだろうか。

わたしはむしろそれ以上のことを言っていたつもりだった。それ以上のことを言うことがすなわちそれ以前のことをないがしろにしているとか否定していると受け取るのは、短絡というものだろう。わたしが高橋さんに投げかけた疑問、橋爪大三郎さんの市民社会論とどこが違うのか、という問いは、違いを明らかにして市民社会論を乗り越えてほしいという期待を伴っていた。高橋さんの「日本国という政治共同体の一員としての法的・政治的責任」だけなら、橋爪さんの市民社会論と変わるところがない(高橋さんの意図に反して、そのように聞こえる)。

わたしは戦後の社会運動を支えてきた市民社会論に深い疑念と危惧とを抱いてきた。市民社会論は第一に「権利と資源が平等に配分されたプレーヤー」を仮構する点において、第二に代議制民主主義を擁護する点において、社会的少数者の運動に対立する。第三に、中立・公正な手続きの幻想のもとに、集団の意思決定が行う抑圧をも、正当化してしまう[5]。少数者の運動は、これとは対極の、直接民主主義と市民的不服従とを掲げてきたはずだ。たとえ多数者が決めたとしても、わたしはそれに従わない権利を留保する、と。

高橋さんが「日本国という政治共同体の一員としての法的・政治的責任」を果たそうとすることの内容は、参政権を行使したり運動体に参加したり、シンポジウムや声明に参加したりというように、わたしや他の人々の行為とそう違わないだろう。だがもうひとつ、高橋さんは「原理的に国境その他の境界のない応答可能性(responsibility)」という「道義的責任」をも引き受けようとしていて、それが高橋さんを他の研究者ときわだって異なる位置に置いている。ここ数年にわたって書かれた彼の文章は、元「慰安婦」の呼びかけへの彼なりの、彼ならではの応答であり、それを彼は自分がもっともよく闘える戦場で行っているはずだ。そしてそれと同じことをわたしもわたし自身の位置でしようとしたのであり、その闘いは「固有のわたし」という場で闘われる代替のきかないものである。そしてそれこそが、わたしが元「慰安婦」の人たちの呼びかけに「わたし」として応答したことになるのではあるまいか——だめ押しのようにくりかえしておくが、それは「日本国民として」の責任を果たすことの放棄と引きかえではない。いつわたしがその必要がない、などと言ったことがあるだろうか——そう主張したつもりだったのが、伝わらなかったようである。

　もちろんそれ以前の責任さえまともに果たしていないおまえ(たち)にそれ以上のことを言う資格はない、という譴責の声がただちに追いかけてきそうである。たとえば花崎さんは「私は「日本人」という他者からの一括した括られ方をいったん引き受けなければならないと考える」[花崎 1999：上 13]という。わたし自身もそれを拒否するつもりはない。「日本人であること」(ここでの国籍と民族の同一化については留保するとして)は、わたしの否定することのできない一部だからだ。だがそのあとに、「わたしは排他的なカテゴリーとしての国籍や民族に還元されない」と言うことは不当であり、不可能なのだろうか。高橋さん自身「政治共同体への帰属はそれへの融合・同一化と同じではない」[日本の戦争責任資料センター 1998：185]と言う。彼が、

個人としての存在、ジェンダーへの帰属、そして普遍性への地平、そういったさまざまの次元のうちの一つの次元として国家や民族の政治的共同体への帰属があると私は考えます。……「歴史の主体」というのはそのように重層的、多元的主体であって、複数の地平に開かれている。日本人が戦争責任を負おうとするとき、日本という政治共同体への帰属を回避することはできないが、それは日本という国民国家への同一化を意味するものでは決してない。[日本の戦争責任資料センター 1998：185-186]

という時、わたしは彼と限りなく近いところにいるはずなのだが……。

徐さんがその印象的な挿話で語っているとおり、かつて韓国兵が蹂躙したベトナム

からやってきたアヴィニョンのベトナム料理店の店主は、徐さんを「あの韓国人」と同一化して殴りかかるかもしれない。わたしもまた中国や韓国を訪れればそういう同一化のまなざしを避けることはできないかもしれない。そのときわたしは「日本人」の代表として殴られ攻撃されるかもしれないが、そのさなかに「それでも、これは不条理だ」と思ってはいけないのだろうか。徐さんがしばしば挙げるわたしの文中の例、「韓国に行った日本の若者が、過去の日本の支配を知って驚き、泣き出してわびた」ことを、「日本人がそういう反応を示したとしても、いちがいに国家との同一化だといってその身振りを否定するということはできない」と徐さんは考え、そこからわたしへの批判を導き出していく。「上野さんは……アジアの被害者の前にたったとき、日本人であることがぎこちない、恥ずかしい、悲しいという感情を抱くこと自体がまちがっている、という議論を展開しているように思えてならない」[徐・高橋 1999：下254]という。

「思えてならない」のは徐さんの受け取り方であろう。わたしは当該の箇所で、この青年が感じたであろう「痛み」の表現は、「国家との同一化以外の回路を見つけだす必要がある」とはっきり書いているからである。わたしはこの青年の「痛みの感覚」を少しも否定していない。それが「国家との同一化」という表現をとったことに驚いているだけだ。それを徐さんのように「ぎこちない、恥ずかしい、悲しいという感情を抱くこと自体がまちがっている」と理解するのは、上野がいつのまにか徐さんのなかで「謝ろうとしない日本人」の代表のように見なされているからであろう。

もちろん徐さんの論理は、「先に殴ったのはおまえたち日本人だ」というものであろう。『ナショナリズムと「慰安婦」問題』のなかに岡真理さんの「私たちはなぜ、みずから名のることができるのか」という力のこもった文章がある。「日本人として」名指されるのは他者によってであり、みずから名のることができるのは特権的な立場にいるからこそであるという岡さんの指摘はよく理解できる。「民族」というカテゴリーについて言えば、朝鮮半島の出身者に対して「おまえは朝鮮人だ」と民族を有標化したのはまず支配民族である日本人なのだから、「民族」カテゴリーは選んだものではなく、選択の余地もなく選ばされたものだと朝鮮の人々は言うことだろう。だが返す刀で「わたしたちは被支配民族としてスティグマ化された。今度はあなたがたが支配民族として加害責任をとれ」と詰め寄れば、自他を「想像の共同体」への同一化に追いこむことにならないだろうか。「民族」とは国民国家を自然化する装置だからだ。

もちろん徐さんのいらだちはよくわかる。戦後日本人は「空虚な主体」であって

「責任主体」であったことは一度もないではないか、まず加害責任を引き受ける「責任主体」になることが先決だろう……と彼なら言うだろう。同じいらだちは花崎さんに対しても向けられている。「あなたはどの場所に坐っているのか」［徐 1999］で徐さんは、「共生の作法」を、日本人であるあなたには説く資格がない、と語っているように見える。花崎さん自身がどんなプロセスでそこにいたり、「日本人としての責任」を果たすためのさまざまなアクションを起こし、「わかろう」としない他の日本人マジョリティを説得するための努力をしてきたかを不問にして、また文中で植民地支配の分断線が強いる「あなたは誰であるのか」という問いを回避するものではないとあれだけ委曲を尽くして書いているにもかかわらず、その部分は無視されるのだ。

このような擁護は花崎さんにはかえって迷惑かもしれない。だがわたしに対して向けられた批判のひとつ、「慰安婦」をめぐる韓国内の民族言説を批判したことに対して寄せられた非難も、「日本人であるおまえにはそれを批判する資格はない」というように聞こえる。脱植民地化の課題は、時間的な順序を追って果たされるとは限らない。それ以上に九〇年代における日本の脱植民地化の課題を難しくしているのは、ふたたび花崎さんの言葉を借りれば「リジッドな責任主体」の自覚を「開かれた主体」へと結びつけるという「困難な問題」の二重性であり、これは同時に立ち向かうほかないものであろう。

他方で「日の丸」「君が代」の推進に見られる「誇りを持てる日本」が遂行的に実現されようとしているときに、「わたし(の全部)は国家に属さない」という論理の構築は火急の要請である。元「慰安婦」の個人補償の要求を、息を呑む思いで見つめているのも、それが「民族」と「国家」とに還元されない闘いの論理だからである。国家を脱自然化したうえでなら、岡さんが引く鄭暎惠さんの問いかけ、「あなたたち個々人が何者であろうともあなたたちは日本国主権者である、日本国主権者としてあなたたちはどうするのか」という問いに答える責任は、もっぱら日本国主権者であるわたしたちにある。

## 3 「民族」か「ジェンダー」か?

フェミニズムが民族問題を素通りする例としてしばしば以上に引かれるわたしと徐さんとのやりとりは、岡さんの文章のなかでもあげられている。その部分を本書から正確に再現してみよう。

徐京植さんのお話を聞きながら、当事者としてのご発言の重みを深く受けとめつつも、それでも二つの点で疑問が残りました。一つは植民地支配そのものが強制であるというのはおっしゃるとおりです。「慰安婦」制度は植民地支配のなかの悪の一つの帰結なのだ、これもおっしゃるとおりです。しかし、もし「慰安婦」制度を植民地支配の枠で捉えるならば、それは植民地の女性が負った被害であって、日本人「慰安婦」は、これは男も女も挙げて報国のために挺身したということになってしまう。日本人「慰安婦」の問題をわたしたちは問題化することができなくなってしまいます。

わたしは徐さんを批判しているのではありません。これは在日韓国人としての徐さんの闘いであり、徐さんの闘いの論理であると思います。それが解くことのできる問いと解く必要を感じない問いがある。わたしは性暴力被害者としての女性の問題を、徐さんに解いてもらおうとは思いません。それは徐さんの闘いではなくわたしの背負っている闘いです。徐さんのお考えになる論理と違う論理構築をしないかぎり、国境を超えた女性の性暴力被害についての問いを組み立てていくことができないと考えます。［日本の戦争責任資料センター 1998：62］

多くの人々から批判の焦点となったこの部分の発言について、わたしは表現のむずかしさをかみしめている。何かを言ったことは言わなかったことを否定したことになり、言わなかったことは決して理解されることがない……という現実に直面している。

金富子さんはわたしの言説に「特徴的な植民地という視点の脆弱さと当事者意識の希薄さ」[日本の戦争責任資料センター 1998：194]を批判してこう言う。

シンポで「植民地支配そのものが強制」と述べた徐京植氏に対し、上野氏が「これは在日韓国人としての徐さんの闘いであり、徐さんの闘いの論理であると思います。解くことのできる問いと解く必要を感じない問いがある」と反論したように、「解く必要を感じない」とでも言うのだろうか。[日本の戦争責任資料センター 1998：196]

もっと正確に読んでもらいたい。前段でわたしは徐さんの指摘を全面的に受け入れている。そのうえでわたしが持ち出したのは「日本人「慰安婦」」の問題であり、後段の発言はその文脈でなされている。岡さんも「上野さんは当事者ではないのか」[日本の戦争責任資料センター 1998：224]と問うが、植民地支配についてはくりかえし言うように「日本国民」として当事者である。金さんが「わたしは日本国の主権者ではありませんから、日本政府を変える責任主体にはなりえないのです」[日本の戦争責任資料センター 1998：94]と言うとおり、「日本政府を変える」当事者責任は金さんにではなく、わたしのほうにある。岡さんの引用は不正確である。わたしの発言中二つの文をつなぐ「それが」が脱け落ちて引用されているが、文脈から言って「それ」(＝徐さんの闘いの論理)が解くことのできる問いと解く必要を感じない問いがある」につながっている。直後に来る文章とのつながりから見て、ここは「徐さんの闘いの論理が性暴力被害者としての女性の問題を解く必要を感じない(としても、わたしはそれを責めるつもりはない)」と読むのが当たり前であろう。とはいえ、徐さん自身は「日本人の女であるだけで自動的に日本人としての集団責任は解除されない……。もちろん反転して言えば……朝鮮人ということだけで私が持っている男性中心社会の特権者としての男という責任を解除されないということと同じです」[日本の戦争責任資料センター 1998:68]と指摘している。

わたしはここで「植民地被害者」か「性暴力被害者」か、という「民族」と「ジェンダー」のあいだの「犠牲のピラミッド」をつくろうとしているのではない。そんなことをしても無意味である。だが、一方を指摘することは、他方を無視することになるのか。一方を前提としたうえで他方を付け加えようとしただけで、「あれかこれか」の二者択一のポリティックスにからめとられてしまうのか。そしてこれは話し手の問題なのだろうか、聞き手の問題なのだろうか。自分の発言を解題するという徒労感にうちかって説明するなら、「日本人」の「女」という同一性のもとでわたしは「日本人「慰安婦」」の問題を深刻な問題と受けとめているが、そして「シンポジウムが提起したもの」で西野瑠美子さんも同じことを指摘していることを見ると西野さんもこの問題を「自分自身の問題」と受けとめているようだが、わたしと西野さんが「当事者」と感じる問題について、それが徐さんの問題にならないとしてもしかたがない。その問題を解く責任はわたしたち「日本人」の「女」にあり、徐さんにはない。徐さんが「植民地支配」を問題にするのはあまりにも当然のことだが、「植民地」という枠組みだけでは日本人「慰安婦」の問題を解くためにはじゅうぶんではない……ここまで言えばわかってもらえるだろうか。あるいはここまで言わなければわかってもらえないのだろうか。

答えは残念ながら後者のようだ。わたしの発言は文脈を離れて一人歩きし、「あなたの問題はあなたの問題、わたしには関係ない」と解釈されてしまった。「在日朝鮮人である徐さんには徐さんの闘いが、女である自分には、フェミニストとしての闘いがある、という論理は私には受け入れることができない」[日本の戦争責任資料センター1998：224]という岡さんの発言は、それがわたしの発言を曲解したものであることを除けば、わたしも同意できる意見である。というよりもわたしたちはその両方を同時に闘うほかない困難な闘いの場に立っている。徐さんとてまさか「民族の問題がジェンダーに優先する」とは言わないだろう。ことは優先順位の問題ではない。何かにつけて後回しにされがちなジェンダーの視点の優先順位を貶めることを断固として拒否するという意味では、わたしはたしかに「フェミニストとしての闘い」を闘った。それを「ジェンダーが最優先する」という主張と読み違えるのは、読み手の側の問題であろう。

おなじ誤読を早尾貴紀さん[1999]が行っている。「両氏(吉見義明と鈴木裕子)ともに、この問題(「慰安婦」)の背景に性差別と民族差別と階級差別の三重の差別があることを指摘しているのは注目に値する。それに対して性差別の観点に比重を置いているのが上野千鶴子と大越愛子である」。上野のもっとも仮借ない批判者である大越さんがこんなふうに上野と一緒にされては、彼女も憤慨することだろう。「「慰安所」制度が「国家犯罪」であると言うのであれば、むしろ近代国家そのものを、「日本の近代」そのものを問うべきであろう」という彼の指摘に、わたしは「女性の国民化」をキーワードにして答えたのだが、早尾さんはほんとうにわたしの著書を読んでいるのであろうか。

「慰安婦」問題を民族差別と性差別の二重の犯罪――そしてもちろん国家の犯罪――として捉えることについては、参加者のあいだで合意ができているとわたしは了解していた。そのうえで、金さんの言う「日本人の集まりでは民族を、韓国人の集まりではジェンダーを強調する」という戦略は、裏目に出てしまったようだ。わたしは「他の発言者が指摘しなかった点を補う意味で」日本人「慰安婦」や「戦勝国の戦争責任」について言及したが、それさえ「日本人としての責任」を免罪するかのような文脈で受け取られたようである。

わたしは岡さんの批判から多くを学んだが、それでも上野批判を目的とした文章のはしばしには、ためにする誤読としかいいようのない解釈があって、辟易した。たとえば、文章の後半の多くを費やして、わたしが「フェミニズムが歴史的にナショナリズムを超えた実績がない」と言ったと彼女が解釈したことに対して、世界各地の女性運動の実例を挙げて反論が書かれている。正確にはわたしは「日本のフェミニズムは歴史的にナショナリズムを超えたことがない」と言ったのであって、他の地域のフェミニズムには言及していない。これはお門ちがいの非難、岡さんの勇み足というものであろう。金さんの発言、「かつてわたしは、日本のフェミニズムはナショナリズムを超えた歴史を持たなかったと述べたことがある」[日本の戦争責任資料センター 1998 : 200]を受けて、『ナショナリズムとジェンダー』のなかでのわたし自身の手による検証の結果、それを追認したものである。

「フェミニズムはナショナリズムを超えるか」というわたしの問いかけは、多くの誤解と批判を産んだ。わたしはこれを問いかけのかたちで発し、安易なイエスを与えていない。にもかかわらず、問いかけ自体がタブーでもあるかのように、この問いはいっせいに反発を呼んだ。この問いに対するフェミニストの答えは両義的である。金さん自身が「日本のフェミニズムがナショナリズムを超えた歴史を持たなかった」ことは、「これから未来永劫にわたって「超えられない」と言っているわけではない。むしろ超えてほしいし、やり方によっては超えられると期待している」[日本の戦争責任資料センター 1998：200]と言う。岡さんもまたみずから例を挙げて、世界の他の地域では「フェミニズムがナショナリズムを超えた」実践のあることを証明する。

わたしの答えは「日本のフェミニズムが歴史的にナショナリズムを超えたことがないのは残念ながら事実だが、だからといってそれはこれからも超えられないということを意味しない。フェミニズムはナショナリズムを超える必要があるし、超えることができる」というものである。それは言説的な身振り以上のものではない、そう言うなら超えてみせろ、という声がただちに聞こえてきそうである。だからこそわたしは『ナショナリズムとジェンダー』のなかで、日本のフェミニズムの歴史的過去の検証に向かった。そしてそのなかから引き出した——渾身の力で、とあえて言いたい、理論とは力業だからである——のは、フェミニズムはナショナリズムと両立しない、したがって女性の国民化の方向にフェミニズムの解はない、というきっぱりとした答えである。そしてそれは統合型のジェンダー平等に対して、待ったをかける実践的な帰結をも持つだろう。そして「フェミニズムがナショナリズムを超える」とは、国籍を離脱できないわたしたちが日々の実践のなかでどのような選択を積み重ねるかということでしか表現することができず、その課題はわたしだけのものではなく岡さん自身のものでもないのだろうか？　岡さんが「第三世界フェミニズム」の研究者と名のるとき、彼女は何をしていることになるのだろう。彼女がくりかえし先進国フェミニストに与える批判や警告は傾聴に値するが、だからといって彼女自身が「ナショナリズムを超えた」実践を見せてくれたわけではない。わたしの問いかけはその課題を共有したいという呼びかけでもあった。

## 4　女性の国民化？

『ナショナリズムとジェンダー』以降、わたしの探求の方向は、女性の軍隊参加の問題に拡がった。統合型のジェンダー平等のゴールを考えれば、「一級国民」としての女性の権利の男性なみの平等とは、暴力を含む国家権力の「分配公正」へと、思考実験の上ではいきつくからである。いや、思考実験どころではない。女性の軍隊参加はもはや荒唐無稽な夢想でも悪夢でもなく、現実化しつつある。そして湾岸戦争からコソヴォ空爆に至るハイテク戦争の経験は、女性も完全に男なみに実戦に参加できる、ということを証明しつつある。そしてスーザン・ソンタグのような知識人がコソヴォ空爆を「正義の戦争」として正当化するとき、女＝平和主義者という本質主義に依拠しない非武装の論理の構築は、フェミニズムにとって緊急の課題である。そしてそれは男仕立ての権力の概念を解体し、それへの「参加」の要求に歯止めをかけるためでもある。

そういう文脈で考えたとき、気になる文章に出くわした。大越愛子さんが鈴木裕子さんの九八年のわだつみ会セミナーでの発言を引いている[大越 1999]。

事態はほんとうに憂慮すべきです。それは女性学やフェミニズムにも当然のことながら反映してきていると思います。たとえば、最近、女性学やフェミニズムの一角にいわゆる女性兵士論がでてきていることはやはり注目するべきだろうと思います。この女性兵士論というのはごく簡単にくくってしまいますと、女性が兵士になるのがなぜ悪いという、全く今までわたくしたちが予想もしなかったような論がフェミニズムの鎧をまといながら今は一部ですけれども出かかっています。わたし自身を含む「軍隊と女性」論[上野 1998b：1999]の最近の展開については、加納実紀代さんの要領のいいまとめ[加納 1999]があるのでそちらを参照してほしいが、鈴木さんのこの「紹介」は、日本のフェミニズムの現状を見るときに公平とはいえない。「女性学やフェミニズムの一角」に女性の軍隊参加説があるのは事実だが、それ以上に大きい比重を占めるのはそれに対する批判的な言説である。現状把握のバランスを欠いて、一方だけをもって「女性学・フェミニズム」を代表させるのは、聞き手に対していちじるしく偏った情報を提供し、「女性学・フェミニズム」に対する偏見を助長する効果を持つだろう。わたしがあやしむのは、鈴木さんご自身が自分を「女性学・フェミニズム」の担い手とは考えていないかのごとき発言である。ひるがえって彼女の中で「女性学・フェミニズム」ということばで代表・代弁されているのはいったい誰であろうか。

鈴木さんの批判は出典を挙示していないので、根拠を確かめることも反論することもできない。わたしは鈴木さんを批判したことで多くの人々から反論や非難を浴びたが、ご本人からの反批判を受けたことがない。上野の批判など相手にするのも時間が惜しいと考えておいでなのだろう。それはそれでひとつの対処の仕方であろう。実際には講演録の中では「あるフェミニスト」と名前を挙げずに言及されているようだが、名前も出典も示さないような批判では鈴木さん自身が言うように「反論権を奪う」ものであろう。他方、同じ講演の中で、わたしの実名を挙げているのがわたしの仕事とは直接関係のない部分での、根拠のない中傷である。それについてはここではっきり反論しておきたい。それは上野が「国民基金」の推進者である、という事実に反する誹謗である。鈴木さんが公開のスピーチや講演でその趣旨の発言をしていることを知り、それがもとで流通した噂にわたしはずいぶん悩まされた。だが発言の場に居合わせたわけでもなく、文書となっているわけでもない伝聞形の情報には反論のしようもなく、対応に苦慮したが、ようやく鈴木さんが実名でわたしの名前を挙げてそれに言及している刊行物を入手した。それは一九九八年に韓国挺身隊問題対策協議会(挺隊協)が開催した『第五回日本軍〝慰安婦〟問題アジア連帯会議報告書』のなかに掲載された鈴木さんのスピーチの記録である。そのなかで鈴木さんはこう書いている。

一九九四年五月〜六月、元「慰安婦」への「生活支援」のための「民間基金」構想が顕在化しました。呼びかけ人は、清水澄子さん(当時、日本社会党[現・社会民主党]参議院議員)、上野千鶴子さん(東京大学教授)ら八人の女性でした。最近の著書『ナショナリズムとジェンダー』の中で、上野さんは「私は何人かの仲間と語らって、ひそかに生存者の生活支援のための募金運動をNGOとして組織する準備をすすめてきた。あまりに多くの困難と障害のためにこのアイディアはついに実現を見なかった」(同書二二四頁。なお傍点は引用者)と述べていますが［本文からは傍点は脱けおちている——上野注記］、これ自体、被害女性を救済のための募金運動の対象と見下し、国家犯罪告発者としての彼女たちの存在を矮小化する言動以外のなにものでもありません。国家的性暴力・組織的性暴力・戦争犯罪であった「慰安婦」問題の本質を隠蔽し、金銭問題に歪曲するためにつくられた「国民基金」の先導役を清水・上野両氏らの女性が結果的になっ《ママ》たことは、日本女性として無念の限りです。［鈴木 1999a：56］

九九年の講演録にも同じ主旨がやや違った表現でくりかえされている。「ご承知のように「民間基金」構想が具体化して……「国民基金」というのが発足するわけです」［鈴木 1999b：43］というが、これには事実関係の誤りがあるだけでなく、「民間基金」と「国民基金」とは鈴木さんの頭の中ではスライドして同じものになってしまっている。これではNGOの市民団体が「市民基金」を思いつくことさえできなくなってしまう。

『ナショナリズムとジェンダー』のあとがきでも意を尽くして書いた説明が、まったく無視されて同じ批判がくりかえされることに呆然とするほかない。第一に、生活支援のための募金運動なら挺隊協だけでなく他の支援団体も行ってきているというのに、それだけで「被害女性を救済のための募金運動の対象と見下し、国家犯罪告発者としての彼女たちの存在を矮小化する」とどうして短絡できるのだろうか。第二に、「生活支援」という言葉を注意深く使ったのは、政府でも国民代表でもないNGO(非政府団体)の市民が「謝罪」も「補償」もする立場にないのは自明のことであり、むしろ市民としての連帯の意を示すためであったこと。第三にそのような非政府団体のアイディアを横領したのは政府であり、政府出資の「国民基金」という、市民団体とは似て非なるものをつくりあげたのはもっぱら政府の責任であってNGOの担い手にはないこと。第四に、その程度の募金運動のアイディアなら、わたしが関与した動きがただひとつのものではなく、ほかにもあったこと。そのようなアイディアを抱いただけで「「国民基金」の先導役を清水・上野両氏らの女性が結果的に(に〔引用者注〕)なった」――表現は「結果的に」と注意深いが――と裁断するのは、歴史家としても公平でないのではないだろうか。(6)

わたしは鈴木さんの歴史観を「事後的な審判にもとづく告発史観」と呼んだ。あまりにも多くの戦前のフェミニストたちが間違った道を、わたしだけが間違わずにすむ保証はどこにもないからである。徐さんはアジアの諸民族にとっては日本の戦争は侵略戦争であることははっきりしており、日本国内にもその当時からあの戦争を悪と判断する人々がいた、と言う。たしかにそうであろう。だが、自分が間違わなかった側に立てる保証はない。わたしは間違わないフェミニズムよりも間違う可能性のあるフェミニズムの側に立ちたいと思う。フェミニズムとは問いを放りこめば自動的に「正解」を生み出す自動販売機のような思想ではないからである。わたし自身がこれから先も間違わない保証はない。それに対して金さんの発言は励ましを与える。

「間違いを犯すな」ということよりも、「間違いに気が付いたときに、どう向き合うのか」のほうが重要だと考える。［日本の戦争責任資料センター 1998：198］

その点では日本の女性運動の「戦後責任」は、これからも問われるべきであろう。

## 5　多元性へ向けて

論争の焦点には「責任主体」とともに「歴史学の方法」が含まれていた。本書には歴史家の吉見義明さんの反論が載っており、その発言は当日よりも手厳しい。これを読んでわたしは吉見さんの深い怒りを買ったことを知った。わたしの歴史観については、他の歴史家の方たちからもさまざまな反論や示唆をいただいた。わたしの歴史学理解が浅薄なもので、歴史家はもっとましなことをやっていること、実証史学が文書史料至上主義と同じものではないこと、実証史学といえどもパラダイムによって「多様な歴史」を描き出してきたこと等のご教示を受けた。その点ではわたしの歴史学批判は「わら人形叩き」であったことをお詫びしたいと思う。

ところで「慰安婦」問題がジェンダー史につきつけたとわたしが感じるもの、そして他の歴史家があまり共有しているとは思えない課題をもう一度くりかえしておこう。吉見さんは「史実」という言葉を使って歴史家の課題を言説(ここでは「慰安婦」の証言)の真／偽の検証におく。社会学は真偽よりもむしろ言説の文脈に即した妥当性を基準とする。「社会学的」であることは「二流の社会科学」の代名詞であるかのように揶揄されがちだが、社会学はむしろ知の信憑性の構造を徹底的に疑う学問でありつづけてきた。「慰安婦」言説に即して言えば、五〇年前に元「慰安婦」の女性が「わたしは日本軍性奴隷だった」と証言しても当時の文脈では「不適切」であったどころか、その文脈の効果は当事者に「沈黙」を強いるものだったことだろう。半世紀後の「証言」が遂行したのは、言説による文脈の作り替え――これをわたしはパラダイム転換と呼ぶ――である。どちらが先行したかというより、言説とそれが妥当性をもつ文脈の転換が同時に起きたといってよい。そのとき歴史の「再審」が起きる。そこには「史実」の真偽性を超えた理論的な水準があることに、歴史家はじゅうぶんに自覚的であったとは言えないのではないだろうか。

ついでというのはなんだが、えがたい機会をとらえて戸塚悦朗さんの意を尽くした上野批判[戸塚 1999]にもお応えしておこう。わたしの国連に対するシニシズムは、もちろん国家に対するシニシズムから来ている。国際連合とはしょせん国家連合の別名だからである。だが少数者の闘いに、たとえ国連でも役に立つと考えて行動する人々に対して、わたしがシニシズムに満ちた視線を投げかける理由はない。そして国連に少数者や女性運動がアクセスするための資源をもたなかったことも、戸塚さんが指摘するとおりである。国連へのロビー活動は、法廷闘争がそうであるように、限界はあるが無力ではない、というのはまったくそのとおりであろう。法律家がもっともよく闘える戦場を選ぶように、わたし自身は自分のかぎりある時間とエネルギーを自分自身がもっともよく闘える戦場、すなわち研究という領域で使いたい。その意味でわたしは彼の活動に深い敬意を払っているし応援もしているが、同じ活動をするつもりも能力もない。そう受け取っていただけたら幸いである。

他にもさまざまな人たちから批判や反応をいただいたが紙幅も尽きた。わたしの今回の発言は「後の祭り」であり「あと智恵」の部分が多いであろう。だが、同じシンポジウムを今体験すればわたしの発言はもう少し配慮のあるものになっていただろうという意味で、わたしもまた学んだのは確かである。

それにしても……。「民族」を言えば「ジェンダー」を無視したことになり、「ジェンダー」を言えば「民族」を忘れたことになる、というこの「強いられた対立」からどうやって脱けだすことができるのか。わたし自身はそう言った覚えはないというのに。フェミニズムを「ジェンダーを最優先する思想」と解釈したがる人々の誤解をどうやって避けることができるのか。わたしの主張は現実の多元性への要求と同様、方法論においても多元性を要求するつつましいものである。

「今日あらゆる分野で、ジェンダーだけで対象を分析することはできないが、同時にジェンダー抜きで分析することもできなくなった」[上野 2002：30]

(1)　一九九七年九月二八日、東京御茶の水の中央大学駿河台記念館において開催された。コーディネーターは西野瑠美子、パネリストは上野千鶴子、吉見義明、徐京植、高橋哲哉、他にコメンテーターとして金富子が参加した。報告書は日本の戦争責任資料センター編『シンポジウム　ナショナリズムと「慰安婦」問題』[1998]として刊行されている。

(2)　もちろんここで花崎さんが「私(たち)」とひかえめに提言した問題が、すべてのパネリストに共有されていたかどうかは確かではない。

(3)　日本の戦争責任資料センターから『ナショナリズムと「慰安婦」問題』の刊行にあたって「論争その後」の寄稿の慫慂を受けながら、多忙にまぎれて当時『論座』に発表した

「ポスト冷戦と「日本版歴史修正主義」」[上野 1998d]をわずかな追記をつけて転載するにとどまった経過がある。それにしても誤解が誤解を招き、憶測が憶測を呼んでいる事態に対処する必要に迫られた。本稿はいわば「後の祭り」とでもいうべきものであるが、日本の戦争責任資料センターが誌面を提供してくださったのを機会に、わたしの立場を表明するために執筆した。

(4) とはいえ、シンポジウム記録『ナショナリズムと「慰安婦」問題』での上野の主張からは「このように受け取ることが可能である」と花崎さんが言うからには、わたし自身が「真意」を伝えることに意を尽くせなかったということになるのだろうか。

(5) 橋爪さん流に言うなら「それが民主的に決定されたものなら、応召に応えて戦地に赴くのが正しい」。多数決原理にもとづく代表制民主主義を支持するなら、こういう帰結になる、と橋爪さんは言うが、戦前の日本に代表制民主主義すら機能していたかどうかは、すこぶる疑わしい。

(6) さらにつけ加えれば清水澄子さんは政権党であった社会党(当時)所属の議員として「国民基金」の推進側にいるが、わたしは「国民基金」への反対をあきらかにして彼女と立場を異にしている。

# 3　アジア女性基金の歴史的総括のために

## 1　国民基金の解散にあたって

村山基金とも呼ばれた「アジア女性基金」、正式名称は「女性のためのアジア平和国民基金」(以下、国民基金と略称)が設立一〇周年を迎え、二〇〇七年には解散の予定となった。わたしは設立当初から、基金に批判的な立場をとってきたが、一〇年もたてば、政治的な事業はその評価を問われてよい。どんな行為にも、意図の論理と結果の論理とがあるが、政治的な行為には、必ず結果責任が問われる。それには、意図した結果もあれば、意図せざる結果もある。「慰安婦」問題の解決に向けて、村山政権が政治的に選択した国民基金は、その政治課題を果たしたのか、それともそうではないのか？　そのための歴史的総括をするべき時期が、そろそろ来ていることだろう。

実のところ、フェミニストのあいだでは国民基金について論じること自体がタブーであるかのような状況が続いてきた。それというのも国民基金評価をめぐって賛成派と反対派がまっぷたつに割れ、国民基金に関わりを持つかどうかが、「踏み絵」となるような状況が生まれたからである。国民基金に批判的な人々は、国民基金の担い手と同席する場に立つことさえ忌避する傾向があり、両者のあいだには対話の場さえ持てなくなっている。

解散を視野のうちに入れて、基金の関係者は、みずからの歴史的総括のための事業に着手した。二〇〇五年一月には国際的な専門家によるクローズドなワークショップを、さらに同年七月には公開の国際シンポジウムを開催した。(1)クローズドにしたのは、内情を含めて忌憚のないやりとりをしたいと主催者が考えたからであろう。わたしはその両方の場に招請を受け、熟慮のすえ、基金からの招待を受諾した。批判派の人々の目からは、出席するだけで国民基金寄りの人物と見なされることを承知の上での選択だった。事実、基金批判派の人のなかには、招待を受けても応じなかった人や、いったん招待を受けておきながら、直前になって参加を取り消した人もいた。国民基金に批判的な勢力にとっては、国民基金の主催する会議に出席することは、「火中の栗を拾う」ような選択を意味した。わたしが基金の招待を受けたのは、以下の三つの理由による。

第一に、設立から一〇年を経て、この国民基金が果たした役割を、歴史的に総括するだけの時間が経過した、と感じたからである。

第二に、わたしが国民基金に対して公然と批判的な立場をとっていることを、承知のうえで招きを受けたからである。わたしは国民基金批判派からも、誤解にもとづく批判を受けているが、その人たちから対話の場に招待を受けたことがない。その点では国民基金側主催者のふところは深いと言わなければならない。批判というものは、当の相手の耳に届くところでするべきだと、わたしは考えている。

第三に、基金に対する批判にもかかわらず、基金を一〇年にわたって支えてきた和田春樹さんをはじめとした理事の方たちに対して、わたしがやむことのない敬意を持ちつづけているからである。この方たちは、「戦後日本の最良の知性」というべき人々であり、平穏であるはずの高年の一〇年間を、言葉に尽くしがたい苦労と心労をともないながら、無償の働きをしてきた。わたしの疑問は、この人々の善意と良心に支えられたはずの国民基金が、なぜ今日におけるようなねじれた結果を招いてしまったか、ということにある。(2)

## 2　国民基金の経緯

総括に先だって、国民基金の歴史を簡略にふりかえっておこう。

「慰安婦」問題は、日本では一九九一年一二月六日、金学順さんをはじめとする三人の元軍隊「慰安婦」を含む戦後補償請求の提訴に始まった。歴史的に秘匿されてきた事実を暴くというより、誰もが知っていながらそれを「問題」とすら感じずにきた過去の罪、さらに被害者に半世紀もの長きにわたって沈黙を強いてきた現在の罪に、わたしは大きな衝撃を受けた。

告発を受けて日本政府は戦後初めて事実関係の調査にのりだし、一九九三年八月四日には、宮澤政権下で、政府の関与を認める有名な河野官房長官談話が発表される。このなかで政府は「慰安所は、当時の軍当局の要請により設営されたものであり、慰安所の設置、管理及び慰安婦の移送については、旧日本軍が直接あるいは間接にこれに関与した」と政府の関与を公式に認めたうえで、「政府はこの機会に、改めて、その出身地の如何を問わず、いわゆる従軍慰安婦として数多の苦痛を経験され、心身にわたり癒しがたい傷を負われたすべての方々に対し心からお詫びと反省の気持ちを申し上げる」と謝罪した。これにもとづいて歴史教科書に「慰安婦」記述が初めて登場するようになるが、それもその後のバックラッシュのもとで後退を強いられているのは周知のとおりである。

その後、同九三年に日本新党を中心とする非自民連立内閣が成立し、細川護熙《もりひろ》首相が終戦記念日の談話で、それまで「大陸進出」と言い続けてきた表現を、戦後初めて「侵略」と認めた。細川政権は短命に終わり、その後九四年に、羽田孜《つとむ》政権が誕生、これも短命に終わった。九四年には、自民党と社会党、新党さきがけの連立政権が成立、社会党党首であった村山富市氏が内閣総理大臣に就任した。村山内閣は、戦後五〇周年にあたる一九九五年八月一五日に内閣総理大臣談話を発表、「わが国は過去、国策を誤り、戦争への道を歩んで国民を存亡の危機に陥れ、植民地支配と侵略によって、多くの国々、とりわけアジア諸国の人々に対して多大の損害と苦痛を与え」たことを認め、「この歴史の事実を謙虚に受け止め、ここに改めて痛切な反省の意を表し、心からのお詫びの気持ちを表明」するに至った。この「村山談話」は、その後の自民党政権にもひきつがれ、二〇〇五年の現在にも、小泉内閣総理大臣の「基本的認識は、これまでの内閣と変わっていない」という国会での公式答弁につながっている。

この村山政権下で、一九九五年七月一九日、アジア女性基金は設立された。国民基金は財団法人のかたちをとり、約五億円の管理経費は国庫から支出されたが、元「慰安婦」の被害者に支払う「償《つぐな》い金」はすべて国民からの募金で充当するとされ、政府による国家補償の形式を避けた。政府支出金は、国民からひろく募金を募る新聞広告や事務局経費等に使われた。「財団法人」という民間団体の見かけをとっているにもかかわらず、国民基金は外務省の管理下にあり、外務官僚の統制に従っている。また「償い金」に添えて総理大臣署名の「お詫びの手紙」が被害者に届けられることになったが、財団の理事でも理事長でもない者が、内閣の公職名のもとに「手紙」を届けることはつじつまが合わず、この「お詫び」と「償い」が、国家の行為なのか国民の行為なのか、別なことばで言えば、官の事業なのか民の事業なのかは、最初から争点となっていた。この官とも民ともつかない性格は、反対派から「玉虫色」として当初から批判の対象となっていたが、むしろ政策的に意図されたものだといえよう。国民基金を設計した人々にとっては、「国家補償」を避けながら、「国民」による「謝罪」をする、ということが意図のうちに含まれており、「国家」と「国民」との意図的な混同は、制度設計のうちに組みこまれていたからである。そしてまさにこの「玉虫色」の性格が、国家による謝罪と補償を求める人々からは批判の的となった。

## 3　国民基金の政治的責任

この設立に関与した人々には、どのような政治的責任があるだろうか。国民基金には、意図した結果、意図しなかった結果、意図を越えた結果がある。だが先に述べたように、すべての政治的行為は意図ではなく、結果で判断されなければならないとしたら、次のような判定は可能であろう。

まず第一に、基金設立時の政治的判断について。村山政権が成立し、アジアへの侵略と加害を認めて謝罪したいわゆる「村山談話」が発表された戦後五〇周年にあたって、基金はスタートした。基金はその設立時から、官でもなく民でもない玉虫色のスタートを切ったために、国家補償を免れる隠れ蓑だとして、多くの人々から批判を浴びた。が、設立に関わった関係者の念頭には、自社さ連立政権、しかも社会党党首の内閣総理大臣の時に、戦後補償問題の一角を解決することは、またとない千載一遇のチャンスだ、という政治リアリズムがあったことはたしかであろう。

戦後補償を追求してきた人々にとっては、このチャンスを逃しては二度とふたたび好機はあるまいと思われたであろうことは想像にかたくない。旧植民地出身者の徴兵やBC級戦犯問題、強制徴用等の戦後補償問題に、日本政府は戦後久しくほおかむりをしつづけ、法廷に訴えるほかなかった人々の請求を、多くは国内法になじまないという理由で、日本の裁判所も玄関払いを食らわせてきた。そのなかで、「慰安婦」問題という弁解の余地のない国家犯罪への補償を契機に、戦後補償問題へ切り込む糸口が見つかるかもしれないと、期待を持つ人々はたしかにいた。

国民基金を含めて、村山政権が果たした歴史的役割については、後年歴史家がきちんとした評価をすべきであろう。自民党単独政権下では成立の可能性のなかった積年にわたる政策課題がつぎつぎに実現されていったいっぽうで、政党間の妥協の産物であったために、政策をつくったことでかえって禍根を残す派生的な効果をもたらした。たとえば戦後初めて被爆者援護法が制定されたが、国家の責任をあいまいにしたことや在外被爆者を積み残した点などについて問題を残した。水俣公害補償にも政治決着が成立したが、その結果、被害者のあいだに分断を持ちこみ、加害責任をあいまいにした。政治決着に応じなかった大阪訴訟の原告は、のちに勝訴をかちとるに至る。他方、社会党は自民党との連立政権に合意したために、戦後半世紀にわたる党是を変更するにいたり、日米安保条約と自衛隊の合憲を認める綱領の改訂をおしすすめ、党名も社会党から社民党へと変更した。その過程で、これまで社会党を支持した人々のなかには、党に失望し党を離れていった人々もいた。その結果がどうであったかは、かつて政権党にまでのぼりつめた社会党が、いまや議会で共産党の議席数にも達しない少数野党に転落したのだから、政治責任を結果責任で問うなら、村山氏をはじめとした社会党の指導者たちは、きびしく責任を問われてしかるべきであろう。

同じことは国民基金の設立についても言える。村山政権が、一九九五年という戦後五〇周年、そして国連北京女性会議の直前に成立した歴史的偶然は、無視することができない。それ以前の九三年に、日本新党党首、細川護熙による連立政権のもとで、総理大臣のいわゆる「終戦記念日談話」に、「進出」を「侵略」とはじめて言い換えた表現が登場した。九五年、戦後五〇周年の「村山談話」ではそれをさらにおしすすめ、「植民地支配と侵略」に対する「お詫びの気持ち」を表明した。それ以降、政権が交替しても、歴代内閣は「村山談話」を踏襲する、と言明しつづけている。就任以来、靖国参拝を欠かさない小泉総理ですら、公式答弁では、「村山談話を継承する」と明言している(3)。

同じ九五年に、国連女性の一〇年のフォローアップ会議が北京で開催された。それ以前から韓国NGO等の努力で、国連人権委員会で「慰安婦」問題がとりあげられ、北京会議の争点のひとつが「慰安婦」問題になることは事前に予想されていた。一九〇カ国にのぼる各国政府代表団のほかに、三万人を集めたNGOフォーラムでも「慰安婦」をめぐる各国のセッションやシンポジウムが連日のように開かれ、わたし自身もそのひとつを主宰した。「慰安婦」問題の被害者に対して日本政府が何もしない、という国際社会の非難に対して、何かしなければならないという外圧は高まっていたのに対し、その声に答えるように、北京会議直前の七月に、国民基金は誕生した。そのせいで国民基金は国連女性会議への日本政府の「おみやげ」である、とも言われた。

国際圧力のもとであれ、少なくとも基金のおかげで、「慰安婦」問題に対して、日本政府は何もしなかった、と言われずにすむアリバイ工作を果たしたことになる。

こうして基金は、戦後五〇周年に、北京女性会議の直前に、国際社会に対する日本の政治的パフォーマンスとしてつくられた。それは自民党単独政権のもとでは可能性が皆無に近かった戦後補償問題を、「慰安婦」問題を契機に突破する歴史的な好機であり、「国家補償はしない(すでに終わった)」というそれまでの自民党政権による戦後処理の枠組みを維持しながら、名を捨てて実をとる政治的交渉の産物であったことは、周知のとおりである。事実、基金理事のなかには、戦後補償問題に長くとりくんできた、日本では「良心的知識人」と言われる人々が何人もいた。

一〇年たってその結果を歴史的に判定してみれば、まことに残念なことながら、基金関係者の政治判断は正しかった、と認めざるをえない。自社さ連立政権は短命に終わり、その後保守政権は息を吹き返した。二〇〇五年九月の総選挙では、自民党単独で三〇〇議席を獲得するという地滑り的な圧勝がおき、今や公明党と連立を組まなくても自民党単独政権をつくることも可能となった。憲法改正がテーブルに上がり、第二自民党とも言われる民主党ともども、改憲勢力は圧倒的多数に達している。九三年の「河野官房長官談話」以降、「慰安婦」記述が教科書に記載されるようになったのも数年しか続かず、「慰安婦」記述はふたたび多くの歴史教科書から消えている。「新しい歴史教科書」が登場し、三年に一回の教科書採択をめぐって、各地の自治体では「新しい歴史教科書」を採用させないためのせめぎあいが、全国で起きている。幸いに、採択率は全国で圧倒的に低く、日本国民の「良識」は保たれていると言えるが、それというのも反動的な動きを押し戻す草の根の運動があっての成果である。日本の政治状況は確実に保守化し、事態はかつてよりもっと悪くなった。あのとき国民基金をつくらなければ、その後つくる可能性は非常に低かっただろう、という設立者たちの政治判断は、事後的に見れば当たっていたと認めざるをえないだろう。

## 4　国民基金の政治的成果

第二に、その政治的成果について。被害者たちは日本国家による「謝罪」と「補償」を求めてきた。国民基金が財団法人という「非政府組織(NGO)」であるなら、民間の募金が、国家に代わって「償い」をするのは筋が通らない。政府組織GOにはGOの役割が、NGOにはNGOの役割がある。民から集めた募金を「償い金」として手渡すというやり方は、公式謝罪にともなう補償を回避するためだときびしい批判を受けた。わたしはこれを、官が民を僭称する越権行為だと考える。国家が犯した罪は、国家がつぐなうべきであり、これを民が代わって「つぐなう」のは、「一億総懺悔」と同じように、責任の所在をあいまいにすることだからである。国民基金理事のひとりである大沼保昭さんは、「政府と国民がともに公共性を担う」という政治的理念を唱えるが、現実には達成されない政治的理想主義を唱えることで、結果として国民基金の玉虫色の性格を事後的に追認し、正当化する役割を果たすことになる。

だが、国民基金の理事たちがかぎられた限界内で努力して獲得した成果の一部には、評価に値するものもあったことを認めないのは、フェアとは言えないだろう。そのひとつは歴代総理大臣が署名した「お詫びの手紙」である。これには、村山首相を初めとして、小渕恵三、森喜朗、小泉純一郎の各首相が続けて署名をした。遺族会の元会長であった橋本龍太郎すら署名している。

日本政府はいったい公式謝罪をしたのか、しなかったのか。国民基金が民の活動なら、総理大臣の署名入りの「お詫びの手紙」があることはおかしい。その反対に、もし国家を代表して一国の総理が謝罪をするなら、それが国家補償につながらないのはおかしい。それを「玉虫色」にして、総理の謝罪を引き出そうとした基金の理事たちが、政府を相手にしてどれほど困難な交渉をしたかについては、じゅうぶん知られているとは言えない。彼らは「償い金」に添える手紙は、国民基金の理事長ではなく、総理大臣の署名入りの手紙でなければならない、と主張して、その言い分を通した。

もうひとつは、民間の募金からの分配金約二〇〇万円に加えて、「医療福祉支援」の名目で約三〇〇万円相当の、政府からの直接支出を獲得したことである。これで被害者に手渡される額は、五〇〇万円相当となった。だが、政府は「国家補償」の性格をどうしても認めようとしなかったのだから、これも名を捨てて実をとる選択であった。

この補償の受け取りについて、国民基金の理事たちが尽力した例外的な条件がある。戦後補償をめぐる類似のドイツの民間基金を例にとっても、通常、調停や和解は、いったんそれを受け容れたら、それ以上の請求権や訴追を放棄するという約束とひきかえに行われる。だが、国民基金の理事たちは、ここでは基金の「民」の性格を逆用した。すなわち基金を受けとっても、それ以降の国家補償の請求権や訴追権を失わない、被害者はそのうえで、法廷に持ちこむこともできるし、将来の国家補償の可能性に対しても権利を失わない、としたことである。法的な調停や示談のケースでは、これは例外的な措置といえる。というのも調停や示談は、それ以降の争いの発生を抑制するために行われるからである。この点では、理事たちは、「償い金」が国家補償の性格を持っていないことに自覚的であったことを意味している。そしてこの配慮は、被害者が「償い金」を受け取るための、敷居を低くする効果を意図していた。そしてその意図は一部では達成され、一部でははずれた。

## 5　国民基金の予期せぬ効果

第三に、以上のような「償い金」のあいまいな性格が、予期せざる不幸な効果をもたらしたことである。それは主要な被害国であった韓国における被害者の受け取り拒否である。いや、受け取り拒否までは予期の範囲内であったと言えるかもしれない。国民基金についてもっとも大きな困難のひとつは、被害当事者に受けとってもらえるかどうかであることは、事前に予想がついていたからである。だが、予想できなかったのは、それが受けとった被害者と受け取りを拒否した被害者とのあいだに、分断と対立をもたらし、当事者のあいだおよび運動体とのあいだに紛糾と混乱をもたらしたことである。

韓国内で元「慰安婦」の被害者を支えてきたNGOである韓国挺身隊問題対策協議会は、ただちに国民基金に反対の立場を表明し、代わって被害者の生活支援は自分たちでやると募金にのりだした。韓国政府はそれを受けて生活支援を約束し、そのうえ、将来日本政府から国家補償がある場合には清算することを前提として、国民基金の

「償い金」に相当する額を一時金として被害者に提供した。その際、国民基金を受けとらない旨の誓約書を書くことを求めた。他方で国民基金は、「償い金」を受けとっても国家補償の請求権は失わないこと、韓国政府から一時金を受けとっても基金から「償い金」を受けとる資格を失わないことを強調したが、国民基金側のルールと韓国側のルールとのあいだのずれは、被害者のあいだに新たな混乱を持ちこんだ。その結果、韓国内で「償い金」を受けとった被害者は、支援団体に隠れて、もしくはそれから離れて受けとることになり、だれが受けとったかをめぐって疑心暗鬼の関係が被害者のあいだにもたらされた。また韓国政府に対して誓約書を書いたあとに「償い金」を受けとった被害者もあり、これらの人々は社会的に困難な立場に立たされた。

二〇〇五年現在で、国民基金の募金総額は五億六五〇〇万円、「償い金」を受けとった被害者は、フィリピン、韓国、台湾で計二八五人に達したが、この人数の国別の内訳は公表されていない。韓国内で受けとった人数をあきらかにしない配慮からである。国民基金を受けとった被害者は、韓国内でスティグマ化されるという不幸な事態が生まれた。韓国の被害者および支援団体と国民基金のあいだには、和解しがたい対立ができてしまった。

韓国におけるこの不幸な事態は、関係者の想定しなかったものである。だが、意図せざる結果だったとはいえ、結果責任から言えば、それに対して国民基金には責任がある。政治的効果からいえば、韓国政府に被害者の生活支援および一時金の支払いという一歩踏みこんだ政策をとらせたのは、対抗的とはいえ、国民基金の意図せざる効果だった。それまでは韓国政府は日本政府と共同歩調をとり、問題を荒立てないように「戦後補償問題は六五年の日韓条約で解決済み」という日本政府の公式見解を受け容れてきたのだから。見方によっては、韓国政府の被害者支援は、元「慰安婦」の日本政府への要求を抑制する効果を意図していたと言えないこともない。日本政府の顔色をうかがうこのような韓国政府の態度に、被害者たちはすでにじゅうぶんに失望してきていた。

国民基金の理事の一部には、韓国内の被害者支援団体に対して、その「狭量さ」を批判する人もいるが、批判を受けた側からすれば、「先に殴ったのはそちらだ」という言い分があろう。国家による謝罪と補償を求めた被害者に対して、国民基金は当の被害者が求めるものとは違うものを差し出した。それを受けとらないからと言って、責める資格は国民基金の側にはない。求めるものと差しだすものとのあいだに最初にねじれをつくった責任は、国民基金の側にある。他方で、「償い金」を受けとった人々を窮地に追いこんだのは、たしかに運動体の側の「狭量さ」かもしれないが、被害者と支援団体とをそのような「苦渋の選択」へとおしやる初期条件をつくったのはほかならぬ国民基金の側である。

国民基金という政治的選択は、「ないよりもまし」だったのか、それとも「なかったほうがまし」、だったのか？　韓国にかぎってみれば、被害を申告した女性のうち、半数以上が「償い金」を受けとっていない。事態は硬直したままさらに悪くなっている。そのうえ、「生きているあいだに、解決を見たい」と念じていた被害者たちは、そのあいだにも高齢でつぎつぎと亡くなっている。わたしたちにはこの一〇年のあいだに、この方々を、失意のうちに亡くならせてしまった責任がある。この点からいえば、国民基金は、それがあることで事態をもっと悪くした結果責任があると言えよう。

最初から限界を持っていたとは言え、その限界のうちで、政治的事業としての国民基金はその意図どおりの目標を達成したのだろうか。基金は、言うまでもなく、元「慰安婦」の被害者へのお詫びと償いのために創設された。国民基金の成否を判断するべき立場にいるのは、誰よりも被害当事者であるべきである。国民基金理事のひとり、和田春樹さんは、かつてわたしが同席した会議の席上、「基金は五一点以上の合格点をとるようでなければならない」という発言をしたことがある。その場でわたしは、「それは誰が判定するのでしょうか」とたずねた記憶があるが、その主語には当然、被害者の方々が入るはずであった。被害者が置かれた状況は国によって大きな違いがあり、オランダとフィリピンでは事業は被害者から一定の評価をえ、インドネシアと台湾ではトラブルを残しながらもなかばは目標を達成したが、なかでも、もっとも重要な被害国である韓国で認定者の半数以上が受け取りを拒否するという結果をもたらした。

結果責任から言えば、国民基金はその政治目標を(とりわけ韓国に対しては)達成したとはいえず、基金があることによって事態のさらなる紛糾を招いたことに政治責任がある。この責任はいったい誰がとるのだろうか? その責めを基金の理事のみに問うことは、あまりに苛酷にすぎるだろう。その背後には、基金設立にあたって政治判断をした政治家たち、その後の事業の実施や事態の紛糾の解決にあたって必ずしも協力的であったとはいえない政権担当者や外務官僚たち、「慰安婦」報道に無関心かつ冷淡であったり、場合によっては冷笑的ですらあったメディア、そしてそれらを座視したわたしたち市民の責任が積み重なっている。

## 6 国民基金の代替案?

以上のような問いは、それでは、基金を批判するなら、どのような代替案が可能だったのだろうか、という問いにわたしたちを導く。日本政府がほんらいなすべきことは、強制性労働を含む戦後補償について特別立法をし、正式謝罪と国家補償をすること以外にない。国会と政府は、戦後長きにわたってこの問題を避けてきた。郵便貯金訴訟で知られる文玉珠さんの下関裁判が、判決で文さんの請求を退けながら「立法不作為」の文言を示したことは重要であろう。被害者の要求に応える法理がなければ、司法は手も足も出ない。立法府の「不作為(何もしないこと)」、それ自体が罪だと、勇気ある裁判官は指摘したのだ。国会では毎回、議員立法による戦後補償特別立法の提案が画策されているが、その賛同者は少数派にとどまる。しかもますます保守化する現在の政治状況では、その可能性はかつて以上に低い。政策設計のなかに実現可能性を含む必要があるとすれば、特別立法を唱える人々は、その理想主義のもとに現実を無視しているとのそしりもまたまぬがれないであろう。

他方、国民基金の「玉虫色」を批判するなら、それに対してはほんもののNGOによる民間基金を対置すべきであった。そして市民ができることは「支援」と「連帯」までであり、国家に代わって「謝罪」と「補償」はできないから、市民が市民の責任を果たす代わりに、国家は国家の責任を果たすべきだ、と迫ることができれば、どんなによかっただろうか。それをいったんは夢想し、かつ挫折したわたし自身を含めて、そのような運動を実現することができなかった日本の女性運動の非力さに、わたしは痛恨の思いを抱いている。九一年の金学順ショックを受けて、「なにか、したい」「なにか、しなければ」と各地で高まっていた多くの女性の切迫した思いを、わたしは鮮明におぼえている。その思いに受け皿を与え着地点を組織することに、日本の女性運動は失敗した。

だがここに、民間の女性運動による達成がある。それは二〇〇〇年一二月八―一〇日に東京で開催された、VAWW-NET(Violence Against Women in War Network)という女性の国際連帯による女性国際戦犯法廷である。民衆法廷は法的効力を持たないが、ここで戦後一度も戦犯として訴追されたことのない昭和天皇ヒロヒトの有罪が初めて宣告され、被害者は「正義の回復」を喜んだ。わたしはVAWW-NETの周辺的なメンバーにすぎないが、国家に代わって正義を回復するこのようなしかたもあるのか、とその場にいて感動を覚えたことを覚えている。

だがこの偉大な民衆法廷に対するメディアの報道は大きくはなかった。そのうえ、NHKによる報道番組が、政府与党関係者による政治介入を受けて改変されたという疑惑については、二〇〇五年の今日も、内部告発や朝日新聞の報道にもかかわらず、NHKは否認を続けている。近年の日本におけるネオ・ナショナリズムの興隆や政治的保守化の傾向は、とりわけ「慰安婦」問題や女性運動をターゲットにしており、事態は楽観を許さない。国民基金は設立当初から、右からも左からも批判を浴びてきた。国民基金が成立した一〇年前にくらべて、現在のほうがもっと政治状況は保守化していると考えれば、これまでわたしたちが批判してきた基金すら、抵抗勢力から守らなければならないような状況が生まれているかもしれない。

「慰安婦」問題は終わっていない。もし近い将来、北朝鮮との国交回復が果たされるなら、北朝鮮における被害者救済課題となるだろう。また広大な中国では、中国政府の非協力もあって国民基金は事業を行っていない。このような大きな課題が積み残されたままの今日、国民基金の歴史的評価をふまえて、次のステップを考えるべき時に来ているにもかかわらず、国民基金は解散を迎えようとしている。問われているのは、国民基金とその担い手だけではない。

## 7 「慰安婦」問題の国際的成果

最後に、「慰安婦」問題がもたらした国際的な成果について、次の三点を挙げておこう。

第一は、武力紛争下における女性に対する性暴力が犯罪である、との認識が確立したことである。性暴力は「被害者の恥」ではなく、「加害者の罪」であるという認識は、被害者の自己申告とエンパワーメントをもたらした。また性被害のタブーをくつがえすアジアからの発信が、ボスニアやルワンダなど他の地域へも波及するに至った貴重な先例となった。

第二は、訴訟における個人補償の理念が、国際法の新しい発展をもたらす可能性である。日本政府は国家間賠償問題は「決着済み」と主張してきたが、個人補償の理念は、個人の利益を国家が代弁しないという主張である。それは同時に、女性の身体とセクシュアリティが国家に属さない、という主張でもある。個人補償の理念は、戦争被害について、国家対国家ではなく、国家対個人が対等に向き合う法理をつくりだすことのできる可能性を持っている。

第三はNGOによる国際連帯が、さまざまなレベルで成立したことである。国際、すなわち国と国との関係ではなく、市民と市民との連帯による民際ネットワークが、アジアと世界の明日にとって大きな力となることだろう。このような民間のネットワークはいくらあってもありすぎるということはない。

本稿を結ぶにあたって、冒頭に述べた二〇〇五年七月の国際シンポジウムの席上で、元駐日ドイツ大使であったフランク・エルベさんが語った発言を引いておきたい。彼はドイツとポーランドとの歴史的和解交渉に貢献した人物である。

「和解とはもろいものです。ちょうどこわれやすいものを、双方が手をさしだして支えるようなプロセスのなかでしか、和解は実現しません」

（1）公開国際シンポジウムは「過去へのまなざし、未来への構想――政府、メディア、NGOの戦後責任と日本の未来」と題されて、二〇〇五年七月一七日、国連大学ウ・タント国際会議場で開催された。パネリストは入江昭（ハーバード大学歴史学教授）、フランク・エルベ（元駐日ドイツ大使）、大沼保昭（東京大学法学政治学研究科教授、アジア女性基金呼びかけ人および理事）、葛剣雄（中国復旦大学歴史学教授）それに上野、モデレーターは船橋洋一（朝日新聞社コラムニスト）。本稿は、その国際会議におけるわたしの報告をもとに、大幅に書き直したものである。同趣旨の報告を二〇〇五年一二月二日、ソウルで開催された第二回韓日連帯21主催の国際会議でも発表した。そのときの討論にも多くを負っている。

（2）国民基金の呼びかけ人は以下のとおり（五十音順）。赤松良子、芦田甚之助、衛藤瀋吉、大来寿子、大鷹淑子、大沼保昭、岡本行夫、加藤タキ、下村満子、鈴木健二、須之部量三、高橋祥起、鶴見俊輔、野田愛子、野中邦子、萩原延壽、三木睦子、宮崎勇、山本正、和田春樹、うち三木睦子は後に基金の姿勢に疑問を感じて辞任した。さらに国民基金理事長および理事は、以下のとおりである。理事長、村山富市、副理事長、石原信雄、大鷹淑子、理事(五十音順)、有馬真喜子、衛藤瀋吉、大沼保昭、岡部謙治、金平輝子、草野忠義、下村満子、宮崎勇、山口達男、和田春樹。専務理事事務局長の伊勢桃代はのちに異動した。

(3) 二〇〇五年三月二三日、国会における吉川春子議員(共産党)による国会質問に対する小泉内閣総理大臣の答弁による。以上の出典は、以下の資料による。VAWW-NET Japan「「慰安婦」問題に関する政府談話関係資料」(二〇〇五年七月二日 VAWW-NET ジャパン年次総会配付資料)、財団法人女性のためのアジア平和国民基金二〇〇四『「慰安婦」問題とアジア女性基金』付録・関係資料。

# 参考文献


青木保 1990『日本文化論の変容』中央公論社

赤坂憲雄 1997「成熟への道行きは可能か」『朝日新聞』一九九七年八月二四日

秋山清 1973『自由おんな論争』思想の科学社

『朝日新聞』1997「「劣った人」「ジプシー」一掃せよ――六万人に強制不妊手術」一九九七年八月二六日

アジア女性資料センター編 1997『「慰安婦」問題Q&A――「自由主義史観」へ女たちの反論』明石書店

「新しい歴史教科書をつくる会」呼びかけ人 1996「「新しい歴史教科書をつくる会」創設にあたっての声明」一九九六年一二月二日

池澤夏樹 1997「文芸時評　歴史と「語り口」」『朝日新聞』一九九七年八月二六日

市川房枝 1974『市川房枝自伝』戦前編・戦後編、新宿書房

市川房枝編 1976『日本婦人問題資料集成』第二巻「政治」ドメス出版

「市川房枝という人」刊行委員会編 1982『市川房枝という人　一〇〇人の回想』新宿書房

井上清 1948『日本女性史』三一書房

井上輝子・上野千鶴子・江原由美子・天野正子編 1994『日本のフェミニズム1　リブとフェ

ミニズム』岩波書店
色川大吉1997「自虐史観と日本ナショナリズム13　色川大吉さんに聞く」上・下、『統一日報』一九九七年九月一二・一三日
上杉聡1997『脱ゴーマニズム宣言』東方出版
上野千鶴子1985『資本主義と家事労働』海鳴社
上野千鶴子1990『家父長制と資本制』岩波書店、2009岩波現代文庫
上野千鶴子1991『九〇年代のアダムとイブ』NHK出版
上野千鶴子1994a『近代家族の成立と終焉』岩波書店
上野千鶴子1994b「日本のリブ――その思想と背景」井上他編『日本のフェミニズム1　リブとフェミニズム』岩波書店
上野千鶴子1995a「歴史学とフェミニズム――「女性史」を超えて」『岩波講座日本通史　別巻1　歴史意識の現在』岩波書店
上野千鶴子1995b「差異の政治学」上野他編『シリーズ現代社会学11　ジェンダーの社会学』岩波書店
上野千鶴子1995c「歴史学とフェミニズム――「女性史」を超えて」『岩波講座　日本通史　別巻1　歴史意識の現在』岩波書店
上野千鶴子編1996『きっと変えられる性差別語――私たちのガイドライン』三省堂
上野千鶴子1997a「記憶の政治学――国民・個人・わたし」『インパクション』一〇三号、インパクト出版会

上野千鶴子 1997b「平塚らいてう」『朝日新聞』一九九七年一二月五日
上野千鶴子 1998a『ナショナリズムとジェンダー』青土社
上野千鶴子 1998b「女性兵士の構築」江原由美子編『性・暴力・ネーション　フェミニズムの主張4』勁草書房
上野千鶴子 1998c『発情装置』筑摩書房
上野千鶴子 1998d「ポスト冷戦と「日本版歴史修正主義」」『論座』一九九八年三月号、朝日新聞社
上野千鶴子 1999「英霊になる権利を女にも?——ジェンダー平等の罠」『同志社アメリカ研究』三五号、同志社大学アメリカ研究所
上野千鶴子 2002『差異の政治学』岩波書店
上野千鶴子編 2005『脱アイデンティティ』勁草書房
上野千鶴子・田中美由紀・前みち子 1994『ドイツの見えない壁——女が問い直す統一』岩波新書
鵜飼哲 1997「歴史修正主義——ヨーロッパと日本」『インパクション』一〇二号、インパクト出版会
江原由美子 1988『フェミニズムと権力作用』勁草書房
江原由美子 1992「従軍慰安婦について」『思想の科学』一九九二年一二月号
大越愛子 1999「「日の丸・君が代」体制を変えていくフェミニズム」『未来』第三九六号、未来社

大越愛子・高橋哲哉 1997「対談 ジェンダーと戦争責任」『現代思想』一九九七年九月号、青土社
大塚英志 1989『少女民俗学』光文社
大森かほる 1997『平塚らいてうの光と蔭』第一書林
荻野美穂 1993「日本における女性史研究とフェミニズム」『日本の科学者』第二八巻第一二号
奥武則 1995「「国民国家」の中の女性――明治期を中心に」奥田暁子編『女と男の時空・日本女性史再考V せめぎ合う女と男――近代』藤原書店
奥田暁子編 1995『女と男の時空・日本女性史再考V せめぎ合う女と男――近代』藤原書店
小熊英二 1995『単一民族神話の起源』新曜社
小熊英二 1998『〈日本人〉の境界』新曜社
小倉千加子 1988『セックス神話解体新書』学陽書房
香内信子編 1984『資料/母性保護論争』ドメス出版
葛西弘隆 1996「丸山眞男の「日本」」酒井直樹・ド=バリー・伊豫谷登志翁編『ナショナリティの脱構築』柏書房
笠原十九司・渡辺春己・吉見義明他 1997『歴史の事実をどう認定しどう教えるか――検証七三一部隊・南京虐殺事件・「従軍慰安婦」』教育資料出版会
加藤典洋 1997『敗戦後論』講談社
加藤陽子 1996『徴兵制と近代日本 1868-1945』吉川弘文館
鹿野政直・堀場清子 1977『高群逸枝』朝日新聞社

加納実紀代 1979a「高群逸枝と皇国史観」河野信子他『高群逸枝論集』JCA出版
加納実紀代 1979b『女性と天皇制』思想の科学社
加納実紀代 1987『女たちの〈銃後〉』筑摩書房＝1995 増補新版、インパクト出版会
加納実紀代編 1990『自我の彼方へ』社会評論社
加納実紀代編 1995a『母性ファシズム』「ニュー・フェミニズム・レヴュー」6、学陽書房
加納実紀代編 1995b『コメンタール戦後五〇年』5「性と家族」社会評論社
加納実紀代 1995c「近代女性史にとっての国と自由」『思想の科学』一九九五年八月号
加納実紀代 1999「再考・フェミニズムと軍隊」『インパクション』一一五号、インパクト出版会
亀山美知子 1984a「戦争と看護婦」『歴史評論』四〇七号、校倉書房
亀山美知子 1984b「戦争と看護」『近代日本看護史』Ⅱ　ドメス出版
川田文子 1987『赤瓦の家――朝鮮から来た従軍慰安婦』筑摩書房
川畑智子 1995「性的奴隷制からの解放を求めて」江原由美子編『フェミニズムの主張2　性の商品化』勁草書房
韓国挺身隊問題協議会・挺身隊研究会編（従軍慰安婦問題ウリョソンネットワーク訳）1993『証言――強制連行された朝鮮人慰安婦たち』明石書店
金一勉 1976『天皇の軍隊と朝鮮人慰安婦』三一書房
金静美 1994『水平運動史研究――民族差別批判』現代企画室
金富子・梁澄子他 1995『もっと知りたい「慰安婦」問題――性と民族の視点から』明石書店

金富子 1996「世界女性会議報告 「慰安婦」問題を中心に」アジア経済研究所編『第三世界の働く女性』明石書店
倉橋正直 1989「従軍慰安婦前史——日露戦争の場合」『歴史評論』四六七号、校倉書房
倉橋正直 1994『従軍慰安婦問題の歴史的研究』共栄書房
栗原弘 1994『高群逸枝の婚姻女性史像の研究』高科書店
栗原弘 1997「高群逸枝の女性史像」田端・上野・服藤編『ジェンダーと女性』早稲田大学出版部
栗原幸夫 1997「歴史の再審に向けて——わたしもまたレヴィジオニストである」『インパクション』一〇二号、インパクト出版会
敬和学園大学戦争とジェンダー表象研究会編 2008『軍事主義とジェンダー——第二次世界大戦期と現在』インパクト出版会
纐纈厚 1981『総力戦体制研究』三一書房
河野信子他(高群逸枝論集編集員会)1979『高群逸枝論集』JCA出版
小林よしのり 1998『戦争論』幻冬舎
駒込武 1997「「自由主義史観」は私たちを「自由」にするのか」『世界』一九九七年四月号、岩波書店
小山静子 1991『良妻賢母という規範』勁草書房
近藤和子 1995「女と戦争——母性/家族/国家」奥田暁子編『女と男の時空・日本女性史再考V せめぎ合う女と男——近代』藤原書店

酒井直樹・ド＝バリー・伊豫谷登志翁編 1996『ナショナリティの脱構築』柏書房
坂部晶子 1999a「植民地の記憶の社会学――日本人にとっての「満州」経験」『ソシオロジ』44－3、ソシオロジ編集委員会
坂部晶子 1999b「「満洲」経験の歴史社会学的考察――「満洲」同窓会の事例をとおして」『京都社会学年報』7、京都大学文学部社会学研究室
櫻井よしこ 1997「密約外交の代償――慰安婦問題はなぜこじれたか」『文藝春秋』一九九七年四月号
鈴木裕子 1986『フェミニズムと戦争』マルジュ社
鈴木裕子 1989a『女性史を拓く1　母と女』未来社
鈴木裕子 1989b『女性史を拓く2　翼賛と抵抗』未来社
鈴木裕子 1991『朝鮮人従軍慰安婦』岩波ブックレット
鈴木裕子 1993『従軍慰安婦問題と性暴力』未来社
鈴木裕子 1996a『女性史を拓く3　女と〈戦後五〇年〉』未来社
鈴木裕子 1996b『女性史を拓く4　「慰安婦」問題と戦後責任』未来社
鈴木裕子 1997a「日本軍「慰安婦」(性奴隷制)問題の新段階と反「慰安婦」キャンペーン」上・下、『未来』第三六五・三六六号、未来社
鈴木裕子 1997b『戦争責任とジェンダー』未来社
鈴木裕子 1999a『第5回日本軍〝慰安婦〟問題アジア連帯会議報告書』韓国挺身隊問題対策協議会

鈴木裕子 1999b「日本軍「慰安婦」問題が問うもの」『わだつみのこえ』第一〇九号、日本戦没学生記念会
全国女性ニュース 1997「歴史の事実を素直に認めよ」一九九七年一月二〇日
戦争犠牲者を心に刻む会(正式名称「アジア・太平洋地域の戦争犠牲者に思いを馳せ、心に刻む集会」実行委員会)編 1997『私は「慰安婦」ではない——日本の侵略と性奴隷』東方出版
千田夏光 1973『従軍慰安婦』双葉社、1984 講談社文庫
千田夏光 1997「「従軍慰安婦」の真実」『論座』一九九七年八月号、朝日新聞社
徐京植 1999「あなたはどの場所に坐っているのか——花崎皋平氏への抗弁」『みすず』第四六一号、みすず書房
徐京植・高橋哲哉 1999「連続対談(第三・四回) 責任と主体」上・下、『世界』一九九九年八・九月号、岩波書店
外崎光広・岡部雅子編 1979『山川菊栄の航跡』ドメス出版
曽根ひろみ 1990「「売女」考——近世の売春」女性史総合研究会編『日本女性生活史3 近世』東京大学出版会
曽根ひろみ 1998「売春概念をめぐって」坂田義教編『現代のエスプリ366 性の諸相』至文堂
高橋哲哉 1995『記憶のエチカ——戦争・哲学・アウシュヴィッツ』岩波書店
高群逸枝 1938, 1966『母系制の研究』『高群逸枝全集』1、理論社
高群逸枝 1948『女性の歴史』上下、印刷局、1954 講談社、1972 講談社文庫

高群逸枝 1965–67『高群逸枝全集』全一〇巻、理論社
竹田青嗣・小林よしのり・橋爪大三郎 1997『正義・戦争・国家論』径書房
舘かおる 1994「女性の参政権とジェンダー」原ひろ子編『ライブラリ相関科学2　ジェンダー』新世社
立岩真也 1997『私的所有論』勁草書房
田中利幸 1993『知られざる戦争犯罪』大月書店
田中利幸 1996「なぜ米軍は従軍慰安婦問題を無視したのか」上・下、『世界』一九九六年一一・一二月号、岩波書店
田中宏 1993「日本の戦後責任とアジア——戦後補償と歴史認識」『講座　近代日本と植民地8　アジアの冷戦と脱植民地化』岩波書店
田端かや 1995「植民地の朝鮮で暮らした日本女性たち」日本女性学会一九九五年度春期大会特別部会「フェミニズムと戦争」口頭発表
田端泰子・上野千鶴子・服藤早苗編、比較家族史学会監修 1997『ジェンダーと女性』早稲田大学出版部
「つくる会」賛同人インタビュー 1997「悲喜こもごもの賛同人事情」『論座』一九九七年五月号、朝日新聞社
張競 1995『近代中国と「恋愛」の発見』岩波書店
東京大学教育学部教育学研究室気付「1209 記録集作成チーム」1997『記録集「ナヌムの家」から若者たちへ——韓国・元「慰安婦」のいま』

戸塚悦朗 1999「シンポジウム『ナショナリズムと「慰安婦」問題』をめぐって［1］性支配の法的構造をいかに変革するか／［2］「売春から性奴隷へ」のパラダイム転換はどう起こったか」『法学セミナー』第五三二・五三三号、有斐閣
冨山一郎 1990『近代日本社会と「沖縄人」』日本評論社
冨山一郎 1996「共同討議 ポストコロニアルの思想とは何か」『批評空間』太田出版
冨山一郎 1997「書評 小熊英二著『単一民族神話の起源』」『日本史研究』四一三号
永原和子 1985「女性統合と母性」脇田晴子編『母性を問う』下、人文書院
永原和子 1989「女性はなぜ戦争に協力したか」藤原彰他編『日本近代の虚像と実像』3、大月書店
永原和子・米田佐代子 1996『増補版おんなの昭和史』有斐閣
中村生雄 1994『日本の神と王権』法蔵館
成田龍一 1995「母の国の女たち——奥むめおの〈戦時〉と〈戦後〉」山之内靖・コシュマン・成田龍一編『総戦力と現代化』柏書房
西尾和美 1990「女性史という視座」『歴史評論』四七九号、校倉書房
西川長夫 1992『国境の越え方』筑摩書房
西川長夫 1993「国家イデオロギーとしての文明と文化」『思想』八二七号（一九九三年五月）、岩波書店
西川長夫 1995「日本型国民国家の形成」西川長夫・松宮秀治編『幕末・明治期の国民国家形成と文化変容』新曜社

西川祐子 1982a『森の家の巫女』新潮社＝1990『高群逸枝』第三文明社
西川祐子 1982b「戦争への傾斜と翼賛の婦人」女性史総合研究会編『日本女性史』5「近代」東京大学出版会
西川祐子 1997「高群逸枝の近代家族論」田端・上野・服藤編『ジェンダーと女性』早稲田大学出版部
西野留美子 1992『従軍慰安婦――元兵士たちの証言』明石書店
日本の戦争責任資料センター編 1998『シンポジウム　ナショナリズムと「慰安婦」問題』青木書店
野田正彰 1998『戦争と罪責』岩波書店
秦郁彦 1997「政治のオモチャにされる歴史認識――「蘆溝橋」「南京」「七三一」「慰安婦」の虚実を問う」『諸君』一九九七年九月号、文藝春秋
花崎皋平 1992「フェミニズムと軍隊」『情況』一九九二年五月号、情況出版
花崎皋平 1997「「愛国心は悪党の最後の隠れ蓑」」『インパクション』一〇二号、インパクト出版会
花崎皋平 1999「「脱植民地化」と「共生」の課題」上・下、『みすず』第四五八・四五九号、みすず書房
早尾貴紀 1999「「従軍慰安婦」における暴力のエコノミー」『現代思想』第二七巻七号、青土社
彦坂諦 1991『男性神話』径書房

姫岡とし子 1993『近代ドイツの母性主義フェミニズム』勁草書房
姫岡とし子 1995「「女性蔑視」と「母性礼賛」――ナチの女性政策」加納実紀代編『母性ファシズム』「ニュー・フェミニスト・レヴュー」6、学陽書房
平塚らいてう 1984『平塚らいてう著作集』全八巻、大月書店
平山朝治 1995『イエ社会と個人主義』日本経済新聞社
ひろたまさき 1995. 10. 22「戦争の語られ方」日本思想史学会大会シンポジウム「歴史と表象」(口頭発表)
ひろたまさき 1996「文化交流史の課題と方法」『大阪大学文学部紀要』36
フジタニタカシ 1994「近代日本における権力のテクノロジー――軍隊・「地方」・身体」『思想』八四五号(一九九四年一一月)、岩波書店
藤目ゆき 1991「赤線従業員組合と売春防止法」『女性史学』1、女性史総合研究会
藤目ゆき 1996『性の歴史学』不二出版
藤目ゆき 1997「女性史からみた「慰安婦」問題」『季刊 戦争責任研究』一八号、一九九七年冬
古久保さくら 1991「らいてうの「母性主義」を読む」『女性学年報』12、日本女性学研究会
古久保さくら 1999「満洲における日本人女性の経験――犠牲者性の構築」『女性史学』9、女性史総合研究会
堀サチ子 1984「一五年戦争下の女子労働」『歴史評論』四〇七号、校倉書房
前田朗 1997a「差別と人権――規範的思考」『インパクション』一〇二号、インパクト出版会

前田朗 1997b「上野千鶴子の「記憶違いの政治学」――日本軍「慰安婦」問題をどう見るか」『マスコミ市民』一九九七年九月号
前田朗 1997c「徹底追及自由主義史観　国連における「慰安婦」討議と日本政府」『週刊金曜日』一九九七年七月二五日
松尾尊兊 1974『大正デモクラシー』岩波書店
丸岡秀子編 1976『日本婦人問題資料集成』第8巻「思潮(上)」ドメス出版
丸山眞男 1946, 1995「超国家主義の論理と心理」『「世界」主要論文選 1946-1995』岩波書店
丸山友岐子 1977, 1995「男性ライターの書いた「従軍慰安婦」を切る」加納実紀代編『コメンタール戦後五〇年』5「性と家族」、社会評論社
水田珠枝 1997「日本におけるフェミニズム思想の受容」歴史学研究会編『講座世界史7「近代」は人をどう変えてきたか』東京大学出版会
三谷太一郎 1995『新版大正デモクラシー論』東京大学出版会
三谷太一郎 1999「まえがき」『岩波講座　近代日本と植民地　第8巻　アジアの冷戦と脱植民地化』岩波書店
三宅義子 1994「近代日本女性史の再創造のために――テキストの読み替え」『社会の発見』神奈川大学評論叢書4
村井淳志 1997「自由主義史観研究会の教師たち――現場教師への聞き取り調査から」『世界』一九九七年四月号、岩波書店
村上信彦 1978『日本の婦人問題』岩波新書

本橋哲也 1999「応答するエイジェンシー」『現代思想』一九九九年六月号、青土社
森崎和江 1965, 1992『第三の性』河出書房新社
安川寿之輔 1996「時代を超えることの難しさ――戦争責任論とのかかわりで」『学士会会報』八一一号
山川菊栄 1918「母性保護と経済的独立〈与謝野、平塚二氏の論争〉」香内信子編『資料／母性保護論争』ドメス出版
山川菊栄 1943, 1983『武家の女性』岩波書店
山川菊栄 1974, 1982『覚書　幕末の水戸藩』『山川菊栄集』別巻、岩波書店
山川菊栄 1979「私の運動史」外山光広・岡部雅子編『山川菊栄の航跡』ドメス出版
山崎ひろみ 1995「民間募金は「従軍慰安婦」を二度殺す」『週刊金曜日』一九九五年六月三〇日
山崎正和 1990『日本文化と個人主義』中央公論社
山下智恵子 1985『幻の塔――ハウスキーパー熊沢光子の場合』BOC出版
山下悦子 1988『高群逸枝――「母」のアルケオロジー』河出書房新社
山下英愛 1994「「慰安婦」問題の認識をめぐって」『季刊あくろす』(憲法を生かす市民の会機関誌)一九九四年一一月号
山下英愛 1996「韓国女性学と民族――日本軍「慰安婦」問題をめぐる〝民族〟議論を中心に」『女性学』4
山田盟子 1991『慰安婦たちの太平洋戦争』光人社

山田盟子 1992『占領軍慰安婦——国策売春の女たちの悲劇』光人社
山之内靖・コシュマン・成田龍一編 1995『総力戦と現代化』柏書房
山之内靖 1996a『システム社会の現代的位相』岩波書店
山之内靖／成田龍一・大内裕和(聞き手)1996b「インタヴュー　総力戦・国民国家・システム社会」『現代思想』一九九六年六月号、青土社
尹貞玉 1997「「国民基金」は何を理解していないか」『世界』一九九七年一一月号、岩波書店
尹貞玉他 1992『朝鮮人女性がみた「慰安婦問題」』三一書房
吉田清治 1977『朝鮮人慰安婦と日本人』新人物往来社
吉見周子編著 1977『日本ファシズムと女性』合同出版
吉見俊哉 1996「メディア天皇制の射程」『リアリティ・トランジット』紀伊國屋書店
吉見義明 1995『従軍慰安婦』岩波新書
吉見義明 1996「「従軍慰安婦」問題の解決のために」『世界』一九九六年九月号、岩波書店
吉見義明 1997「公娼論に反論する——日本軍「慰安婦」問題の本質とは」特集「歴史資料をどう読むか」『世界』一九九七年三月号、岩波書店
吉見義明編 1992『従軍慰安婦資料集』大月書店
吉見義明・林博史編著 1995『共同研究　日本軍慰安婦』大月書店
米田佐代子 1996「平塚らいてうの「戦争責任」論序説」『歴史評論』一九九六年四月号、校倉書房
米本昌平 1989『遺伝管理社会——ナチスと近未来』弘文堂

李効再・尹貞玉・池銀姫・朴元淳 1995「『新東亜』『世界』共同企画：日本軍「慰安婦」問題をどう考えるか　日韓知識人往復書簡　返信・やはり基金の提案は受けいれられない」『世界』一九九五年一一月号、岩波書店
『琉球新報』1997. 6. 23「刻銘拒否の遺族も——韓国出身者の刻銘作業に携わる洪氏インタビュー」琉球新報社
『琉球新報』1997. 6. 23「ひと　韓国明知大教授　洪鐘佖さん」琉球新報社
若桑みどり 1995『戦争がつくる女性像——第二次世界大戦下の日本女性動員の視覚的プロパガンダ』筑摩書房
若桑みどり 1997「「ジェンダー史学」の視点から歴史修正主義者を批判する」『週刊金曜日』一九九七年八月一日

Anderson, Benedict, 1985, *Imagined Community: Reflections on Origins and Spread of Nationalism*, NY: Verso.＝1987 白石隆・白石さや訳『想像の共同体——ナショナリズムの起源と流行』リブロポート
Basu, Aparna, 1993, The role of women in the Indian Struggle for freedom. Paper presented at the Women in Asia Conference, 1993. 10. 3-4, Merbourne, Australia.＝1995 田中紀子訳「インド独立運動とフェミニズム」加納実紀代編『母性ファシズム』「ニュー・フェミニズム・レヴュー」6、学陽書房
Beneke, Timothy, 1982, *Men on Rape*, St. Martin's Press.＝1988 鈴木晶・幾島幸子訳『レイプ

――男からの発言』筑摩書房

Bhabha, Homi K., 1993, *Nation and Narration*, Routlegde.

Bock, Gisela, 1994, Nazis gender politics and women's history, in F. Thebaud ed., *A History of Women in the West, V. Toward a Cultural Identity in the Twentieth Centeury*. English translation, original published as *Storia delle Donne in Occidente*, vol. V, Rome and Bari, Gius. Laterza & Figli Spa. 1992.

Butler, Judith, 1999, *Gender Trouble: Feminism and Subversion of Identity*. London: Routledge. = 1999 竹村和子訳『ジェンダー・トラブル』青土社

Davin, Anna, 1978, Imperialism and Motherhood, History Workshop 5. de Grazia, Vitoria, 1992, *How Fascism Ruled Women: Italy, 1922–1945*, Berkeley and L. A.: University of California Press.

Frevert, Ute, 1996, Nazism and Women's Policy, Paper presented at the International Symposium on National Mobilization and Women, at Tokyo University of Foreign Studies, 1996. 7. 19.

Go, Liza, 1993, Jugun Ianfu, Karayuki, Japayuki: a Continuity in Commodification, Health Alert. 139, March 1993.

Grossman, Atina, 1995, A question of silence: the rape of German women by occupation soldiers, October 72, Spring 1995, MIT.

Habermas, Nolte et al. 1987, *"Historikerstreit", Die Dokumentation der Kontroverse um die*

*Einzigartigkeit der nationalsozialistischen Judenvernichtung*, München: Piper. = 1995 徳永恂他訳『過ぎ去ろうとしない過去――ナチズムとドイツ歴史家論争』人文書院

Heilbrun, Carolyn G., 1988, *Writing a Woman's Life*. New York: W. W. Norton & Company. = 1992 大社淑子訳『女の書く自伝』みすず書房

Hobsbaum, E. & T. Ranger, 1983, *The Invention of Tradition*, Cambridge University Press. = 1992 前川啓治・梶原景昭他訳『創られた伝統』紀伊國屋書店

Katzoff, Beth, 1997, War and feminism: Yamakawa Kikue (1931-45), Paper presented at the panel "Women and Nationalism," Annual Convention of Association for Asian Studies, March 14, 1997, Chicago, U. S. A.

Kim-Gibson, Dai Sil, 1997. 1. 5, Japanese military supplies: The Korean "Comfort Women," paper presented to the panel, The "Comfort Women": Contexts and Subtexts, Annual Convention, American Historical Association, New York.

Koonz, Claudia, 1987, *Mothers in the Fatherland*, New York: St. Martin's Press. = 1990 姫岡とし子監訳『父の国の母たち』上・下、時事通信社

Morgan, Robin, ed., 1984, *Sisterhood Is Global*, New York: Anchor Books.

Nocklin, Linda, 1971, Why have there been no great women artists? in Gornick, Vivian and Barbara Moran eds., *Woman in Sexist Society: Studies in Power and Powerlessness*. New York: Basic Books. = 1976 松岡和子訳「なぜ女性の大芸術家は現れないのか」『美術手帖』一九七六年五月号、美術出版社

Perrot, Michelle, et George Duby, 1990-93, *Storia delle Donne In Occidente*, Gius. Laterza & Figli Spa, Roma Bari. = 1994-2001 杉村和子・志賀亮監訳『女の歴史』藤原書店

Sander, Helke u. Johr, Barbara, Hrsg. 1992, *Befreier und Befreife: Krieg, Vergewaltigungen, Kinder*, München: Verlag Antje Kemstman. = 1996 寺崎あき子・伊藤明子訳『一九四五年ベルリン解放の真実――戦争・強姦・子ども』パンドラ発行・現代書館

Sarton, May, 1968, *Plants Dreaming Deep*. New York: Norton. = 1996 武田尚子訳『夢見つつ深く植えよ』みすず書房

Sarton, May, 1973, *A Journal of a Solitude*. New York: Norton. = 1991 武田尚子訳『独り居の日記』みすず書房

Scott, Joan W., 1988, *Gender and the Politics of History*. New York: Columbia University Press. = 1992 荻野美穂訳『ジェンダーと歴史学』平凡社、2004 増補新版、平凡社ライブラリー、平凡社

Scott, Joan W., 1996, *Only Paradoxes to Offer: French Feminism and the Rights of Man*, Harvard University Press.

Tonkin, Elizabeth, 1992, *Narrating the Past: The Social Construction of Oral History*, Cambridge: Cambridge University Press.

Ueno, Chizuko, 1997, Feminists'active participation in Japan's ultra-nationalism, Paper presented at the panel "Women and Nationalism," Annual Convention of Association for Asian Studies, March 14, 1997, Chicago, U. S. A.

# 自著解題

　すべては九〇年代から始まった――今日のアジアをとりまく国内・国際政治の状況を見ていると、その感を深くする。進行するグローバリゼーションのなかで、いっそう激化するナショナリズムの抗争、右傾化し保守化する国内の論調、そのなかで掛け金となる「女性」の位置……。二〇一二年の今日、本書『ナショナリズムとジェンダー』を増補新版として世に送ることに意義があるとしたら、まだ過去になっていないどころか、現在進行中のできごとに、そしてそのねじれがなぜ解けないかの謎に、いくらかでも答えることができるからにほかならない。そしてそれは同時に、この一〇年から二〇年のあいだ、わたしたちが解くべき問いを解いてこなかったことのツケを支払うことでもあろう。

　わたしの九〇年代はほぼ「慰安婦」問題で埋め尽くされた。

　本書はその一〇年間の記録である。成果、と言ってよいかどうかは、後世の判定にゆだねるほかない。というのはこの問題は、いまだに解決を見ないまま、切れば血の出るような問題でありつづけているからである。そしてそれがなぜか、も本書から読者は理解することができるだろう。

一九九一年一二月六日、元「慰安婦」の生存者、金学順《キムハクスン》さんの日本政府提訴の報を、わたしは当時滞在していたドイツで聞いた。その時の衝撃は今でも思い出すことができる。日本の新聞の国際版に載った小さな記事だったが、わたしはボディブローをくらわされたような痛みを覚えた。それはわたしがドイツで一年間を過ごしていたことと無関係ではないかもしれない。同じ敗戦国でありながら、ドイツと日本の戦後処理のあまりの違いに、わたしはその理由を考え続けていたからだ。

帰国後にわたしは「慰安婦」問題をめぐる支援者の動きに巻きこまれていった。いや、自分からアタマをつっこんでいったというほうがよいかもしれない。その過程は、旧版「あとがき」に詳しく書かれている。

九五年九月国連北京女性会議は、「慰安婦」問題をめぐる国際的な争点の場になるはずだった。いや、これも正確ではない。政府間会議が開かれる北京から何十キロも離れた郊外のリゾート地にNGOフォーラムの場所を移し隔離することでNGOの動きを抑制しようとした主催者の意図にもかかわらず、その場が「慰安婦」問題をめぐる国際的な焦点となったのは、日韓を含むアジアの多くの女性たちの仕掛けの結果だった。いくつもの会議、ワークショップ、デモ、署名活動が行われ、最終日には日本政府代表団の小和田国連大使をNGO会場へ招いて、抗議行動を行った。そのなかにわたし自身もいた。

九六年には「新しい歴史教科書をつくる会」が発足。保守系論壇の発言者を糾合したこのフォーラムは、それ以降、右傾化とバックラッシュの拠点となった。文科省の検定を通過した彼らの「新しい歴史教科書」の採択をめぐって、今日に至るまで三年に一度の「教科書戦争」が続いていることは周知のとおりである。教育の場が戦場となり、学校行事での「君が代・日の丸」が争点となって、毎年のように教師たちが処分の犠牲になっていった。自殺した校長まで出したのだから、この戦争には「戦死者」がいたのである。

二〇〇二年九月一七日、北朝鮮が拉致を認め公式に謝罪。国内では「北」をターゲットとする排外的な国民感情がいっきょに高まった。それ以降も、核実験施設やミサイル発射などで、北朝鮮は「ならずもの国家」として、東アジアの緊張を高めた。その包囲網だったはずの韓国と中国とのあいだにも、竹島と尖閣諸島をめぐるきしみが起きている。こんなちっぽけな島の帰属をめぐる領土問題がこれほどの熱い反応を引き起こすのは、韓国の「反日」、中国の「抗日」感情がねづよく底流にあるからである。それというのも、日本が侵略し、植民地化したアジアの諸国に対する戦後処理を誤ったからだ……ヨーロッパの中のドイツの位置を見ていると、そう思わないわけにいかない。

本書でも引用した駐日ドイツ大使だったフランク・エルベさんは言う、「和解とはもろいものです」……両方からさしのべた手でようやく支えているこわれものは、どちらかのバランスが崩れればあっけなく手からこぼれてしまう。それは両側から支えつづけるたゆまぬ意思のもとでなければ維持できない困難な作業なのに、反対に、それをこわすことはあまりに容易なのだ。

本書は、一九九八年に青土社から刊行した『ナショナリズムとジェンダー』をあとがきまで含めて収録したものに加えて、それ以降、他の媒体に同じ主題をめぐって発表してきたいくつかの論文を収めた。もとはすべて「慰安婦」問題の衝撃から生まれたものである。九一年に受けたボディブローに応えるための悪戦苦闘のなかから、本書は生まれた。第Ⅲ部に収録した論文は、もともと『生き延びるための思想』に収録したものだが、「慰安婦」問題に直接関連して書かれたために、この新版に収録することにした。『ナショナリズムとジェンダー』が引き起こした批判の応酬を含めて、「その後」の追跡が容易になると考えたからである。これまでいくつもの本を世に送ってきたが、旧版の『ナショナリズムとジェンダー』は、わたしがこれまでの書物のなかでもっとも熱をこめて書いた書物と言えるだろう。

なぜ、なぜ、なぜ……と解くべき巨大な問いを前にして、わたしの問いは対象と方法の以下の二つの方向を同時に追求することになった。前者は国民国家と女性、後者は記憶をめぐる歴史の方法である。そしてそのいずれもが物議をかもした。

前者について採用したのが「女性の国民化」という鍵概念である。「慰安婦」の被害者の女性たちから、日本国民は男女を問わず「加害者だ」と告発を受けることになった。国家の犯す戦争犯罪に対して女性はいかなる責任があるのか、そもそも国家に対して女はどのような位置にいるのか、女はそもそも国民なのか、国民になることを求めたのか、国民になったら何が起きるのか？　それらの謎に答えようと思えば、国民国家とジェンダーとの関係について根源的な問いを立てるほかなく、その結果は、同じ問いを解こうとした戦前のフェミニスト思想家のあとをたどる旅となった。それは同時に、フェミニズムという思想が、国民化への誘惑にどうやって対抗することができるか、という問いへの答えともなった。そして過去のフェミニストの歴史的検証は、見通しの立たない現在において、未来へ向かってわたしたち自身がいかなる「選択」をするかという問いを迫るものでもあった。

第Ⅰ部第1章「国民国家とジェンダー」は、「女性の国民化」を鍵概念に、国民国家に対する女性の位置を歴史的に検証したものである。本書の再録にあたって、重要な概念の変更を行ったことを追記しておきたい。旧版では、「女性の国民化」のふたつの下位類型を「参加型」と「分離型」と類型化した。が、本書ではそれを「統合型」と「分離型」に変更した。理由は以下のとおりである。

第一にもともと integration / segregation という英語圏における二分法は、「統合型」「分離型」と訳されるにふさわしいという訳語の選択がある。

第二にそれ以上に重要なのは、本稿を書いてのちに、「分離型」も「参加」の一形式であること、したがって「統合型」だけを「参加型」と呼ぶのは適切ではないとはっきり思うようになったことである(1)。統合型も分離型も、女性の国民化と国民国家への参加の下位類型である。統合型は「男なみ」の参加、分離型は「女らしい」参加。いいかえれば、統合型は「男女共学型」、分離型は「男女別学型」といってもよい。もしそうなら、日本では総動員体制のもとでも「統合型」の参加が行われたことはないといってよいし、また第二次世界大戦中のアメリカのWAC(Women Army Corp)やソ連の赤軍女性兵士も、「女だけの軍隊」を組んでいた点で、完全な「統合型」とはいえない「男女別学」軍隊であった。「統合型」は、同じ小隊に男女兵士が同僚として肩を並べて戦闘参加するようになるまでは達成されたとはいえない。そして今日、それは現実化しつつある。もとより統合型も分離型も理念型であるから、この両極のあいだのいずれかに、現実は位置しているというべきだろう。

「慰安婦」問題のもうひとつの衝撃は、歴史とは何か？　いかに語られるか？　についての根源的な疑問をもたらしたことである。わたしが「慰安婦」問題にのめりこんだもうひとつの理由は、「証言」の価値をめぐる論争が、七〇年代から蓄積されてきた女性史の成果、聞き書きや口承の歴史に対する深刻な挑戦だと感じられたからである。歴史学のなかでも「記憶」と「語り」に関する関心は高まっていた。歴史とは集合的記憶の別名であり、記憶は選択的記憶と選択的忘却の集合であり、したがって語り手によって異なるバージョンがあり、語り直しもあるという考え方は、ようやく共有されてきているが、その背後にあるポスト構造主義の物語論や、ジェンダー研究のなかのエイジェンシー理論の貢献は大きい。そのことは「唯一の史実」にもとづく正統化された歴史の語り手としての歴史家の特権性を剝奪する結果になり、歴史家からの激しい反撃にさらされることになった。それも当然だろう、女性史の実践とは歴史の複線化、歴史学の民主化の実践だったのだから。

だが、問いはそれだけでは終わらなかった。現在進行形の「政治」のなかにわたし自身もまた巻きこまれたからである。日本政府は「慰安婦」問題をめぐって、戦後何度目かの戦後処理のミスハンドルを冒した。それが九五年の「国民基金」こと「女性のためのアジア平和国民基金」の設立である。発表された直後から多くの支援者から批判を浴びたこの「国民基金」は、運動体に「踏み絵」を持ちこんだ。それも一切のグレーゾーンを許さない、白か黒かの判定を強いた。ひるがえってその「踏み絵」効果は、運動体自身の「正義」への批判を許さないものとなった。第Ⅲ部第2章「「民族」か「ジェンダー」か?」は、苦渋に満ちた文章で書かれているが、この問題の錯綜とふくざつさとがそこから理解してもらえるだろうか。

第Ⅲ部に収録した「アジア女性基金の歴史的総括のために」もそのひとつである。九五年に発足した「国民基金」は、二〇〇七年にその一二年にわたる歴史を閉じた。現在はウェブ上に「資料館」が開設されている。そのなかに、基金関係者の痛切な証言が残されている。あたうかぎりの良心と善意から生まれた失敗、政治的な限界の苦い認識、それでもなお非力を尽くした自恃とこのような終末を迎えることの無念……が記されている。「国民基金」の解散は、折しも日本でもっとも保守的な政治家、安倍晋三政権のもとであった。憲法改正を可能にし、教育基本法を「改悪」し、「ジェンダーフリー」バッシングの先頭に立ち、そして二〇〇〇年の女性国際戦犯法廷のNHK放映に介入した当の政治家が、政権のトップに就いたときである。

安倍は内閣首班のときに、「慰安婦」に強制力はなかったと、アメリカの新聞に広告を出してアジア系アメリカ人の憤激を買い、米議会下院の日本非難決議を引き出す結果になった。安倍を「尊敬する」若手の政治家、橋下徹もまた「慰安婦」に強制力はなかった、とくりかえす。「慰安婦」をめぐる言説は、それ自体、政治家の立場を判定するリトマス試験紙の役割を今日に至るまで果たしている。

「慰安婦」問題がナショナリストの「掛け金」になったのは、それが男仕立てのナショナリズムの「アキレス腱」だからであろう。日本が侵略戦争のさなかに占領地や植民地で冒したさまざまな「罪」のなかでも、捕虜の虐待や人体実験、生物化学兵器の使用などに比べて、「慰安婦」問題がとりわけ男たちの感情的な反発を招くには訳がある。性的凌辱は、たとえそれがいかに「本能」や「自然」の言語で擁護されていようとも、家父長制にとっては「不面目」な、隠しておきたい汚点であるだけではない。性暴力の告発は、それ自体、「女性の服従」によって成り立つ家父長制が、女をコントロールできないことの何よりの証になるからだ。

「国民基金」関係者が政治リアリズムから予見したとおり、その後の日本の政治環境は右傾化の一途をたどり、「あのとき」を除けば、「国民基金」が成立するチャンスは二度とふたたび訪れなかった――のは、今となっては誰しも認めないわけにはいかない歴史的「事実」だろう。そしてこのようなささやかな「評価」ですら、「国民基金」側に立つ者として裁断されるような原理主義が、運動体の側にあり、それを指摘することすらタブー視される傾向がある。

「国民基金」を批判するのはよい。批判するなら、なぜ「国民基金」が「失敗」したのか、「失敗」は誰に責任があるのか、「失敗」しないためにはどうすればよかったのか、を問う必要があろう。

批判者たちもまた、他にいかなる代替選択肢があったのか、それが実現できなかったのはなぜか、を自分たち自身の限界を踏まえて検証すべきだろう。

「慰安婦」問題は終わっていない。「生きているあいだに正義の実現を見たい」とのぞんでいた被害者の女性たちは、高齢からひとり、またひとりと亡くなりつづけている。生存者の最後のひとりが亡くなったとき……問題は終わるのではなく、ここは李明博《イミョンバク》大統領のいうとおり、「日本は謝罪の機会を永久に失うだろう」。

本書を読んでいるのが(日本国籍を持つ)若い世代の読者なら……この問題は現在進行形であり、その解決に(解決がむずかしいことに)、あなた自身にも責任の一端があるのだということを自覚してほしいと思う。

「慰安婦」問題はくりかえし、記憶されなければならない。なぜならそれは過去になっていないからだ。本書の再刊がそのための一助となることをねがっている。

(1)　本書による変更以前にこの「参加型」「分離型」という用語法はすでに流通していて、それにもとづいて加納実紀代さんの研究グループが研究成果を発表した。その場で上野が、自説に変更を加えたため、ご迷惑をおかけしたが、その現場でのやりとりは以下に収録されている。敬和学園大学戦争とジェンダー表象研究会編『軍事主義とジェンダー』[2008]。「分離型」もまた「女らしい」戦争参加の一形態であることは、「銃後史」を提唱してきた加納さんには、誰よりもよくわかっていることだろう。

# 初出一覧

第I部は単行本『ナショナリズムとジェンダー』(青土社、一九九八年)。それ以外は新たに所収

## I

1 国民国家とジェンダー　『現代思想』一九九六年一〇月号、青土社
2 「従軍慰安婦」問題をめぐって　『現代思想』一九九六年一〇月号、青土社
3 「記憶」の政治学　『インパクション』一〇三号(一九九七年六月)、インパクト出版会

## II

1 国を捨てる　『巨福』第七八号、二〇〇四年、臨済宗建長寺派宗務本院
2 今もつづく「軍隊と性犯罪」　『朝日新聞』一九九三年一月一三日
3 沖縄女性史の可能性　『琉球新報』一九九九年一月九日
4 戦争の憶え方／忘れ方　『毎日新聞』一九九二年七月一四日夕刊(原題「独の「戦争の憶え方」と日本の「戦争の忘れ方」」)
5 過去の清算――ドイツの場合　『信濃毎日新聞』二〇〇六年五月一五日
6 戦後世代の再審に希望　『長崎新聞』一九九九年一月七日

Ⅲ

1　記憶の語り直し方　『日本近代文学』第六三集、二〇〇〇年一〇月一五日、日本近代文学会(『生き延びるための思想』岩波書店、二〇〇六年所収)

2　「民族」か「ジェンダー」か？──強いられた対立　『季刊　戦争責任研究』第二六号(一九九九年冬季号)、日本の戦争責任資料センター(『生き延びるための思想』所収)

3　アジア女性基金の歴史的総括のために　『生き延びるための思想』書き下ろし

本書は、『ナショナリズムとジェンダー』(青土社、一九九八年)を大幅増補し、新版としたものである。

# 関連年表

| | |
|---|---|
| 1890 | 集会及政社法(女性の政治結社参加禁止) |
| 1900 | 治安警察法(女性の政治活動禁止) |
| 1925 | (男子)普通選挙法 |
| 1927. 10. 10 | 大日本連合女子青年団 |
| 1928. 5. 13 | 母の日開始 |
| 7. 1 | 特別高等警察全国拡大 |
| 1930. 5. 10 | 婦人公民権法案衆議院で可決，貴族院で流れる |
| 1931. 2. 28 | 婦人公民権法案衆議院で可決，貴族院で否決 |
| 3. 6 | 大日本連合婦人会．地久節(皇后誕生日＝「母の日」) |
| 9. 18 | 満州事変 |
| 1932. 1. 28 | 上海事変 |
| 3. 1 | 満州国建国 |
| 3. 18 | 大阪国防婦人会発会 |
| 10. 24 | 大日本国防婦人会(発会後10年間で会員1000万) |
| 1933. 3. 27 | 日本，国際連盟脱退 |
| 1934. 11. 20 | 皇道派将校のクーデター計画発覚 |
| 1935. 5. 11 | 中条百合子，窪川いね子検挙 |
| 1936. 2. 26 | 皇道派将校のクーデター未遂，2・26事件 |
| 1937. 7. 7 | 盧溝橋事件，日中戦争開始 |
| 8. 24 | 国民精神総動員実施要綱 |
| 9. 28 | 日本婦人団体連盟 |
| 10. 12 | 国民精神総動員中央連盟(評議員に大日本連合女子青年団長吉岡弥生，大日本連合婦人会長三条西信子) |

| | |
|---|---|
| 11. 20 | 宮中に大本営設置 |
| 12. 13 | 南京占領．虐殺始まる．その後中国各地に組織的に慰安所設置 |
| 1938. 1. 1 | 母子保護法施行 |
| 1. 11 | 厚生省設置(人口政策・体位向上) |
| 1939. 2. 18 | 婦人時局研究会(会長市川房枝) |
| 5. 12 | ノモンハン事件 |
| 12. 26 | 朝鮮人の創氏改姓 |
| 1940. 5. 1 | 国民優生法．優生結婚相談所設置 |
| 7. 10 | 贅沢不要不急品追放に婦人団体動員 |
| 7. 19 | 人口問題研究所，人口政策大綱決定 |
| 9. 12 | 婦人参政権同盟解散 |
| 9. 21 | 婦選獲得同盟解散，婦人時局研究会に合流 |
| 10. 12 | 大政翼賛会，中央協力会議(国民家族会議)付置(高良とみ出席) |
| 11. 3 | 厚生省，優良多子家庭(10 子以上)表彰 |
| 1941. 1. 22 | 人口政策確立要綱 |
| 11. 22 | 国民勤労報国協力令 |
| 12. 8 | 真珠湾攻撃．日米開戦 |
| 12. 12 | 対米英戦を「大東亜戦争」と命名，閣議決定 |
| 1942. 2. 2 | 大日本婦人会(国防婦人会 900 万会員，愛国婦人会 400 万会員，大日本聯合婦人会の合同) |
| 2. 15 | 日本軍シンガポール占領 |
| 4. 18 | 米軍機本土初空襲 |
| 11. 5 | 妊産婦手帳交付開始 |
| 1943. 2. 1 | ガダルカナル敗走(戦死・餓死者 2 万 5000 人以上) |
| 6. 25 | 学徒戦時動員体制確立要綱 |

| | |
|---|---|
| 7.12 | 婦人総決起中央大会 |
| 9.22 | 女子勤労動員促進決定 |
| 1944. 1.19 | 女子挺身隊143人播磨造船所入所 |
| 3. 8 | インパール作戦開始(死者3万人，戦傷病者4万5000人) |
| 7. 7 | サイパン島玉砕 |
| 8.23 | 学徒勤労令．女子挺身勤労令 |
| 1945. 2. 1 | 女子航空整備員採用 |
| 3. 6 | 国民勤労動員令 |
| 3.10 | 東京大空襲(死傷者9万) |
| 3.18 | 決戦教育措置要綱決定(初等科を除き授業停止，軍需・食糧生産に総動員) |
| 3 | 陸軍，女子衛生兵600人募集 |
| 3.25 | 妊婦，幼児の集団疎開開始 |
| 4. 1 | 女子衛生兵養成 |
| 4. 7 | 戦艦大和九州沖で沈没(乗員2498人死亡) |
| 6.13 | 大日本婦人会，国民義勇戦闘隊へ発展的解消 |
| 6.23 | 義勇兵役法(15-60歳男子，17-40歳女子を国民義勇戦闘隊に編成) |
| | 沖縄守備軍全滅(死者19万) |
| 8. 6 | 広島原爆投下 |
| 8. 9 | 長崎原爆投下 |
| 8.15 | 日本ポツダム宣言受諾．敗戦 |
| 8.18 | 内務省，占領軍向け性的慰安施設の設置を指示 |
| 8.25 | 市川房枝，婦人参政権運動再開 |
| 8.26 | 特殊慰安施設協会(RAA)設立 |
| 12.17 | 選挙法改正(女子参政権付与) |
| 1946. 1.19 | 国際極東軍事裁判所条令(A級裁判) |

| | |
|---|---|
| 1946-48 | アジア・太平洋地域に衛生軍事裁判所設置(BC級裁判) |
| 1948 | バタビア裁判(オランダ人女性35人の「慰安婦」裁判) |
| 1951 | サンフランシスコ条約 |
| 1956 | 日本，国連加盟承認 |
| 1965 | 日韓条約 |
| 1988 | 韓国女性団体，日本軍による慰安所設置についての調査 |
| 1990. 5-6 | 盧泰愚大統領訪日，国会で慰安婦問題の調査を要求，日本政府は「民間業者の行為である」と国の関与を否定 |
| 10. 17 | 韓国女性団体連合が謝罪と調査を要求して日本政府に公開状 |
| 11 | 韓国挺身隊問題協議会結成 |
| 1991. 8 | 元「慰安婦」金学順(68)が被害者として初めて名乗りをあげる |
| 11. 26 | 東京で従軍慰安婦問題ウリヨソンネットワーク発足 |
| 12. 6 | 金学順ら3人の元「慰安婦」を含む軍人・軍属とその遺族32人が東京地裁に提訴(アジア太平洋韓国人犠牲者補償請求事件) |
| 1992. 1. 13 | 日本政府，慰安所設置への日本軍の関与を初めて認める |
| 2 | 慰安婦問題，国連人権委員会に提起 |
| 7 | 日本政府，日本軍の関与を認める史料発表 |
| 1993 | 慰安婦問題，国連差別防止少数者保護委員会に提訴．国際公聴会国連人権委員会に再提訴．国連 |

| | |
|---|---|
| | 現代奴隷制作業部会に提起 |
| 5 | 日本政府，請求は二国間条約で解決済み，個人補償の法的義務を負わないと繰り返す |
| 8. 4 | 日本政府，慰安婦募集の強制性を認め陳謝(「河野談話」) |
| 1995. 7. 19 | 日本政府「女性のためのアジア平和国民基金」(略称「国民基金」)発足 |
| 8. 15 | 日本の植民地支配と侵略がアジアの人々に与えた被害に対し，日本政府が謝罪(「村山談話」) |
| 9 | 国連北京女性会議 NGO フォーラムで「慰安婦」問題が焦点のひとつに |
| 1996. 4. 19 | 国連，クマラスワミ報告を採択 |
| 8 | 「国民基金」から「償い金」の支払い強行，フィリピン女性5人が受け取り，他は受け取り拒否 |
| 12 | 「新しい歴史教科書をつくる会」発足．1997 年度文部省検定済歴史教科書から「慰安婦」記述の削除を要求 |
| 1997. 1. 11 | 「国民基金」から韓国人女性7名が「償い金」受け取り |
| 12. 6 | 「国民基金」韓国紙に広告掲載．韓国政府が「不快」を表明 |
| 12. 16 | 金学順さん(73)死去 |
| 1998. 1. 3 | 「国民基金」，「償い金」の受給者が 50 人を超えたと発表 |
| 4. 27 | 「関釜裁判」で山口地裁下関支部が国の不作為を認め，元「慰安婦」に支払いを命じる |
| 2000. 12. 8 -12 | VAWW-NET Japan 主催による女性国際戦犯法廷開催 |

| | |
|---|---|
| 2001. 1. 30 | NHK，ETV で女性国際戦犯法廷の記録放映．直後から番組改変が問題化 |
| 7. 24 | VAWW-NET Japan が NHK を提訴 |
| 9. 17 | 朝鮮民主主義人民共和国政府，日本人拉致を正式に認め謝罪 |
| 2003. 3. 25 | 「関釜裁判」，最高裁で敗訴 |
| 2005. 8. 1 | アクティブ・ミュージアム「女たちの戦争と平和」資料館(wam)開館 |
| 2007. 3 | 「国民基金」解散，計 285 人の被害者が償い金を受けとる．デジタルアーカイブ「慰安婦問題とアジア女性基金」開設 |
| 6 | 『ワシントン・ポスト』紙に日本の政治家ら「慰安婦を強制動員した証拠がない」とする意見広告掲載，反発を招き米下院が日本政府に公式謝罪を求める決議を採択 |
| 2008. 6. 12 | NHK 裁判，最高裁で敗訴 |
| 2011. 8. 30 | 韓国最高裁で「慰安婦問題解決に韓国政府が取り組まないことは違憲」と判決 |
| 12. 14 | ソウル日本大使館前での「慰安婦」問題解決を求める水曜デモが 1000 回を迎える．日本大使館前「慰安婦記念碑」序幕．同日東京で水曜デモ 1000 回記念抗議行動，外務省を囲む「人間の鎖」 |
| 12. 17-18 | 李明博大統領訪日，野田首相との会談は「慰安婦」問題をめぐって膠着 |
| 2012. 5. 5 | ソウルに「戦争と女性の人権博物館」開館 |
| 8 | 竹島問題で日韓関係悪化，背後に「慰安婦」問題 |

ナショナリズムとジェンダー 新版

2012年10月16日 第1刷発行
2022年7月15日 第4刷発行

著者 上野千鶴子《うえのちづこ》

発行者 坂本政謙

発行所 株式会社 岩波書店
〒101-8002 東京都千代田区一ツ橋2-5-5

案内 03-5210-4000 営業部 03-5210-4111
https://www.iwanami.co.jp/

印刷・精興社 製本・中永製本


ISBN 978-4-00-600271-8 Printed in Japan

# 岩波現代文庫創刊二〇年に際して

二一世紀が始まってからすでに二〇年が経とうとしています。この間のグローバル化の急激な進行は世界のあり方を大きく変えました。世界規模で経済や情報の結びつきが強まるとともに、国境を越えた人の移動は日常の光景となり、今やどこに住んでいても、私たちの暮らしは世界中の様々な出来事と無関係ではいられません。しかし、グローバル化の中で否応なくもたらされる「他者」との出会いや交流は、新たな文化や価値観だけではなく、摩擦や衝突、そしてしばしば憎悪までをも生み出しています。グローバル化にともなう副作用は、その恩恵を遥かにこえていると言わざるを得ません。

今私たちに求められているのは、国内、国外にかかわらず、異なる歴史や経験、文化を持つ「他者」と向き合い、よりよい関係を結び直してゆくための想像力、構想力ではないでしょうか。

新世紀の到来を目前にした二〇〇〇年一月に創刊された岩波現代文庫は、この二〇年を通して、哲学や歴史、経済、自然科学から、小説やエッセイ、ルポルタージュにいたるまで幅広いジャンルの書目を刊行してきました。一〇〇〇点を超える書目には、人類が直面してきた様々な課題と、試行錯誤の営みが刻まれています。読書を通した過去の「他者」との出会いから得られる知識や経験は、私たちがよりよい社会を作り上げてゆくために大きな示唆を与えてくれるはずです。

一冊の本が世界を変える大きな力を持つことを信じ、岩波現代文庫はこれからもさらなるラインナップの充実をめざしてゆきます。

（二〇二〇年一月）

## 岩波現代文庫［学術］

G399
### テレビ的教養
―一億総博知化への系譜―
佐藤卓己

「一億総白痴化」が危惧された時代から約半世紀。放送教育運動の軌跡を通して、〈教養のメディア〉としてのテレビ史を活写する。〈解説〉藤竹 暁

G400
### ベンヤミン
―破壊・収集・記憶―
三島憲一

二〇世紀前半の激動の時代に生き、現代思想に大きな足跡を残したベンヤミン。その思想と生涯に、破壊と追憶という視点から迫る。

G401
### 新版 天使の記号学
―小さな中世哲学入門―
山内志朗

世界は〈存在〉という最普遍者から成る生地の上に性的欲望という図柄を織り込む。〈存在〉のエロティシズムに迫る中世哲学入門。〈解説〉北野圭介

G402
### 落語の種あかし
中込重明

博覧強記の著者は膨大な資料を読み解き、落語成立の過程を探り当てる。落語を愛した著者面目躍如の種あかし。〈解説〉延広真治

G403
### はじめての政治哲学
デイヴィッド・ミラー
山岡龍一
森 達也 訳

哲人の言葉でなく、普通の人々の意見・情報を手掛かりに政治哲学を論じる。最新のものまでカバーした充実の文献リストを付す。〈解説〉山岡龍一

2022.7

## 岩波現代文庫［学術］

G404
### 象徴天皇という物語
赤坂憲雄

この曖昧な制度は、どう思想化されてきたのか。天皇制論の新たな地平を切り拓いた論考が、新稿を加えて、平成の終わりに蘇る。

G405
### 5分でたのしむ数学50話
エアハルト・ベーレンツ
鈴木直訳

5分間だけちょっと数学について考えてみませんか。新聞に連載された好評コラムの中から選りすぐりの50話を収録。〈解説〉円城塔

G406
### デモクラシーか 資本主義か
―危機のなかのヨーロッパ―
J・ハーバーマス
三島憲一編訳

現代屈指の知識人であるハーバーマスが、最近十年のヨーロッパの危機的状況について発表した政治的エッセイやインタビューを集成。現代文庫オリジナル版。

G407
### 中国戦線従軍記
―歴史家の体験した戦場―
藤原彰

一九歳で少尉に任官し、敗戦までの四年間、最前線で指揮をとった経験をベースに戦後の戦争史研究を牽引した著者が生涯の最後に残した「従軍記」。〈解説〉吉田裕

G408
### ボンヘッファー
―反ナチ抵抗者の生涯と思想―
宮田光雄

反ナチ抵抗運動の一員としてヒトラー暗殺計画に加わり、ドイツ敗戦直前に処刑された若きキリスト教神学者の生と思想を現代に問う。

G409
普遍の再生
―リベラリズムの現代世界論―
井上達夫
平和・人権などの普遍的原理は、米国の自国中心主義や欧州の排他的ナショナリズムにより、いまや危機に瀕している。ラディカルなリベラリズムの立場から普遍再生の道を説く。

G410
人権としての教育
堀尾輝久
『人権としての教育』（一九九一年）に「『国民の教育権と教育の自由』論再考」と「憲法と新・旧教育基本法」を追補。その理論の新しさを提示する。〈解説〉世取山洋介

G411
増補版 民衆の教育経験
―戦前・戦中の子どもたち―
大門正克
子どもが教育を受容してゆく過程を、国民国家による統合と、民衆による捉え返しとの間の反復関係（教育経験）として捉え直す。〈解説〉安田常雄・沢山美果子

G412
「鎖国」を見直す
荒野泰典
江戸時代の日本は「鎖国」ではなく「四つの口」で世界につながり、開かれていた――「海禁・華夷秩序」論のエッセンスをまとめる。

G413
哲学の起源
柄谷行人
アテネの直接民主制は、古代イオニアのイソノミア（無支配）再建の企てであった。社会構成体の歴史を刷新する野心的試み。

## 岩波現代文庫[学術]

G414
# 『キング』の時代
―国民大衆雑誌の公共性―
佐藤卓己

伝説的雑誌『キング』――この国民大衆誌を分析し、「雑誌王」と「講談社文化」が果たした役割を解き明かした雄編がついに文庫化。〈解説〉與那覇潤

G415
# 近代家族の成立と終焉 新版
上野千鶴子

ファミリィ・アイデンティティの視点から家族の現実を浮き彫りにし、家族が家族であるための条件を追究した名著、待望の文庫化。「戦後批評の正嫡 江藤淳」他を新たに収録。

G416
# 兵士たちの戦後史
―戦後日本社会を支えた人びと―
吉田裕

戦友会に集う者、黙して往時を語らない者……戦後日本の政治文化を支えた人びとの意識のありようを「兵士たちの戦後」の中にさぐる。〈解説〉大串潤児

G417
# 貨幣システムの世界史
黒田明伸

貨幣の価値は一定であるという我々の常識に反する、貨幣の価値が多元的であるという事例は、歴史上、事欠かない。謎に満ちた貨幣現象を根本から問い直す。

G418
# 公正としての正義 再説
ジョン・ロールズ
エリン・ケリー編
田中成明
亀本洋訳
平井亮輔

『正義論』で有名な著者が自らの理論的到達点を、批判にも応えつつ簡潔に示した好著。文庫版には「訳者解説」を付す。

2022.7

G419
新編 つぶやきの政治思想
李 静和

秘められた悲しみにまなざしを向け、声にならないつぶやきに耳を澄ます。記憶と忘却、証言と沈黙、ともに生きることをめぐるエッセイ集。鵜飼哲・金石範・崎山多美の応答も。

G420-421
ロールズ
政治哲学史講義(Ⅰ・Ⅱ)
ジョン・ロールズ
サミュエル・フリーマン編
齋藤純一ほか訳

ロールズがハーバードで行ってきた「近代政治哲学」講座の講義録。リベラリズムの伝統をつくった八人の理論家について論じる。

G422
企業中心社会を超えて
―現代日本を〈ジェンダー〉で読む―
大沢真理

長時間労働、過労死、福祉の貧困……。大企業中心の社会が作り出す歪みと痛みをジェンダーの視点から捉え直した先駆的著作。

G423
増補「戦争経験」の戦後史
―語られた体験/証言/記憶―
成田龍一

社会状況に応じて変容してゆく戦争についての語り。その変遷を通して、戦後日本社会の特質を浮き彫りにする。〈解説〉平野啓一郎

G424
定本 酒呑童子の誕生
―もうひとつの日本文化―
髙橋昌明

酒呑童子は都に疫病をはやらすケガレた疫鬼だった――緻密な考証と大胆な推論によって物語の成り立ちを解き明かす。
〈解説〉永井路子

## 岩波現代文庫[学術]

G425
### 岡本太郎の見た日本
赤坂憲雄

東北、沖縄、そして韓国へ。旅する太郎が見出した日本とは。その道行きを鮮やかに読み解き、思想家としての本質に迫る。

G426
### 政治と複数性
―民主的な公共性にむけて―
齋藤純一

「余計者」を見棄てようとする脱 - 実在化の暴力に抗し、一人ひとりの現われを保障する。開かれた社会統合の可能性を探究する書。

G427
### 増補 エル・チチョンの怒り
―メキシコ近代とインディオの村―
清水透

メキシコ南端のインディオの村に生きる人びとにとって、国家とは、近代とは何だったのか。近現代メキシコの激動をマヤの末裔たちの視点に寄り添いながら描き出す。

G428
### 哲おじさんと学くん
―世の中では隠されているいちばん大切なことについて―
永井均

自分は今、なぜこの世に存在しているのか？友だちや先生にわかってもらえない学くんの疑問に哲おじさんが答え、哲学的議論へと発展していく、対話形式の哲学入門。

G429
### マインド・タイム
―脳と意識の時間―
ベンジャミン・リベット
下條信輔
安納令奈 訳

実験に裏づけられた驚愕の発見を提示し、脳と心や意識をめぐる深い洞察を展開する。脳神経科学の歴史に残る研究をまとめた一冊。〈解説〉下條信輔

## 岩波現代文庫[学術]

G430
### 被差別部落認識の歴史
―異化と同化の間―
黒川みどり
差別する側、差別を受ける側の双方は部落差別をどのように認識してきたのか――明治から現代に至る軌跡をたどった初めての通史。

G431
### 文化としての科学/技術
村上陽一郎
近現代に大きく変貌した科学/技術。その質的な変遷を科学史の泰斗がわかりやすく解説、望ましい科学研究や教育のあり方を提言する。

G432
### 方法としての史学史
―歴史論集1―
成田龍一
歴史学は「なにを」「いかに」論じてきたのか。史学史的な視点から、歴史学のアイデンティティを確認し、可能性を問い直す。現代文庫オリジナル版。〈解説〉戸邉秀明

G433
### 〈戦後知〉を歴史化する
―歴史論集2―
成田龍一
〈戦後知〉を体現する文学・思想の読解を通じて、歴史学を専門知の閉域から解き放つ試み。現代文庫オリジナル版。〈解説〉戸邉秀明

G434
### 危機の時代の歴史学のために
―歴史論集3―
成田龍一
時代の危機に立ち向かいながら、自己変革を続ける歴史学。その社会との関係を改めて問い直す「歴史批評」を集成する。〈解説〉戸邉秀明

## 岩波現代文庫[学術]

G435
### 宗教と科学の接点
河合隼雄
「たましい」「死」「意識」など、近代科学から取り残されてきた、人間が生きていくために大切な問題を心理療法の視点から考察する。〈解説〉河合俊雄

G436
### 増補 軍隊と地域
―郷土部隊と民衆意識のゆくえ―
荒川章二
一八八〇年代から敗戦までの静岡を舞台に、矛盾を孕みつつ地域に根づいていった軍が、民衆生活を破壊するに至る過程を描き出す。

G437
### 歴史が後ずさりするとき
―熱い戦争とメディア―
ウンベルト・エーコ
リッカルド・アマデイ訳
歴史があたかも進歩をやめて後ずさりしはじめたかに見える二十一世紀初めの政治・社会の現実を鋭く批判した稀代の知識人の発言集。

G438
### 増補 女が学者になるとき
―インドネシア研究奮闘記―
倉沢愛子
インドネシア研究の第一人者として知られる著者の原点とも言える日々を綴った半生記。「補章　女は学者をやめられない」を収録。

G439
### 完本 中国再考
―領域・民族・文化―
葛兆光
辻康吾監訳
永田小絵訳
「中国」とは一体何か？　複雑な歴史がもたらした国家アイデンティティの特殊性と基本構造を考察し、現代の国際問題を考えるための視座を提供する。

2022.7

G440
## 私が進化生物学者になった理由
長谷川眞理子

ドリトル先生の大好きな少女がいかにして進化生物学者になったのか。通説の誤りに気づき、独自の道を切り拓いた人生の歩みを語る。巻末に参考文献一覧付き。

G441
## 愛について
―アイデンティティと欲望の政治学―
竹村和子

物語を攪乱し、語りえぬものに声を与える。精緻な理論でフェミニズム批評をリードしつづけた著者の代表作、待望の文庫化。〈解説〉新田啓子

G442
## 宝塚
―変容を続ける「日本モダニズム」―
川崎賢子

百年の歴史を誇る宝塚歌劇団。その魅力を掘り下げ、宝塚の新世紀を展望する。底本を大幅に増補・改訂した宝塚論の決定版。

G443
## 新版 ナショナリズムの狭間から
―「慰安婦」問題とフェミニズムの課題―
山下英愛

性差別的な社会構造における女性人権問題として、現代の性暴力被害につづく側面を持つ「慰安婦」問題理解の手がかりとなる一冊。

G444
## 夢・神話・物語と日本人
―エラノス会議講演録―
河合隼雄
河合俊雄訳

河合隼雄が、日本の夢・神話・物語などをもとに日本人の心性を解き明かした講演の記録。著者の代表作に結実する思想のエッセンスが凝縮した一冊。〈解説〉河合俊雄

2022. 7

## 岩波現代文庫[学術]

G445-446
### ねじ曲げられた桜(上・下)
—美意識と軍国主義—
大貫恵美子
桜の意味の変遷と学徒特攻隊員の日記分析を通して、日本国家と国民の間に起きた「相互誤認」を証明する。〈解説〉佐藤卓己

G447
### 正義への責任
アイリス・マリオン・ヤング
岡野八代
池田直子 訳
自助努力が強要される政治の下で、人びとが正義を求めてつながり合う可能性を問う。ヌスバウムによる序文も収録。〈解説〉土屋和代

G448-449
### ヨーロッパ覇権以前(上・下)
—もうひとつの世界システム—
J.L.アブー=ルゴド
佐藤次高ほか訳
近代成立のはるか前、ユーラシア世界は既に一つのシステムをつくりあげていた。豊かな筆致で描き出されるグローバル・ヒストリー。

G450
### 政治思想史と理論のあいだ
—「他者」をめぐる対話—
小野紀明
政治思想史と政治的規範理論、融合し相克する二者を「他者」を軸に架橋させ、理論の全体像に迫る、政治哲学の画期的な解説書。

G451
### 平等と効率の福祉革命
—新しい女性の役割—
G.エスピン=アンデルセン
大沢真理監訳
キャリアを追求する女性と、性別分業に留まる女性との間で広がる格差。福祉国家論の第一人者による、二極化の転換に向けた提言。

2022.7